JN299531

心理学基礎演習 Vol.5

願興寺礼子
吉住隆弘
【編】

心理検査の実施の初歩

ナカニシヤ出版

はじめに

　本書は，心理学基礎演習シリーズの第五弾として執筆された。このシリーズは，心理学の研究方法（実験法・調査法・面接法・心理検査法）に関する初歩的な実習の授業を想定した内容で構成されている。したがって初学者にも心理学のおもしろさが伝わり，今後心理学研究を実践していくために必要となる基本的なことがらが無理なく身につくような工夫が随所に施されている。徹底的に基礎にこだわり，ていねいな解説が加えられているというのがこのシリーズの最大の特徴である。今回の第五弾は，心理学研究法の中でも「心理検査法」に焦点を当てたテキストである。心理検査に興味関心をもって大学の心理学科に入学してきた諸君も多いと思われるが，心理検査を雑誌などに掲載されている興味本位で作られた性格占いなるものと混同している人がほとんどである。本書によって心理検査法を学ぶことで，是非とも心理検査について正しい理解やとらえ方ができるようになってほしいと思う。

　本書は，以下の通り5部構成になっている。

　第1部では，心理学で取り上げられる心理検査について最低限知っておかなければならない基本的なことがらについて解説する。第2部では，知能と知能検査一般についてふれた後，代表的な知能検査として，「田中ビネー知能検査」「ウェクスラー式知能検査」「K-ABC知能検査」を取り上げる。第3部では，投映法形式の心理検査のうち，臨床現場で使用される頻度の高い「ロールシャッハ・テスト」「バウム・テスト」「風景構成法」「動的家族画（KFD：Kinetic Family Drawing)」について解説する。第4部では，投映法以外のパーソナリティ検査として，「YG（矢田部-ギルフォード）性格検査」「TEG東大式エゴグラム」「P-F (Picture-Frustration) Study」「SCT (Sentence Completion Test 精研式文章完成法テスト)」「内田クレペリン精神検査」を取り上げ解説する。第5部では，臨床現場において心理検査がどのように活用されているか，アセスメントの実際について，具体的な事例を示して説明する。子どもの事例としては「発達障害」の事例と「情緒障害」の事例を，大人の事例としては「統合失調症」の事例と「神経症圏」の事例を取り上げる。また，本書では，コラムにより，本文中で扱えなかったその他の心理検査の紹介や心理検査を用いた卒業研究の紹介を行う。卒業研究に心理検査を用いることはそれほど多くないと思われるが，是非参考にしてもらいたい。

　これまでも心理検査に関する優れた書籍が数多く出版されている。しかし，それらは，背景理論や実施法の解説に終始しているもの，あるいは臨床心理士などの専門家向けに作成された非常に専門性の高い内容になっているものに大別され，初学者が心理検査の実習授業で学んでいく際に利用するにはどれも不満の残る内容であった。本書では，こうした点を改善すべく，心理検査に関する知識的側面と実践的側面をバランスよく扱い，初学者が心理検査のエッセンスに幅広くふれることができるように配慮している。第2部・第3部の心理検査の各章には必ず事例が提示され，結果や解釈の具体例が示されている。ここでは極力専門的，高度な解説を控え，必要最低限の知識があれば理解が可能な内容となっている。また，これらの章の最後には実習課題を設定している。事例にふれたり，課題に取り組むことは，検査に対する理解を深め，同時に実践的な

力を養うことにつながっていく。この部分は是非，時間をかけてていねいに取り組んでほしい。

ところで，本書の各章は，1回3時間程度の実習の授業を想定した内容になっている。各種の心理検査をオムニバス形式で扱い，授業前半でその背景理論や実施法について学習し，授業後半では実際に検査者と被検者の双方を体験してもらうことになる。こうした体験を通して，まずは心理検査に慣れ親しんでもらいたいと思う。そしてそのような体験が心理検査を正しく理解するきっかけとなり，さらには新たな自分への気づきや他者理解へと繋がっていけば，本書の目的は十分に達成されたといえるであろう。

本書の執筆者は，大学で臨床心理学，パーソナリティ心理学，教育心理学など心理学関連の講義を担当している先生方や，病院の精神科，学生相談，そして児童相談所などで，日々クライエントと心理検査に向かい合っている先生方である。各現場における生の体験が編みこまれた内容になっている。特に，第5部では，各臨床現場において心理検査がどのように活用されているかという内容にとどまらず，そこで展開されている心理臨床の実際についてもふれられている。臨床を行っている先生方の御苦労なども感じ取ってもらえればと思う。

心理検査は，最終的には，臨床心理士をはじめとした専門機関で教育訓練を受けた専門家が施行する必要がある。しかし，非専門家であっても，心理検査の概要にふれることは，心理学が単なる学問領域にとどまるものではなく，社会でどのように応用されているかを知る機会になるであろう。また心理検査に対する誤った理解や捉え方を改める機会になる。本書を通して心理検査に関心をもった読者は，各章の末尾に掲げてある引用文献や参考文献を読んでいただけるとよいかと思う。読者が，本書をきっかけとして，さらに心理学への関心をもっていただければ幸いである。

最後になったが，ナカニシヤ出版の宍倉由高氏と山本あかねさんには，本書を作成するにあたり全面的なサポートをいただいた。多大なご尽力に心より感謝を申し上げる。

2011年4月
編　者

目　次

はじめに　*i*

第1部　心理検査とは

1　心理検査とは ……………………………………………………………………………… 3
1. はじめに　3／2. 心理検査の歴史　4／3. 心理検査の種類と分類　5／4. 心理検査の目的　6／5. 心理検査を用いるときの諸注意　7／6. 心理検査における倫理的問題　8／7. テスト・バッテリーと投映水準　8／8. 結果の報告のしかた　9

第2部　知能検査の取り組み方

1　知能と知能検査概論 …………………………………………………………………… 15
1. 知能検査を学ぶにあたって　15／2. 臨床場面における知能検査の実施　15／3. 授業で「知能検査を受ける」「知能検査を実施する」目的　16／4. 知能と知能検査　17／5. 知能検査の概要　17／6. 知能検査の内容　19／7. 実施の手順と注意点　22

2　田中ビネー知能検査 …………………………………………………………………… 26
1. はじめに　26／2. 田中ビネーVの概要　26／3. 田中ビネーVの実施法　27／4. 結果の整理　29／5. 実施例　30／6. 実習課題　32

3　ウェクスラー式知能検査 ……………………………………………………………… 34
1. はじめに　34／2. ウェクスラー式知能検査の概要　34／3. WISC-Ⅲの構成と特徴　36／4. 事例　42／5. 実習課題　43

4　K-ABC知能検査 ………………………………………………………………………… 44
1. はじめに　44／2. K-ABCの概要　44／3. K-ABCの実施法　45／4. 結果の整理　47／5. 解釈のしかた　48／6. 事例　51／7. 実習課題　53

第3部　投映法検査の取り組み方

1　ロールシャッハ・テスト ……………………………………………………………… 57
1. はじめに　57／2. ロールシャッハ・テストの概要　57／3. ロールシャッハ・テストの実施法　58／4. 分析法　60／5. 解釈法　63／6. 事例　65／7. 実習課題　66

2　バウム・テスト ………………………………………………………………………… 68
1. はじめに　68／2. バウム・テストの概要　68／3. バウム・テストの実施法　69／4. 結果の整理　71／5. 解釈のしかた　71／6. 事例　74／7. 実習課題　75

3　風景構成法 ……………………………………………………………………………… 79
1. はじめに　79／2. 風景構成法の概要　79／3. 風景構成法の実施法　80／4. 解釈のしかた　82／5. 事例　85／6. 実習課題　87

4　動的家族画 ……………………………………………………………………………… 89
1. 家族画に対する基本姿勢　89／2. 家族画の歴史と特徴　89／3. 家族画の実施法　91／4. 分析方法　93／5. 解釈のしかた　95／6. 事例　96／7. 実習課題　98

第4部　パーソナリティ検査の取り組み方

1　YG性格検査 …………………………………………………………………………… 105
1. YG性格検査の概要　105／2. YG性格検査の実施法　107／3. 結果の整理と解釈　108／4. 実習課題　112

2　TEG 東大式エゴグラム ……………………………………………………… 114
   1. TEG とエゴグラム　114／2. 特徴　114／3. エゴグラムと交流分析　115／4. TEG の実施法　119／5. エゴグラム・パターン　119／6. パターンの解釈　120／7. 事例　122／8. 実習課題　123

3　Picture-Frustration（P-F）Study …………………………………………… 124
   1. はじめに　124／2. P-F スタディとは　124／3. 理論的背景　125／4. P-F スタディの実施法　126／5. 分析および解釈　128／6. 事例　130／7. 実習課題　131

4　SCT（Sentence Completion Test 精研式文章完成法テスト） …………… 135
   1. はじめに　135／2. SCT の成り立ち　136／3. SCT の実施法　136／4. SCT の評価項目　137／5. 評価方法　139／6. 事例　140／7. 実習課題　143

5　内田クレペリン精神検査 ……………………………………………………… 145
   1. はじめに　145／2. 内田クレペリン精神検査の概要　145／3. 内田クレペリン精神検査の実施法　146／4. 結果の整理　147／5. 結果の判定　149／6. 結果の解釈　151／7. 事例　152／8. 実習課題　154

第5部　臨床現場における心理検査の実際

1　発達障害の子どもの事例 ……………………………………………………… 159
   1. はじめに　159／2. 発達障害の子どもにおける心理検査の意義　161／3. 発達障害の子どもにおける心理検査の実際　162／4. 事例　163／5. 結果のフィードバックについて　167／6. おわりに　168

2　情緒障害の子どもの事例 ……………………………………………………… 169
   1. 児童相談所での心理検査　169／2. 児相における「知能検査」の流れ　171／3. 事例　174

3　統合失調症の大人の事例 ……………………………………………………… 180
   1. はじめに　180／2. 病院での心理検査の役割と実施の注意点　181／3. 事例：病院における実際　182

4　神経症圏の大人の事例 ………………………………………………………… 189
   1. 神経症とは　189／2. 病態水準とは：神経症をどのように位置づけるか　190／3. DSM における神経症概念　191／4. 事例　191

索　引　203

コラム

1　テスト・バッテリー　11
2　K式発達検査　54
3　心理検査を用いた卒業論文　その1　バウム・テストの印象評定に関する研究　76
4　心理検査を用いた卒業論文　その2　現代と30年前の小学生の親子関係の比較―動的家族画（KFD）を指標として―　99
5　TAT（Thematic Apperception Test 主題統覚検査）　101
6　心理検査を用いた卒業論文　その3　タイプ行動の認知的防衛―大学生を対象としたP-Fスタディを用いての検討―　132
7　心理検査の信頼性と妥当性　155
8　認知機能検査　201

第1部　心理検査とは

1 心理検査とは

1. はじめに

　大学の入学試験で面接委員をしていると，心理検査に興味をもったことをきっかけにして心理学の勉強をしようと心理学科への進学を決意したと語る受験生が非常に多い。ファッション雑誌などに掲載されている簡単な心理検査に目を輝かせながら取り組み，「当たっている」と妙に納得してみたり，意外な結果に一喜一憂している姿が浮かんでくる。しかし，そうしたファッション雑誌で取り上げられるような心理検査には実は科学的な根拠はなく，興味本位で作られたものがほとんどである。気楽に遊び感覚で，楽しんでしまえばよいのである。

　それでは，心理学で取り上げられる心理検査とはどのような性質をもつものなのであろうか。標準的な心理検査は，以下に説明するような標準化の手続きに沿って作られており，信頼性，妥当性が備わっている必要がある。

　1）**標準化**　心理検査に関して厳密な規格を設定する手続きのことをいい，標準化によって，①検査を実施する際の被検者への教示の方法，②問題項目の提示方法，③回答の指示，④検査時間などの検査の実施方法，⑤各項目に対する被検者の反応の採点法，⑥被検者個人の結果を集団基準に照らして得点化する方法，などが定められる（小笠原，2003）。こうした標準化の手続きに沿って作られた心理検査を標準テストという。

　2）**妥当性**　その心理検査が測定しようとしている心理特性をどれだけ正確に測定できているかを意味する。目標とした心理特性を正確にとらえていればいるほど，その検査は妥当性が高いということになる。妥当性は，内容的妥当性，構成概念妥当性，基準関連妥当性から検討される。内容的妥当性とは，心理検査の内容や質問項目が測定しようとしているものを偏りなく十分反映した内容になっているかどうかにかかわる妥当性である。また，基準関連妥当性とは，その検査が測定しようとしている心理特性について適切な外的基準との相関で示される妥当性のことである。ところで，心理検査によって測定しようとしている心理特性とは，物差しのようなものを用いて直接測定することが困難なものである。すなわち，知能や性格特性といった心理特性は，直接には観察できない，理論的に構成された概念なのである。したがって構成概念妥当性とは，測定しようとしている構成概念である心理特性をどのくらい正確に測定できているかどうかにかかわる妥当性のことになる。妥当性は次に述べる信頼性とともに標準テストには必ず備わっている必要がある。

　3）**信頼性**　これは検査結果が安定しているかどうかを示すものである。同じ個人に対して，同一の検査を数回行い，その都度まったく異なった結果になったとしたら，どの結果を信用していいのかわからなくなってしまう。そのような検査の信頼性は当然低く，心理検査としては問題があるといわざるをえない。同じ個人に対して，まったく同じ条件で検査を実施することは実際には不可能であり，多少の誤差はやむをえないが，この誤差を少しでも小さくすることによって信頼性の高い検査にすることが標準テストには求められる。なお，信頼性の程

度は，再テスト法や折半法，等価テスト法などによって算出した信頼性係数によって判断されることになる。

その他，心理検査には，比較的短時間で容易に実施でき，採点や解釈がしやすいという実用性といった条件が備わっている必要がある。

2. 心理検査の歴史

心理検査は19世紀後半，ゴールトン（Galton, F.）の個人差の研究を契機として，知能の測定，パーソナリティ診断へと発展した。キャッテル（Cattell, J. M.）は『精神検査と測定』を著し，ソーンダイク（Thorndike, E. L.）は客観的に児童の学力を測定しようと「教育測定運動」を促進させた。

最初の本格的な心理検査は，1905年フランス心理学者ビネー（Binet, A.）が友人のシモン（Simon, T.）とともに発表した「ビネー式知能検査」である。当時のフランスでは，小学校の学習についていけない知的に遅れのある子どもを早期に発見し，彼らに適した教育を受けさせるという方針がとられており，そうした子どもを就学前に選別する目的で知能検査が作成された。「ビネー式知能検査」は，その後，各年齢級ごとに難易度順に問題が配列されたり，精神年齢（MA：Mental Age）を採用するなど何度も改訂が加えられ，実用性が高く評価されるに至り，世界のさまざまな国で翻訳されるようになった。特にアメリカで急速に普及し，1916年スタンフォード大学のターマン（Terman, L. M.）が「スタンフォード・ビネー式知能検査」として標準化したことにより，現在のビネー式知能検査の形式がほぼ完成したと考えられる。ターマンは，知能水準の表示法として知能指数（IQ：Intelligence Quotient）を採用したが，これにより個人間差異だけでなく，個人内変動が比較可能となり，ビネー式の知能検査の世界的な普及につながっていくことになった。

その後，第一次世界大戦の勃発により，アメリカでは短期間に多数の兵士の選別を行う必要性が生じ，1917年集団式知能検査が作成された。集団式知能検査は実施が容易で経済的なため，一般の児童や成人の知的能力を評価するための道具として，現在でも学校や職場で広く利用されている。

一般的な知能の水準だけでなく，知能を分析的に測定し，その構造的な特徴をとらえる検査を開発したのは，アメリカのウェクスラー（Wechsler, D.）である。1939年ウェクスラーは「ウェクスラー・ベルビュー成人知能検査」を発表した。これは言語性検査6種類と動作性検査5種類からなる個別検査で，偏差IQを採用，言語性IQ，動作性IQ，全検査IQの3種類のIQが算出でき，加えて11種類の下位検査のプロフィールを表示することができた。このため同じ知能指数を示していても，これらの3つのIQや下位検査のプロフィールを検討することで，被検者のさまざまな側面からの知的な評価が可能となった。1991年に作成されたWISC-Ⅲ以降，群指数が導入され，さらに詳細な評価，分析が可能となり，心理臨床の現場では最も使用頻度の高い知能検査に発展してきている。ウェクスラー・ベルビュー成人知能検査の適用は10歳から60歳と幅広かったが，より幅広い年齢層の被検者をカバーするために，1949年に児童用（5歳から15歳の児童を対象）としてWISC（Wechsler Intelligence Scale for Children），1955年に成人用（16歳以上の成人を対象）としてWAIS（Wechsler Adult Intelligence Scale），1967年に幼児用（4歳から6歳半の幼児を対象）としてWPPSI（Wechsler Preschool and Primary Scale of Intelligence）が作成されている。

パーソナリティに関する心理検査としては，質問紙法，投映法，作業検査法がある。質問紙法は，20世紀前半より因子分析などの統計的手法の発展によってパーソナリティを特性論的にとらえる立場から研究が進み，各種の心理検査が作成された。その代表的なものと

してMMPI（Minnesota Multiphasic Personality Inventory），YG性格検査（Yatabe-Guilford personality inventory），MPI（Maudsley Personality Inventory）などがある。投映法も，20世紀初頭にユング（Jung, C. G.）がコンプレックスの発見手段として言語連想検査を用いているように，その歴史は古い。投映法の代表として位置づけられるロールシャッハ・テストやTAT（Thematic Apperception Test）は1930年代臨床場面で盛んに使用されるようになった。作業検査法に関しては，1929年，クレペリンの連続加算法を取り入れてわが国の内田勇三郎が内田クレペリン精神検査を開発している。

3. 心理検査の種類と分類

心理検査は通常，最大パフォーマンスをみる検査とパフォーマンスの特徴をみる検査に分類される。ビネー式やウェクスラー式の知能検査，乳幼児を対象にした発達検査が前者にあたり，質問紙法，投映法，作業検査法によるパーソナリティ検査が後者にあたる。実際の臨床場面で使用される頻度が高い心理検査の種類を表1.1に示した。

表1.1 実際の臨床場面でよく使われる心理検査の種類

ⅰ）最大パフォーマンス（能力）を測定するもの
　①ビネー式によるもの：田中ビネー知能検査，実際的個別的知能検査（鈴木ビネー）
　②ウェクスラー式によるもの：WPPSI（幼児用），WISC（児童用），WAIS（成人用）
　③発達検査：遠城寺式・乳幼児分析的発達検査，津守・稲毛式乳幼児精神発達診断法
ⅱ）パフォーマンスの特徴（パーソナリティ）を測定するもの
　①質問紙法：YG性格検査，MPI（モーズレイ性格検査），エゴグラム（TEG），MMPI（ミネソタ多面人格目録）
　②投映法：ロールシャッハ・テスト，TAT（主題統覚検査），バウム・テスト，HTP，風景構成法，KFD（動的家族画），SCT（文章完成法），P-Fスタディ（絵画欲求不満テスト）
　③作業法：内田クレペリン精神検査
ⅲ）その他：ベンダーゲシュタルト検査，ベントン視覚記銘検査

(1) 知能検査・発達検査

知能検査は，知能を科学的，客観的に測定するために開発された。現在，最も広く使用されているのが，ビネー式の知能検査と，ウェクスラー式による知能検査である。ビネー式では，各年齢級ごとに問題が難易度順に配列されており，精神年齢（MA）が測定でき，それを実年齢で除して100倍した比IQが算出される。比較的短時間で検査を行うことができ，知能の全体的な水準をとらえるのに適している。一方，ウェクスラー式の知能検査は，いくつかの下位検査から構成されており，知能を分析的，領域的に測定することによって，個人の知能の構造的な特徴を明らかにしようとするものである。偏差IQが採用され，全検査IQ，言語性IQ，動作性IQが算出される。また最近の改訂版（WISC-Ⅲ，WAIS-Ⅲ）では群指数が導入され，より詳細な分析が可能となり，発達障害などの診断に際しては欠かせない検査となっている。

乳幼児の精神発達や身体運動発達を測定するために開発されたのが発達検査である。発達年齢が測定され，発達指数（DQ: Development Quotient）が算出される。発達の気がかりな乳幼児や発達障害の子どもの発達水準，発達の輪郭を把握するために利用されたり，個々の子どもの発達課題を明確にするために実施される。

(2) パーソナリティ検査

1）質問紙法　個人の性格特徴や心理的特徴を示す多数の質問項目が印刷された用紙（質問紙）を被検者に渡し，各質問が自分にあてはまるかどうかを自己判断により回答してもら

い，個人の性格をとらえようとする心理検査である。多数の人を集団で検査することができ，採点も容易で客観的な結果が得られるという長所がある反面，尋ねられていることが明確なため，被検者による回答の意識的操作が可能という欠点がある。

2）投 映 法　ある一定のあいまいな刺激に対して，被検者がどのように反応するかによって，性格を把握しようとする心理検査である。被検者は自分の反応のもつ意味がはっきりしないため，不当な緊張感や意識的な操作をすることなく，知らず知らずのうちにありのままの自分を示すことになる。他の検査では把握できない無意識的な欲求などを把握することができる。しかし，結果の整理，解釈が容易ではなく，かなりの熟練と技術が必要である。また，解釈に検査者の主観が入りやすいという欠点がある。

ところで，「投映法」という表記に関してであるが，心理学関係の書籍の中では「投影法」と表記されていることが多い。しかし，心理検査における「投映」とは自分の内面を外界の刺激の上に映し出すというという広い意味をもち，精神分析で用いられる防衛機制の「投影（自分の中に受け入れられない衝動や感情を外在化して，自分とは別の他者に属するものとして知覚すること）」とは区別した方がよいとされている（馬場，2003）。それゆえ，本書では「投映法」と表記することとする。

3）作業検査法　簡単な作業を被検者に課し，その作業結果や態度から被検者の性格や行動特徴を把握しようとする性格検査である。作業を被検者が行う課題であることから，被検者に何を測定しようとしているか検査の目的がわかりにくく，被検者による意識的な操作が入りにくい。また，多数の人を集団で検査することができ，結果の判定も機械的で容易に行うことができる。しかし，性格構造の全体を把握するには無理がある検査法である。

4．心理検査の目的

(1) 心理アセスメント

　心理検査は，通常，心理臨床場面において，心理アセスメントの一環として行われる。心理アセスメント（心理査定）とは，面接や行動観察，心理検査，第三者（母親や学校・職場の関係者）からの情報，医師の診察・医学的検査の結果などから得られた情報をもとにクライエントを理解し，有効な心理学的処遇を決定していく過程のことである（Korchin, 1976）。心理臨床家にとっては心理療法と並んで重要な業務の一つになる。心理アセスメントにおいては，多面的に得られたさまざまな情報を単に寄せ集めて羅列するのではなく，得られた情報を組み立て，推測し，再構成することによって，クライエントの全体像をとらえることが重要である。この際，医学的な診断のように，クライエントの病的，不適応的な部分にのみ目を向けるのではなく，クライエントのもつ潜在的な力や健康的，適応的な部分もあわせてみていく必要がある。心理アセスメントは異常を発見する手段ではなく，あくまでもクライエントの可能性をさぐるために行われるものなのである。

(2) 心理検査によるアセスメントの目的

　心理アセスメントにおいて，すべてのクライエントにいつも必ず心理検査が行われるわけではないが，心理検査を用いた方がクライエント，治療者双方にとってはるかに効率よく情報収集を行うことができる。面接のみではどうしても治療者の主観的な判断に陥りやすいが，妥当性，信頼性の高い標準化された心理検査を用いることにより，クライエントの性格や行動特性を客観的，科学的に把握することが可能になる。そうした客観的で科学的な根拠のある心理検査の結果は他職種の専門家や第三者とも共有しやすく，連携して治療していくうえで大きなメリットになる。また，複数の心理検査をあわせて用いることにより，短い時間に多面的な情

報を収集することができる。面接や観察ではわからなかった面が明らかになることも多い。特に，投映法による心理検査においては，クライエント自身も気づいていない無意識的な側面についての情報が得られることもある。このように心理検査は，今ここに存在しているクライエントの現状を理解するための有効な手段になりうると同時に，クライエントの将来を予測するために重要な手がかりを提供してくれるものでもある。たとえば，治療を開始した場合，どのような展開がありうるのか，何が障害として起こりうるのか，将来的に生活の糧となりうる能力は何かなど，心理検査の結果を通して今後の見通しを模索することが可能となる（高石，1992）。心理検査をアセスメントの際に利用することの効用はきわめて大きいといえるが，その一方で心理検査の限界や誤用がもたらす弊害にも十分心しておく必要がある。

5. 心理検査を用いるときの諸注意

心理検査をアセスメントに利用することは，治療者にとってメリットがあるだけでなく，クライエント側にも治療的な効果をもたらすことが少なくない。心理検査をすること自体が，クライエントの自己洞察を促進するきっかけとなったり，カタルシスの効果をもたらすこともあり，治療的な意味あいをもつことも多い。しかし，その一方で心理検査はクライエントの内面を暴き出すというきわめて侵襲的なものであることを忘れてはならない。使い方を間違えればクライエントの心を傷つけ，その後の治療に悪影響を与えてしまうことにもつながってしまう。同じ検査とはいえ，心理検査は，血液検査や尿検査のような生理学的な検査と決して同種のものではない。何か発見できるかもしれないと安易に多種類の検査を実施することがあってはならない。心理検査を行う目的と意図をはっきりさせて，必要最小限の検査を選択する必要がある。

次に実際に心理検査を実施する際の注意事項について述べる。検査を行う場所は，可能な限り静かで集中しやすく，明るい部屋であることが望ましい。途中で誰かが入ってきたり，電話がかかってきて中断する可能性がある部屋は使用しない方がよい。十分に検査時間を確保し，余裕をもって実施する。予定がたてこんでおり，時間内に終わらせねばと焦ることがないように注意したい。また，検査を行う際には，クライエントの心身のコンディションにも気を配る必要がある。体調が悪かったり，疲労していたり，明らかに平静さを欠いているようなときには，本来の能力が発揮されなかったり，結果がそのときの感情状態に左右されてしまう可能性がある。このような場合は，実施を見あわせた方が賢明である。開始前には少し時間をとって，クライエントが安心して取り組めるような雰囲気作りを行い，ラポール（信頼関係）の形成に努めてから検査に入るように心がける。特に子どもの場合は，少しおしゃべりをしたり，遊んでから検査を始めるなどの工夫をし，緊張や不安をある程度取り除いてから検査に入る必要がある。

実施に際しては，検査に十分習熟しており，実施要領に従って正しく施行しなければならないのはいうまでもないことである。また，実施中は検査得点の算出を目指すだけでなく，検査中のクライエントの行動特徴の観察をあわせて行う。どのような態度で検査に臨んだのか，正答できなかったときにどのような表情や態度を示したかなどを記録しておくようにする。これらの情報はクライエントを理解するうえで重要な手がかりとなることが少なくないからである。

なお，先に心理検査と生理学的な検査の相違について述べたが，さらにもう1点，大切な違いを挙げておく。生理学的な検査においては，誰が血液や尿を採取しようと結果に変わりはないが，心理検査においては，検査者の年齢や性別，さらには被検者と検査者の関係性が結果に大きく影響を及ぼすことがあるという点である。特にロールシャッハ・テストやTATのような投映法においては，被検者との関係性が検査への反応性そのものを左右する要因になる（馬

場，1998）。以前，筆者が若かりし頃，検査者としてロールシャッハ・テストを実施した際，若い男性クライエントがIIカードの赤い領域を指して，ニヤニヤしながら「赤いハイヒール。このハイヒールで踏まれてみたい」と反応したことがあった。明らかに若い女性である検査者が自分の反応に対してどのように反応するのか試しているようであった。おそらく貫禄のある男性検査者であれば，このような反応は出現しなかったと思われる。検査者の属性や関係性によって結果が左右されてしまうということは，客観性に欠け，一見よくないことのように思われるが，実際にはクライエントを理解するうえで，非常に有益な情報を提供してくれているのである（願興寺，2006）。先の男性クライエントに関していえば，普通の男性がもっている恥じらいがなく，女性に対して何らかのコンプレックスを感じていることなどが推測された。検査者との関係性の影響を受けて出現した反応であるかどうか吟味して分析，解釈することも，ときとして必要であることを覚えておこう。また，この際，検査者の方が被検者であるクライエントの反応を誘発するような態度を示していないかにも，十分注意する必要がある。

6. 心理検査における倫理的問題

　クライエントの福祉や権利，幸福を守るために，心理検査においてもインフォームド・コンセント，プライバシーの保護といった倫理的な側面への配慮が必要となる。
　医療の領域では，「説明と同意」を意味するインフォームド・コンセント（informed consent）が行われるようになって久しいが，心理検査が実施される際にも，当然のことながらインフォームド・コンセントが行われる必要がある。心理検査を行う目的，実施することで何が明らかになり，それが治療にどのように役立つかをクライエントや家族に正確に説明しなければならない。この際，クライエントからの質問には，納得が得られるまでていねいに答える必要がある。こうした説明をしたうえで，検査を受けるかどうかの判断はあくまでもクライエントに委ねられることになる。なお，子どもの場合は家族に対して説明し，その判断を決定してもらうことになる。
　次に，心理検査を実施して得られた結果や所見に関してであるが，それらは当然クライエント自身に帰属するものであり，十分にプライバシーの保護に努める必要がある。検査を行う臨床心理士には「臨床業務従事中に知り得た事項に関しては，専門家としての判断のもとに必要と認められた以外の内容を他に漏らしてはならない」と「臨床心理士倫理綱領」（財団法人日本臨床心理士資格認定協会，2009）に規定されており，守秘義務が課せられている。したがって，心理検査の結果や所見は，親や学校関係者，会社関係者による開示の請求があったとしても，クライエントの了解が得られなければ勝手に開示してはならないのである。結果の取り扱いは責任をもって慎重に扱う必要がある。

7. テスト・バッテリーと投映水準

　ある一つの心理検査で，個人のパーソナリティや能力のすべてを読み取ることは不可能である。各心理検査にはそれぞれ異なった特徴があり，クライエントのどのような側面が知りたいのかという検査を実施する目的にあわせて，必要な検査が選択されることになる。たとえば，小学校入学をひかえて発達障害の疑いがある子どもに対してはウェクスラー式の知能検査を，病態水準や診断をする際の手がかりがほしいとなればロールシャッハ・テストが実施される。しかし，通常は，クライエントの全体像を総合的に理解するために，いくつかの心理検査を組み合わせて実施することになる。このようにいくつかの心理検査を組み合わせて実施することをテスト・バッテリーという。バッテリーの組み方としては，能力を測定する知能検査とパー

表 1.2　諸検査の条件（馬場，1998）

検査法	〈目　的〉	〈刺　激〉	〈場　面〉	〈被検者の意識的操作〉
質問紙法	明　瞭	具 体 的	単独，自主的	可　　能
SCT	ほぼ明瞭	具 体 的	単独，自主的	表面的可能
TAT	不　明	具 象 的	テスターとの対人場面	表面的可能
ロールシャッハ・テスト	不　明	非具象的	テスターとの対人場面	困　　難

図 1.1　投映水準（馬場，1998）

ソナリティ検査を組み合わせるのが一般的である。

　ところで，馬場（1998）は検査の目的，刺激の性質，実施場面，被検者の意識的操作という観点から，表 1.2 のようにパーソナリティ検査について整理している。質問紙法のように，被検者に検査目的がわかりやすく，刺激が具体的で日常場面に近いものであれば，検査に反映されるパーソナリティ像は表層的で被検者の意識の範囲内のものとなり，検査状況によっては被検者が社会的に望ましいとされる方向に回答を恣意的に操作することも可能となる。一方，検査が何を評定するのかその目的がわかりにくく，刺激もあいまいで非具象的であるロールシャッハ・テストのような検査であると，被検者は自己統制をしにくく，自我機能が退行しやすくなる。そこに反映されるパーソナリティ像は本人も意識していない精神内界の深いレベルのものとなる（図 1.1）。臨床場面では，このような投映水準を考慮して，テスト・バッテリーが組まれることもしばしばである。質問紙法でクライエント自身が自分をどのようにとらえているかを把握し，自我機能の退行した様相をとらえるためにロールシャッハ・テストをあわせて実施するという組み合せはよく行われている。

8. 結果の報告のしかた

　結果の報告にあたっては，先に心理アセスメントの項でも述べたように，心理検査の結果から得られた情報のみを報告するのではなく，面接や行動観察などから得られた情報などを総合的に理解して，情報の再構成を行い，報告書にまとめなければならない。このとき，クライエントの病的，不適応的な部分のみを指摘するのではなく，どんな小さいことであってもクライエントの健康的な部分，肯定的な可能性を必ず挙げておくことを忘れてはならない。

　報告書には，まず，クライエントの年齢，性別，学歴，職業，実施した検査の種類，実施目的，観察事項を記述したうえで，結果をまとめることになる。結果については，パーソナリティの特徴や機能について述べることが最も重要である。知的側面，情緒的側面，対人関係の特徴，葛藤，防衛機制のあり方など，さまざまな点からパーソナリティについて説明する。次いでクライエントの症状や問題がパーソナリティの特徴とどう関連するかの検討を行う。生活歴や家族関係，その他の対人関係などから，症状や問題がどのように形成されてきたのかを推論し，仮説をたてる。これらの点を踏まえて，最後に，診断，心理学的援助の方法，予後につ

いて述べることになる（橘，2002）。以上を報告書にまとめることになるが，できる限り専門用語は使用しないで，簡潔明瞭に記述するように心がける。クライエントの生き生きとした全体像が伝わってくるような報告書が書けるよう，研鑽を積む必要がある。

　最後に，検査の結果をクライエント本人に伝える際の注意点を述べる。当然のことながら，実施前にクライエントに対して行ったインフォームド・コンセントの延長線上で結果の説明をすることになる。この際，誠実さをもって正確に話すことはとても大切なことであるが，深く説明しすぎるとかえってクライエントを混乱させることになってしまうことも多い。クライエント側に結果，解釈を受けとめる力がどの程度備わっているかによって，どのくらいの内容を，どのように伝えるかを判断しなくてはならない（赤塚，1996）。結果を知ることが，クライエントにとって改善への手がかりとなり，治療に対してさらに前向きになれるように伝えていきたい。

文　献

赤塚大樹　（1996）．心理検査を実施する　赤塚大樹・森谷寛之・豊田洋子・鈴木國文　心理臨床アセスメント入門　培風館
馬場禮子　（1998）．病院における心理査定の知識と技法　山中康裕・馬場禮子（編）　病院の心理臨床　金子書房
馬場禮子　（2003）．投映法　臨床心理学 Vol.3 No.4　金剛出版　pp.447-453.
願興寺礼子　（2010）．臨床心理学入門　水野りか（編）　心理学を学ぼう［第2版］　ナカニシヤ出版　pp.119-128.
Korchin S.　（1976）．*Modern clinical psychology.* New York: Basic Books.（村瀬孝雄（監訳）　（1980）．現代臨床心理学　弘文堂）
小笠原昭彦　（2003）．心理テスト査定論　岡堂哲雄（編）　臨床心理査定学　誠信書房
橘　玲子　（2002）．心理アセスメント3　心理検査　橘　玲子・齋藤高将（編）　臨床心理学特論　放送大学教育振興会
髙石浩一　（1992）．臨床心理アセスメント技法　氏原　寛・小川捷之・東山紘久・村瀬孝雄・山中康裕（編）　心理臨床大事典　培風館　pp.428-432.
財団法人日本臨床心理士資格認定協会　（2009）．臨床心理士倫理綱領

コラム1　テスト・バッテリー

　いくつかの心理検査を組み合わせて実施することで，ある人物を査定する方法をテスト・バッテリーと名づけたのは，ラパポートら（Rapaport et al., 1968）である。当時は，一つ一つの心理検査がまだ発展途上であり，その精度が十分でなかった。そこで，彼らは，いくつかの心理検査を実施することで，多くの情報が得られ，ある検査の不足している部分を別の検査が補ってくれると考えた。当時この考え方は支持を受け，心理検査の発展に寄与したことは事実であるが，現在ではテスト・バッテリーは違う考えに基づいて行われている。なぜなら，各心理検査は，その測定するものが，それぞれ異なっており，各検査結果は単純に足し算ができないからである。かといって人は，一つの側面からみた特徴だけでは，どのような人物かを判断できない。いろいろな面からその特徴をとらえ総合的に判断することで，よりその人物像を的確に描き出せる。現在では，この「別の側面を測定している」という考えを前提に，ある人物を査定するときには多側面から光を当てて情報を得，その結果を総合的に解釈してその人物を査定していく，という考えに基づいて，テスト・バッテリーが行われている。

　心理検査についての講義の中で，ある学生から「心理検査をするデメリットというのはありますか？　どんな場合ですか？」という質問を受けた。そのとき筆者は「心理検査は道具です。道具は使いようでメリットもデメリットも生じます。たとえば，包丁。料理するときには，欠かせない大変便利な道具です。でも，一方で使い方次第では人を傷つける道具にもなります。心理検査も同じ，その使い方を誤れば，当然，デメリットが生じるわけです」と答えた。少し極端な例を挙げてこの質問に答えたが，学生は納得したようであった。この質問は心理検査の初学者にとって，大変率直でかつ大切な疑問であろう。検査というのはそもそもどの検査も，物理的・精神的に被検者に負担をかけるものである。中でも心理検査というのは「自分の心理を探られる」「自分という人間にある判断が下される」という不安な体験になりやすい。負担を強いて，その結果が被検者の今後の処遇に有効に活用されなければ，その検査は被検者にとってデメリットでしかない。この点を十分に留意して，心理検査は行われなければならず，テスト・バッテリーもこのスタンスに基づいて組まれていく。以下に，テスト・バッテリーを組む際の留意点を挙げる。

①査定する目的を明確にし，目的に合った検査を選ぶ
②各検査の特性を知り，多角的に人物像をみることができるよう検査を選ぶ
③被検者の状態を考慮して，過度な負担をかけないように配慮する
④検査を行う時間や場所の制限があれば，その範囲内で行える検査を選ぶ

　加えて，上記のことを十分に判断できるために心理検査を行う検査者の技量の研磨は不可欠である。

　最後に，テスト・バッテリーを組んで得られた結果をどう被検者の今後の処遇に活かすか，という点について述べたい。ある人に対して心理検査が行われるのは，ほとんどが，何らかの問題（疾患，発達の問題，パーソナリティの歪み等）があるのではないかと疑われる場合である。それゆえ，検査者はつい「問題があるかないか，どのような問題を抱えているのか」ばかりに気を取られ，結果の解釈の際にその問いに答えることにエネルギーを注ぎがちとなる。もちろん，その問いに答えることは，検査目的であり，重要なことである。ただ，問題点を挙げるだけでなく，どのような長所や可能性を秘めており，どのように手助けしたり環境を整えれば，問題点や問題行動が軽快するのか，といった面にも言及し，被検者の利益になる情報を提供することを忘れてはならない。　　　（石田幸子）

文　献
Rapaport, D., Gill, M. M., & Schafer, R.（1968）. *Diagnostic psychological testing.* New York: International University Press.

第2部 知能検査の取り組み方

1

知能と知能検査概論

1. 知能検査を学ぶにあたって

　知能検査は厳密に標準化されていることや，定められた手続きにしたがえば，誰が行っても同じ結果が引き出せることなどから，最も信頼できる心理検査の一つである。この章では心理学を専攻する学部学生が実習授業で知能検査（発達検査を含む）について学ぶときの知能検査全般に共通した事柄や知っておくべきことの基本を取り上げる。次の2章から4章では，代表的な知能検査の特徴を述べる。

　実習授業といえども知能検査を学生同士がお互いに実施したり，あるいは知人に被検者を依頼して実施した場合の結果については守秘義務があるので注意してほしい。検査結果を被検者役の学生以外に話さないこと，また，レポート作成のために担当教員に検査結果をみせて相談することは差し支えないが，実習と関係ない他者に検査結果をみせないように気をつける。知能指数（Intelligent Quotient : IQ）が伝わったときの影響を考えて慎重にしてほしい。

　心理の専門職のスタートラインに初めてたったとき，検査者の立場として担当するのは知能検査が多い。習熟が必要な投映法に比べて，知能検査は手引書通りに実施すれば間違いなくできると先輩から聞いて手引書を暗記して知能検査に臨むのが通例であるが，知能検査の実施や解釈に習熟が必要なことはいうまでもない。筆者は子どもの発達の遅れを専門として，知能検査，発達検査を数多く手掛けてきた（松尾ら，2005，2006，2010）。知能検査に習熟するためのポイントや学部の学生が実習授業で習得すべきことを述べてみたい。

2. 臨床場面における知能検査の実施

(1) 検査者の視点：実施以前にアセスメントは始まる

　たとえば，1組の母子（母親と3歳くらいの幼児）が相談機関に来た場合，遅れがありそうなので，田中ビネー知能検査の1歳級の問題から開始してみる。検査開始後にその幼児の発達年齢が1歳以前とかなり遅れていることに検査者は気がつく。田中ビネー知能検査よりももっと低年齢の検査項目を備えている新版K式発達検査の検査道具の準備に検査者は取り掛かる。検査の種類を変更することとその理由を母親へ説明する。ここまでで20～30分経過する。その間，子どもは慣れない検査室で過ごす緊張から泣き出したり，あるいはトイレなどで中座する。幼児は一度飽きたり，泣いて気持ちが崩れたり，あるいは他事に興味を持ち始めると，もう一度再び，検査用の椅子に座って，課題に取り組む検査態度にまで動機づけを高めるのは難しくなる。母親は知能検査をがんばるように子どもに言い聞かせて連れてきたのでベストコンディションでの取り組みを望んでいるが，このように被検者の調子を崩すと，知能検査を中止せざるをえなくなる。こうした事態を避けるために，障害を疑われる子どもに対して知能検査や発達検査を行う場合には，事前にその行動や様子を観察して発達段階を大まかに把握し

て，その後，実施する検査の種類を決めたり，あるいは初回面接でのスクリーニング検査結果をみて2回目以降に個別検査をするなどの工夫をする。検査者が子どもの発達段階では到達できない検査課題を始めたとき，同席していた母親は，いたたまれない気持ちになるだけでなく検査に対する不信感をもってしまって，その後の面接や心理的援助に影響する。いわば知能検査を実施する前の面接や観察の段階からアセスメントはすでに始まっているのである。

相談に来た子どもに対して何種類もある知能検査や発達検査の中のどの検査を実施するのかをすぐ判断できることが検査者には臨床場面で求められる。どの心理検査を実施する場合においても同様であるが，知能検査においては，細心の配慮が必要である。

また，何らかの理由で個別検査ができなかったり中断せざるをえない事態に備えて，母親が記入する形式の検査（乳幼児精神発達診断法，以下，津守式）や検査者の観察によるチェックリスト形式の検査である遠城寺式・乳幼児分析的発達検査（以下，遠城寺式）また，自閉症を疑う場合は自閉症チェックリスト修正版（Modified Checklist for Autism in Toddlers: M-CHAT）や小児自閉症評定尺度（Childhood Autism Rating Scale: CARS）などに切り替えて実施できるよう準備しておく。

(2) クライエントの視点：知能検査を受ける意味

心理検査を受けるというだけで，クライエントの側には，心理的負担感だけでなく自分のことを知られるという抵抗感，そして時間的な拘束や生理的な拘束を受けることに対する負担感が生じる。特に，知能検査の場合は結果によって進路や処遇が決まるとの恐れや不安もあるのでかなり緊張する。相談機関や病院で初めて知能検査を受けるクライエントの多くは順調な成長発達ではなく発達の遅れが疑われる場合である。来所だけでも不安な気持ちで一杯であり，得られたIQで将来（療育手帳の判定結果に必要，特別支援クラスなど進路）が決まるという恐れの気持ちもある。同時に，作業療法や言語訓練，心理療法などを適切に受けたい，子どもの通園や通学に適切な学校や保育所，施設を紹介してほしい，家庭でできることや役に立つことを聞きたいという気持ちもクライエントは併せもっている。この気持ちに応えるためには，検査者は誠心誠意，検査を実施して必要な情報を把握する。検査終了後，検査者はIQの数値だけでなく行動観察も含めた所見を今後の対応や指針と関連させて話すことでクライエントにとって意味のある知能検査となる。受ける側の気持ちを考えて知能検査は厳密に厳粛に行ってほしい。

3. 授業で「知能検査を受ける」「知能検査を実施する」目的

大学の授業で学部学生が知能検査を見たり，実際に取り扱うのは，心理学実習や検査法実習などである。学生同士お互いに，検査者役と被検者役になって手引書を見ながらの実施が多い。実習授業で初めて行う目的は，知能検査がどのようなものかを実際に体験しながら知ることが第1である。その結果，被検者となった場合は自分のIQを知ることとなる。また，知能検査の項目に対する自分の答え方の特徴について，たとえば，自分は早く回答するが間違いも多い，慎重に考えるなどの回答傾向を知ることとなる。このように自己理解の促進を目指すことが第2の目的となる。第3の目的は，クライエント体験をすることである。将来，心理の専門職に進む希望をもっている学生が，心理学を学ぶ入門段階で知能検査を受けながら，クライエントの気持ちを想像してその気持ちを味わう貴重な経験をする。被検者役になった学生から「自分の能力を測られると思うと緊張した」「検査者役の学生のため息を聞いただけで誤答だったのか非常に不安になった」などの感想を聞く。実習とはいえ，検査者役の学生から感じる威圧感，回答時の葛藤，時間制限のある問題での焦りなどを被検者役になると実際に体験する。

4. 知能と知能検査

(1) 知能の定義，知能検査との関連

1) 知能の定義 知能の定義は，一般的に次の3点に要約できる。第1は抽象的思考能力とする考え方である。これは，物事の関係を抽出する抽象化能力であり，高次の精神能力とされている。第2は学習能力とする考え方である。これは，新しい事柄を学ぶ場合にその速度や達成度に差異が生じるが，そのような学習の個人差に関する能力である。学習する能力または経験によって獲得しうる能力とされている。第3は，環境適応能力である。これは，新しい事態や問題解決事態に対して，うまく処理できる能力や適応性とされている。また，ウェクスラー式知能検査の開発者であるウェクスラー（Wechsler, D.）は「知能とは，目的的に行動し，合理的に思考し，効率的に環境を処理する個人の総体的能力」と定義しているが，彼は知能を総体的能力としてとらえるのみならず個々の具体的な能力の集合体としてとらえている（2006，日本版 WAIS-Ⅲ 刊行委員会）。近年では，キャッテル（Cattell, R. B.）とホーン（Horn, J. L.）は知能を流動性知能（fluid intelligence）と結晶性知能（crystallized intelligence）に分け，そのモデルからカウフマン夫妻（Kaufman, A. S. & Kaufman, N. L.）が K-ABC 心理・教育アセスメントバッテリーを開発した。最後に，操作的定義としては知能検査で測定されるものを知能とするという考え方がある。

以上のように定義した知能とよばれる精神機能について，その個人的特徴を客観的に検査して表示することを目的にして考案されたものが知能検査である。

(2) 知能の構造

ヘッブ（Hebb, D. O.）は知能の構成要素を2つに分けている。知能Aは知的能力が発達する際の生得的潜在能力であり，理論上の概念で測定不能とされている。知能Bは被検者の生得的可能性をもとに学習や経験を繰り返すことによって構造化されたものである（生澤，2005）。知能の構造は因子分析による研究によって進展した。知能の2因子説と多因子説である。

1) 知能の2因子説 スピアマン（Spearman, C. E.）が提唱。知能は，知的活動に共通して作用する一般因子（G因子）と領域ごとに相互関係が少なく作用する特殊因子（S因子）の2つの因子からなると仮定した説である。

2) 知能の多因子説 サーストン（Thurstone, L. L. & Thurstone, T. G.）が提唱。知能は「言語」「言語の流暢性」「数」「空間」「記憶」「知覚」「推理」の7因子から成り立つと仮定した説である。この多因子説からウェクスラーはウェクスラー式知能検査を開発した。

また，ギルフォード（Guilford, J. P.）は，多因子説よりもさらに広範な因子分析の結果，創造性を含む「知性のモデル」を示した。

5. 知能検査の概要

(1) 知能検査の意義

心理的に不適応状態になったときにその背景要因として，クライエントの知的水準や知能構造を客観的資料として必要とする場合に知能検査が実施される。臨床場面で知能検査を使う意義について，成人の場合と子どもの場合とに分けて述べる。

1) 成人の場合 知的障害は成長過程で発見されるので，成人期に改めて知能検査を受ける必要があるのは療育手帳の更新の場合である。成人になって初めて知能検査を受けることは少ないが次のような場合が考えられる。通常，初回面接は申し込み書類に記入された学歴，職

歴，受診歴，相談歴を参考にしながら行われるが，このとき，クライエントの語彙や話題の展開などから知的障害が疑われて知的水準を把握する必要があると面接者が判断した場合，2回目以降に知能検査の実施計画を立てる。この他，境界例や統合失調症などでは処遇や適応の可能性を把握する必要から知能検査を実施することがある。また，クライエントの脳腫瘍や頭部外傷などがその知的機能，認知機能へ与える影響を把握する必要のある場合にも実施される。高齢者に対しても近年の高齢化社会に伴って認知症の早期発見の必要性から知能検査が実施されている。

　2）子どもの場合　　ダウン症や脳性麻痺など出生直後から知的障害が疑われる場合，早期から発達検査を実施することがある。通常，発達の遅れや広汎性発達障害を疑われるのは1歳6ヵ月健診をきっかけとする場合が多く，保健所や児童相談所での事後指導や療育グループでの経過観察を経て知能検査または発達検査を実施する。幼児期後期の4～5歳頃または，小学校低学年で知能検査を初めて実施するのは，多動や集団不適応などの問題行動が主訴になっている場合が多い。特に，高機能広汎性発達障害や注意欠如/多動性障害[1]（Attention-Deficit and Hyperactivity Disorders: ADHD），学習障害を疑う場合には，ウェクスラー法による知能検査を行ってクライエントの知能水準と知能構造とを把握する。この結果は診断や処遇，治療方針などの重要な資料となる。その他に心理的援助の方針や学習計画の立案や教材の工夫の参考資料とする場合に実施する。

(2) 目　　的

　1）知能検査の目的　　知能検査の目的は知能指数を測定するだけでなく，対象となっている各個人の知能の構造的特性を把握し，得られた知能指数を意味のある情報にすることにある。おおよそ目的は3つである。第1は，ある個人の知能の全体的な水準の測定を目的とする場合である。結果は精神年齢（Mental Age: MA），IQとして示される。第2は，知能の構造的特徴の把握を目的とする場合である。知能検査の種類によって下位検査別，因子別にプロフィールが詳細に把握できる。広汎性発達障害や学習障害では特徴あるプロフィールを示すことが多いので鑑別診断の資料となる。第3は，心理的援助や心理療法の効果測定を目的とする場合である。ある心理的援助の開始時に知能検査を実施して，援助の終了時に知能検査を再度実施してその変化を比較する。その他，薬物等の治験等効果の判定や追跡調査などに用いられる。

　2）発達検査の目的　　発達検査は就学前の特に0～3歳児の精神発達を測定するものである。知能検査よりも適用年齢が低いこと，知能検査で測定している認知機能や言語機能だけでなく運動機能も含めた評価対象にしていることが発達検査の特徴である。発達検査の目的は上記の知能検査の目的のうちで第2の知能構造の把握を除いた2つである。第1に処遇を決めるための発達指数（Development Quotient: DQ）を得ることを目的とする場合であり，第2に心理的援助や治療効果の把握を目的とする場合である。

(3) 知能検査の歴史

　20世紀初頭，初等教育の普及に伴って小学校に就学する子どもたちの知的障害や情緒障害の有無を客観的に把握する必要性がでてきた。フランスの心理学者のビネー（Binet, A.）は医師シモン（Simon, T.）とともに1905年に一般知能の水準の測定をする「知能測定尺度」を開発した。これが知能検査の原型であり，ある年齢にふさわしい問題をやさしい順から難しい順に配列してMAを算出している。その後，1916年にアメリカのスタンフォード大学において，

---

[1]「注意欠如／多動性障害（AD/HD）」：2008年日本精神神経学会発表の「精神神経学用語集　改訂6版」では，AD/HDの訳語が「注意欠陥／多動性障害」から「注意欠如／多動性障害」へと修正された。本書でも，「注意欠如／多動性障害」を用いることとする。

ビネー式知能検査を改訂，標準化して「スタンフォード・ビネー知能検査」が発表された。このときに初めて，生活年齢と精神年齢との比による IQ が導入された。これをもとに日本では田中寛一による「田中びねー式智能検査」が 1947 年に標準化され，改訂を続け，現在は 2003 年に改訂された「田中ビネー知能検査Ⅴ」が用いられている（杉原，2003）。

　ウェクスラーは，成人の知能を個別に検査するために 1939 年にウェクスラー式知能検査を開発した。その後，1949 年には児童用（対象年齢：5 ～ 15 歳）知能検査である WISC を考案した。WISC は，その後，改訂版の WISC-R を経て，1991 年には WISC-Ⅲ が，さらにその改訂版である WISC-Ⅳ が 2003 年に公表され，日本には 2011 年 1 月に導入されている。成人用としては 1955 年に WAIS が作成され，1981 年に WAIS-R，1997 年に高齢化社会に対応する内容の WAIS-Ⅲ に改訂された。日本版 WAIS は 1958 年に刊行され，1990 年刊行の日本版 WAIS-R を経て適用年齢の上限を 89 歳まで引き上げた日本版 WAIS-Ⅲ が 2006 年に刊行された。

(4) 知能検査の区分と種類

1) 個別検査と集団検査　知能検査はその実施形式によって集団で実施する集団式と個別に実施する個別式に区分できる。個別検査は，検査者と被検者が 1 対 1 で検査室で実施する方式であり，集団検査は，検査者 1 名に対して数十名，あるいは数百名の被検者が教室などで一斉に実施する方式である。知能検査は被検者の知的能力の測定だけでなく，回答の仕方によって潜在能力，学習態度を把握して評価して，次の処遇に活かすことが重要である。したがって，個別検査が本来は望ましく，集団検査はスクリーニングとして使用される場合が多い。また，幼児には集団検査ではなく個別検査の実施が望ましい。なお，スクリーニング検査とは簡便なやり方で，精密検査を必要とするものをふるい分けるための検査のことである。

2) 個別検査と集団検査の長所と短所
　①個別検査：個別検査の長所は，被検者の知的側面だけでなく，回答内容や検査時の態度から学習態度や課題に対する持続性，集中力など多様な面を把握できる点であり，その他にも回答の様子からチック，吃音，緘黙などの神経性習癖や，構音障害を把握できる点である。被検者の不適応問題や心理的問題に検査者が気づいた場合，次回以降にフォローできる点も長所である。短所は実施に多くの時間や労力が必要なことや検査者の熟練を要する点である。
　②集団検査：集団検査の長所は，実施が簡便でコストがかからない点である。所要時間が短時間ですむために被検者の体力的・精神的負担が少ない。短所は，被検者の表面的な部分しか把握できないことと被検者側に回答操作ができる点である。また，集団検査での回答には筆記できることや集団での指示に従うことができるなど，ある一定以上の年齢が必要である。

6. 知能検査の内容

(1) 精神年齢と偏差 IQ

　生活年齢（Chronological Age：CA）は暦年齢であり，通常の発達の何歳児に対応するのかという考え方が精神年齢（Mental Age：MA）である。
　偏差 IQ はある個人の知能を同年齢の集団からの逸脱の程度を問題にしている。偏差 IQ は次のように算出する。偏差 IQ $= 15 \times (X - M)/SD + 100$，$X$ は個人の得点，M は集団の平均得点，SD は集団の標準偏差，偏差 IQ の平均は 100，標準偏差は 15 である。

(2) 適用年齢

　現在，日本で標準化されている知能検査の中で適用年齢が最も低いのは田中ビネー知能検査Ⅴ（2 歳 0 ヵ月～成人）である。被検者がそれより低年齢の場合では精神発達検査を用いる。

発達年齢の適用年齢の下限は新版K式発達検査2001の0ヵ月からであり，知能検査の適用年齢の上限はWAIS-Ⅲの89歳までである。

(3) 主な知能検査の種類と適用，発達検査とその関連

知能検査の種類はビネー式，ウェクスラー式，その他に大別される。ビネー式とウェクスラー式との違いは，第1は知能についての考え方に違いがある。ビネー式では近年，偏差IQの考え方を導入しているものの基本的にはMAの考え方をとっている。それに対してウェクスラー式では偏差IQの考え方に基づいている。第2は同じ被検者にビネー式とウェクスラー式の知能検査を実施した場合，ビネー式で得られたIQの方が10点近く高くなる点である。

1) **ビネー式知能検査** 長所はMAによって知能発達の水準を簡便に把握できること，年齢尺度で構成されることにより，2歳から成人まで検査できることである。

2) **ウェクスラー式知能検査** 適用年齢によって3種類に分かれる。幼児用のWPPSI（Wechsler Preschool and Primary Scale of Intelligence）（ウィプシィ，適用年齢：3歳10ヵ月〜7歳1ヵ月），WISC-Ⅲ（適用年齢：5歳〜16歳11ヵ月），成人用のWAIS-Ⅲ（適用年齢：16歳〜89歳）である。ウェクスラー式知能検査の特徴は，第1に，言語性IQ，動作性IQという2種類のIQを用いて知能構造の把握ができること，第2に11の下位尺度から構成されていること，第3に解釈や適用では個人内差を中心にみることである。

3) **ITPA（Illinois Test of Psychological Abilities）言語学習能力診断検査** アメリカイリノイ大学のカーク（Kirk, S. A.）が1968年に公表した。10の下位検査で構成されて，障害児の個人内差を把握するために教育診断用として工夫されている。日本でも標準化されて1973年に「ITPA言語学習能力診断検査」として，その後1993年に改訂版が刊行されている。適用年齢は3歳0ヵ月から9歳11ヵ月である。WPPSIやWISC-Ⅲの結果から知能構造や認知機能に何らかの特異性を疑われたときに実施されることが多い。ITPAでは，言語学習能力を次の3次元から把握している。①回路：情報を受け取り考えを表現するには，「聴覚−音声」回路と「視覚−運動」回路がある。②過程：言葉の習得・使用には，ことばを理解する受容過程，内的操作の連合過程，ことばや動作で表現する表出過程がある。③水準：コミュニケーション水準には，複雑で高度な処理を要する「表象水準」と習慣的・反応的に行う「自動水準」の2水準がある。

4) **K-ABC心理・教育アセスメントバッテリー（Kaufman Assessment Battery for Children：以下，K-ABC）** 子どもの認知処理過程に注目して，カウフマン夫妻（Kaufman, A. S. & Kaufman, L. N.）が1983年にK-ABCを開発した。日本版は1993年に標準化された。適用年齢は2歳6ヵ月〜12歳11ヵ月である。同時処理と継次処理の個人内の差を明らかにできることから特異な認知パターンをもつ学習障害のような場合に適用される。

5) **グッドイナフ人物画知能検査（Goodenough draw-a-man test）** 描画の過程は1歳過ぎになぐりがきから始まり3歳を過ぎると形のあるものを描出する。比較的早期に出現するのが人物画であり，発達過程に伴って人物像は明細化，統合化など明瞭に変化する。この描画の発達段階を利用して，グッドイナフ（Goodenough, F. L.）は1926年に人物画を知能検査として開発した。教示は「人をひとり描いてください。頭から足の先まで全部です」であり，採点項目の基準に基づいて得られた得点からMA，IQを算出する。人物画の適用年齢は3歳から9歳である。人物画検査によるIQはウェクスラー式知能検査の動作性IQとの相関が高いとされている。また，人物画は人物へのパーソナリティの投映から青年期以降は性格検査としても利用されている。

6) **長谷川式簡易知能評価スケール（HDS-R）** 長谷川式簡易知能評価（HDS）スケールは認知症のスクリーニング検査として1974年に11項目の構成で開発された後，1991年に9

項目30点満点の改訂長谷川式認知症スケール（HDS-R）として刊行された。得点が20点以下になった場合，認知症による知能低下の可能性が高く，さらに，精密な検査を必要とする。検査の長所は所要時間10分程度と短いこと，実施も簡便であり，結果の信頼性も高いことなどである。高齢者を対象に広く使用されている。

7）発達検査 発達検査は発達年齢を測定して生活年齢との比からDQを算出する。発達検査の主なものは，個別検査では新版K式発達検査2001が，検査者の行動評定によるものでは遠城寺式が，母親の記入するものでは津守式がある。発達検査を実施する主な目的は，子どもの発達相談などの臨床場面において障害の発見をして療育の参考資料を得ることである。具体的には，相談に来た母子の事例にスクリーニング検査として津守式や遠城寺式を実施して，その結果，子どもの発達の遅れが疑わしいときには新版K式発達検査2001や田中ビネー知能検査などの個別検査を行うことが多い。

①新版K式発達検査：新版K式発達検査はゲゼルの発達診断やビネーの項目をもとに1980年に作成された。その後の改訂を経て現在は新版K式発達検査2001が用いられている。この検査は，「姿勢・運動」「認知・適応」「社会・言語」の3領域で構成されそれぞれの領域において発達年齢を測定して，生活年齢との比からDQを算出している。0ヵ月から個別検査が可能であるため，細かい観察や丁寧な面接が必要な重度の障害児の療育指導や判定にも用いられる。

②乳幼児精神発達診断法（津守式）：1961年に津守真によって刊行された。子どものことをよく知っている養育者が記入する形式であり，質問紙は「0〜12ヵ月」「1〜3歳」「3〜7歳」の3種類がある。「運動」「探索・操作」「社会」「食事・排泄・生活習慣」「理解・言語」の領域別に月齢または年齢に沿って評価する。検査者は結果を見ながら養育者の発達相談や臨床相談で用いる。長所は簡便で発達全体を把握しやすいことである。

③遠城寺式・乳幼児分析的発達検査（遠城寺式）：遠城寺宗徳（小児科医）によって1958年に標準化・刊行され，1977年に九大小児科改訂版として刊行された。「運動」「社会性」「言語」の3領域に分かれている。月齢に沿って配列された項目を検査者が行動観察しながら評定する。適用年齢は1ヵ月〜4歳8ヵ月である。健診や発達相談など医療の臨床でよく使われる。

いずれの発達検査においても子どもや障害児を対象としているので，行動観察から得られる情報がその判定には重要である。検査者は被検者との検査中のやりとりを通して，指差しの有無，コミュニケーション能力の偏り，人見知り，対人関係の希薄さ，あるいは聴力や言語発達の遅れ，運動機能の遅れなどを観察するよう心がけてほしい。その他の発達検査としては，KID乳幼児発達スケール，新版S-M社会生活能力検査，新生児用のブラゼルトン新生児行動評価法（1995年第3版）などがある。

(4) 測定された知能の変動，環境要因

知能の発達は，生得的な潜在力だけでなく，その後の生育環境によって大きな影響を受けている。つまり，ある個人の知能の形成，獲得においてはその成長・発達過程における生活環境や学習経験が重要である。比較する年齢の間隔が短期間（3〜4年）であれば，両時期の知能指数の相関は高く恒常的であるが，それ以上の長期間になるに伴って変動が大きくなるため相関は低くなりやすい。特に，乳幼児期などの就学前のIQは不安定であり，成長後の知能指数を予測しにくい特徴がある。また，IQは社会・文化的環境，経済的，教育水準と関連が高いとされている。

知能には生得的な要因と環境要因とが影響している。環境要因では，アヴェロンの野生児[2]

---

2) 18世紀末にフランスのアヴェロン地方の森で発見された推定12歳頃の男児。5〜6歳時に森の中に捨てられたとみられる。医師のイタール（Itard, J.）が養育して青年期まで訓練を行った。日常の生活習慣や社会性は習得できたが困難であったのは，音声言語であり，代わりに身振りや文字盤での簡単な単語を並べることはできるようになった。この事例から臨界期や初期経験の重要性が示唆されている。

の例のように極端に劣悪な環境に置かれた場合，知的発達が遅れることが知られている。虐待や育児不安などの養育放棄やホスピタリズムの場合では子どもの心身の発達が遅れることも知られている。特に乳幼児期では発達の可塑性が高く，これを利用して障害児の早期療育がすすめられている。

7．実施の手順と注意点

　心理検査には厳密さ，正確さが要求されるが，特に知能検査には大切である。知能検査は，必要以上の不安を被検者に与えないこと，被検者が課題に取り組みやすいようにすること，スムーズに実施することが必要である。

(1) 実施前の準備
　1）場　所　静かで適当な明るさの換気の良い部屋が望ましい。被検者の検査成績に影響を与えないように検査室の中に刺激になるもの（他の検査道具や箱庭，玩具など）がある場合には検査前に片づけたり，被検者の目に入らないようにカーテンで遮るなど配慮する。
　2）机の配置　検査者は被検者の正面または90度の位置に座るのが基本であるが，被検者の障害や緊張の強さによって座る位置を変えてもよい。机と椅子の配置も部屋の採光や机の大きさ，ドアの位置によって変えるなどの配慮を加える。検査道具や記録用紙は被検者に見せない工夫が必要である。たとえば，検査者の横に低い補助机を用意して，検査道具をその上に置く。
　3）検査道具の設定　検査を手際よく実施するためには十分な事前準備が必要である。図版の組合せ課題等はあらかじめ台紙にセットして被検者の目にふれないように高い棚の上や机の下に置く。検査中の机の上は検査道具と検査用紙など最小限のものしか置かないようにする。被検者の個人記録や検査者の私物，筆箱などは被検者が興味を向けないように検査中は引き出しに入れたりする。
　4）検査用紙の取り扱い　検査者は実施した検査用紙を他者の目にふれないようにする。また未使用の検査用紙についてもテスト問題なので取り扱いに気をつける。
　5）筆記用具　検査者は検査用紙に記入するためのボールペン等を準備する。被検者用として鉛筆2本と赤鉛筆1本を机の上に置く。
　6）ストップウォッチ　音をたてて刻んだり，時間が来たら音の鳴るものは，被検者に心理的な負担を与えるためできるだけ避けたい。また，検査中の使用にあたっては被検者の視野にストップウォッチが入らないように検査道具の陰や机の下で使うなどする。
　7）所要時間　WISCなどの個別検査の所要時間は70分程度であるが，検査の説明，ラポールの形成，休憩時間なども含めて初心者では2時間程度の検査時間を予定しておくと余裕をもって検査できる。
　8）実施前の練習　初心者は手引書を熟読し，検査内容，実施方法を理解する。練習は，実際に検査用具に触れて手引書通りに検査道具を使用して，慣れて検査道具を自由に取り扱えるまで行われるのが望ましい。家族や友人に被検者役を依頼し，検査の開始から終了までの予行演習を必ず行い，また，自分が被検者役となり，検査を受けておいてほしい。

(2) 実　施
　1）検査の導入
　①検査の説明と同意：知能検査を行う前には，検査者はクライエントに検査目的，予定している検査の種類，そして結果がクライエントの今後の心理的援助にどのように活かされるかを

説明して，理解を得ておくことが大切である．子どもの場合は，年齢に応じた言葉を選ぶことと，保護者にも説明することに留意する．

　②ラポール（信頼関係）：他の心理検査と同様，ラポールの形成は重要である．検査室への案内や挨拶時などに検査者はラポールの形成をしてクライエントの緊張をほぐすように心がける．検査の開始前に，検査内容に関連する質問をしないように検査者は気をつける．被検者の緊張をほぐすために，好きな遊びや習い事，学校での部活などを検査者がクライエントに尋ねてみたりするのは差し支えないが，短時間で切り上げるようにする．

2）実　施

　①手引書通りに実施する：手引き書に書かれた語句や言い回しを変えて教示しないようにする．被検者の年齢に応じた言い方に変えることは差し支えないが，それ以外で回答を誘導したり，暗示的になる表現は避けたいものである．手引き書に忠実に行う．

　②検査者は急ぎ，被検者を急がせない：検査者は，一つ一つの下位項目を手際よく実施する．充分な事前準備が必要である．また，下位検査が終了するごとに，検査者は検査道具を順次片づけて机の上には，最小限の検査道具しか置かない状態にする．

　③正答についての判断：「積み木模様」「絵画配列」などの設問においては被検者の「できた」という報告を必ず聞いてから検査者は正答かどうかを判断する．検査者が見ただけで先に判断しないようにする．

　④援助を与えない：検査中にしばしば被検者からヒントを求められることがあるが，検査者は援助を与えないようにする．詳しい対応は各検査の手引き書を熟読しておく．

　⑤回答の逐語記録：被検者が答えた言語反応は「正」「誤」「○」「×」などと省略せず検査者はすべて逐語的に記録する．

　⑥ベストコンディションを保つ：被検者が疲れて飽きるのを避けるため下位検査の間に少し雑談をしたり，短い休憩を入れる．検査中も被検者がベストコンディションを保てるように心がける．

　⑦休憩，中断：風邪や発熱で体調が悪い場合は検査を中断して別の日に行うなど，臨機応変な対応が必要である．やむをえない事情で検査を中断した場合は，検査の間隔があかないように2～3日以内，長くても1週間以内に2回目を行う．

　⑧実習での注意点：学生同士が被検者と検査者役となって実習する場合は学生の実名や生年月日を検査用紙に正確に記入する．実習で行った知能検査結果は原本を提出する．検査者が被検者の筆圧を知ったり誤答から正答への過程も含めて総合的に判断するうえで原本は必要である．

　⑨行動観察としての観察事項：知能検査は一定の手順にしたがってある構造化された状況で行われる．したがって，検査中，検査者は被検者を観察しながらその回答の様子や課題に対する態度を重要な情報として得るよう心がける．被検者の検査に対する意欲や落ち着き，検査に対する協力度，応答の速度，聞き返しのパターンや課題への取り組み方（問題の理解度，題意に沿っているか，試行錯誤か，熟考しているかなど）を検査者は細かく記載しておくと検査結果を総合的に判断したり被検者に伝えるうえで役立つ．

(3) 終了後の注意点

1）結果の整理

　①採点：スコアリングを丁寧に行う．評価点や換算表からの見間違いや計算間違い，年齢の数え方など，何度も点検する．

　②総合評価の視点：知的能力の評価では，検査者は被検者のIQだけでなく検査態度を踏まえてその潜在的な能力に関する見通しを幅をもたせて柔軟に判断する．具体的には今回はこの

IQ であったが検査に対する態度等を踏まえた見通しをもって判断する．また，現実の生活の場面ではどのような行動として現れるかを検査結果と関連させて総合的に考える．それ以上，たとえば，学習障害の診断資料として，さらに詳しい別の知能検査（K-ABC，ITPA）や神経心理学検査，性格検査が必要な場合には追加して実施するよう計画する．

2）所見の書き方

①態度，一般的印象：行動観察の欄で述べたように検査に取り組む被検者の態度（例：「検査後半には離席が多かった」「検査に関係ない検査者の年齢を聞いてくる」）や一般的印象（検査に協力的）など参考になることを記入する．

②障害：視覚，聴覚，言語，運動等の障害が検査の実施や結果に与える影響（例：左耳は高度難聴で補聴器使用，そのため身ぶりを交えて教示した）などを書く．

③その他：検査結果に直接影響を与えていないが，被検者の知的能力や学習態度を理解するうえで気づいた点（例：「言語性検査では，難しくなるとチックが出たり，しだいに声が小さくなった」）なども記入しておく．

（4）検査結果の説明

検査者はクライエント（子どもの場合は保護者）に対して，今回，この検査者が行った検査結果はこのようであったが今後の変化はありうること，特に，幼児期の検査結果は変動が大きいので今後も変わりうることを説明する．被検者が以前，知能検査を受けた場合には，前回から今回の結果の変化についても取り上げるなどの配慮を加える．結果を伝えるときには検査者は，クライエントが理解しやすいように専門用語を使わないようにして，日常の平易な表現に置き換える．

1）効用と限界

初めて知能検査を受ける被検者（子どもの場合は保護者）に対しては検査者は知能検査の効用と限界について説明する．具体的には，実際に受けた知能検査でどんなことがわかるか，これからの日常生活にどのように役立てるかについて，また，知能検査では限られた能力の測定しかできないこと，限られた情報からの推測しかできないことも限界として伝える．

2）今後の取り組みや対応

検査者は検査結果の弱点だけでなく伸びる部分を見つけて，クライエントや家族はどのようにすればよいのかといった今後の取り組みや対応を説明する．松尾ら（2005，2010）を参考にする．検査結果や見通しは主訴や現在の不適応問題との解決とも関連させて，また，小学生・中学生では学習環境や成績を尋ねながら，検査では把握しきれなかった潜在的な見通しを踏まえて今後に生かす方策を見つける．クライエントに的確に，そして慎重に伝えることが専門家の責務である．クライエントは現実の解決策につながる有効なアドバイスを聞けると知能検査を受けてよかったと思い，明日からの指針になる．

文 献

生澤雅夫（2005）．知能検査 氏原 寛・亀口憲治・成田善弘・東山紘久・山中康裕（編）心理臨床大事典［改訂版］ 培風館 pp.459-463.

松尾久枝・二村真秀・石川道子（2005）．極低出生体重児の4歳における精神発達—田中ビネー知能検査の通過率— 小児の精神と神経，**45**，341-352.

松尾久枝・二村真秀・石川道子（2006）．超低出生体重児，極低出生体重児の6歳時の精神発達—WISC-III 知能検査結果— 小児の精神と神経，**46**，177-191.

松尾久枝・二村真秀・石川道子・山田恭聖（2010）．超低出生体重児，極低出生体重児の6歳のWISC-R，WISC-III知能検査と人物画との関連 小児の精神と神経，**50**(1)，43-59.

杉原一昭（監修）（2003）．田中ビネー知能検査V 理論マニュアル 田研出版

Wechsler, D.（1997）. *Technical Manual for the Wechsler Adult Intelligence Scale-Third Edition/Wechsler Memory Scale-Third Edition*. Harcourt Assessment.（日本版 WAIS-Ⅲ刊行委員会（訳編）（2006）. 日本版 WAIS-Ⅲ成人知能検査法　理論マニュアル　日本文化科学社）

2 田中ビネー知能検査

1. はじめに

　本章では田中ビネー知能検査についての概略とその実施手続き・採点方法などについて解説する。田中ビネー知能検査は改訂が重ねられており，その内容は版によって異なるが，本章では2003年に改訂された田中ビネー知能検査V（以下，田中ビネーV）を対象としている。

2. 田中ビネーVの概要

(1) ビネー式知能検査の歴史

　1) ビネー式　　フランスの心理学者であるビネー（Binet, A.）が世界で最初の知能検査を発表したのは1905年のことである。当時のフランスでは義務教育が行われていたが，学校の勉強についていけない子どもたちが問題となっていた。そこで，一般的な教育では十分な学習ができないような発達遅滞児に対して，その子どもに適した教育を受けさせるとの方針がとられた。しかし，そのためには発達遅滞児とそれ以外の子どもを弁別するための方法が必要である。そこでビネーは，共同研究者のシモン（Simon, T.）とともに30項目からなる知能検査を作成した。これが最初のビネー式知能検査である。

　この検査は，現在のビネー式にみられるような年齢級ごとの問題などはなく，30項目の問題が難易度の順に並べられただけのものであった。知能の高低は，どの程度の難易度の問題に正答できたかで判断された。その後ビネーは検査の改訂を進め，年齢級ごとに問題を設定するとともに精神年齢という概念を取り入れた。そして，知能はどの年齢級の問題に正答できたかという精神年齢で示されるようになった。

　2) スタンフォード・ビネー式　　ビネー式の知能検査は諸外国へ伝わり，それぞれの国で翻訳や標準化が行われた。そのなかの一つが，アメリカのスタンフォード大学に勤務していたターマン（Terman, L. M.）によるスタンフォード・ビネー式知能検査である。

　スタンフォード・ビネー式では，元のビネー式にはなかった知能指数（IQ: Intelligence Quotient）という指標を採用した。ビネー式では精神年齢は導入されていたが，精神年齢と生活年齢の比によって知能の水準を表すようにしたのはスタンフォード・ビネー式からである。その後もスタンフォード・ビネー式は独自の改訂がされており，現在ではもとのビネー式とは異なる内容の知能検査となっている。

　3) 田中ビネー知能検査　　日本においては，1937年版のスタンフォード・ビネー式をもとにして田中寛一が作成したのが「田中びねー式智能検査法」であった。1947年のことである。その後，社会や子どもの状況の変化に合わせて問題の修正が重ねられている。また，回答の正誤の判断ができない場合に再度質問を行う再質問という手続きを設定するなど，田中ビネー知能検査独自の改良も進められている。

(2) 田中ビネーⅤの特徴

田中ビネー知能検査は改訂が進められるなかで，ビネー式ともスタンフォード・ビネー式とも異なる特徴をもつようになっている。また，田中ビネー知能検査といっても，版による違いも存在する。以前の版と田中ビネーⅤとで大きく異なるのは以下の2点である。

① 14歳未満の被検者には，従来どおりのIQを算出し，14歳以上の場合は偏差知能指数（DIQ: Deviation IQ）を算出する。

1987年の「全訂版　田中ビネー知能検査法」までは従来のIQが基本であり，DIQも算出可能であったものの，補助的な位置づけであった。しかし，田中ビネーⅤでは，14歳未満の被検者（以下，子ども）に対しては従来のIQを用いるが，14歳以上の被検者（以下，成人）に対してはDIQによって知能の高低を示すように変更が加えられた。

② 成人の知能の下位因子として「結晶性領域」「流動性領域」「記憶領域」「論理推理領域」の4領域を設定し，分析的に測定する。

ビネー式の知能検査は，一般知能 g（general intelligence）を測定しているとされており，知能の構造を分析的に取り扱うことはなかった。田中ビネー知能検査においても，「全訂版　田中ビネー知能検査法」までは，一般知能 g を測定するという検査であった。

しかし，田中ビネーⅤでは，知能は加齢に伴って分化するという考えに基づき，成人用の問題に因子分析を実施した。その結果，経験の積み重ねによって獲得される「結晶性知能」，情報処理をより速く正確に行うという「流動性知能」，情報を保持し，必要に応じてとりだす「記憶」，推論や抽象的思考に関する「論理推理」という4つの因子が抽出されている。成人の知能については，この4領域の得点をもとに総合DIQを算出し，プロフィールを作成することで被検者の知能のあり方を表現するようになっている。

3. 田中ビネーⅤの実施法

田中ビネーⅤでは，子どもに対して実施する場合と成人に実施する場合で，その手続きが大きく異なる。しかし，被検者によっては，子ども用の問題と成人用の問題を両方実施しなくてはならないこともある。そのため，検査者はどちらの手続きも十分に理解しておく必要がある。

(1) 実施準備

田中ビネーⅤでは10の用具が必要となる（表2.1）。

これらの用具は課題によって用いるものと用いないものがあるが，必要なときにはすぐに使えるようにしておかなくてはならない。

表2.1　田中ビネーⅤで用いる用具

- 検査用具
- マニュアル
- 記録用紙
- テスティペーパー（被検者用紙）
- 所定用紙2種類（A5版，8cm × 8cmの正方形）
- ストップウォッチ
- 筆記用具（テスター記録用の他に，芯のやわらかい鉛筆数本，赤鉛筆）
- ものさし
- 分度器
- ハンカチ（発達チェック用）

(2) 検査問題

それぞれの検査問題には，その実施方法や採点方法が詳細に記述されている。検査者は，その内容をよく理解し，マニュアルの方法にしたがって実施，採点を行う必要がある。

1) **材　　料**　　その問題で使用する用具や問題文について記述されている。
2) **方　　法**　　問題の検査の手順や教示文などについて説明されている。検査の方法は厳守されなくてはならないが，教示などは内容が歪んだり不適切な示唆となったりしていない範囲での変更は許されている。また，制限時間などもこの部分に記載されている。
3) **注　　意**　　その問題で特に注意が必要となる点について述べられている。
4) **再 質 問**　　被検者からの回答について，正誤の判断に迷う場合，再質問を行うことになる。ここでは，その問題で再質問をどのように行うべきか記載されている。なお，再質問は1回しか行わず，再質問をしても正誤が判断できない場合には，その問題は誤答として扱うことになる。
5) **合格基準**　　その問題を合格とするための基準である。問題内に小問がある場合には，小問のうち何問に正答できれば合格となるかが示されている。小問のない問題では，以下の正答基準と一致する。なお，合格基準は14歳未満の年齢級にのみ存在する。
6) **正答基準**　　どのような回答を正答とするかについての具体的な基準が述べられている。その記述内容は問題によって異なるが，検査者はそれぞれの問題の正答基準に照らして適切に判定することが求められる。
7) **解 答 例**　　回答の正誤の判断の参考となる解答例が示されている。正答例，誤答例，再質問例についてそれぞれ具体的に示されているが，すべての解答例を記述することはできないため，正答基準と照らし合わせて判断を行うことになる。
8) **配　　点**　　それぞれの問題の配点が記述されている。なお，配点欄は成人級の問題にのみ示されている。

(3) 記　　録

田中ビネーVでは，被検者の反応に対して2種類の記録が行われる。いずれも，その後の被検者に対する対応を決めるうえでの重要な情報となるものであるため，可能な限り正確で詳細な記録が求められる。

1) **反応記録**　　問題に対する回答を記録し，正答基準に照らして小問の正誤を判断する。そして，合格基準に基づき，それぞれの問題の合否を判定する。回答は非言語的な側面も含め，被検者の反応をありのまま記録することが望ましい。
2) **観察記録**　　個別の問題への反応ではなく，被検者が検査場面に対してどのような態度で臨んでいたかを記録する。問題への導入場面，問題への取り組み，検査問題への反応といった側面についてそれぞれ記録を行う。

(4) 子どもに実施する場合の手順

田中ビネーVを子どもに実施する場合は，それぞれの年齢級単位で問題を実施する。その年齢級の問題がすべて終了した時点で，次にどの年齢級の問題を行うかを判断し，引き続き実施したり検査を終了したりすることになる。すなわち，すべての問題を番号順に実施するわけではなく，被検者によってどのような順序で問題を実施するかが変わるのである。問題の実施順序は図2.1のようになる。

このように，被検者の回答によって実施する問題数やその順序が変わるため，回答に対してその場で合否の判定を行わなくてはならない。そのため，検査者はマニュアルなどを確認することなく合否の判定ができるようにしておく必要がある。一方で，定められた判定基準に厳

```
┌─────────────────────────────────────┐
│ 被検者の生活年齢と等しい年齢級の問題から開始 │
└─────────────────────────────────────┘
                │
                ▼
         ┌──────────────┐   No   ┌──────────────────────┐
         │ 全問合格できたか？├──────→│ 1つ下の年齢級の問題を実施する │
         └──────────────┘        └──────────────────────┘
                │ YES
                ▼
┌─────────────────────────────────────┐
│ 被検者の生活年齢の1つ上の年齢級の問題を実施する │
└─────────────────────────────────────┘
                │
                ▼
         ┌──────────────┐   No   ┌──────────────────────────┐
         │ 全問不合格だったか？├─────→│ さらに1つ上の年齢級の問題を実施する │
         └──────────────┘        └──────────────────────────┘
                │ YES
                ▼
              ( 終了 )
```

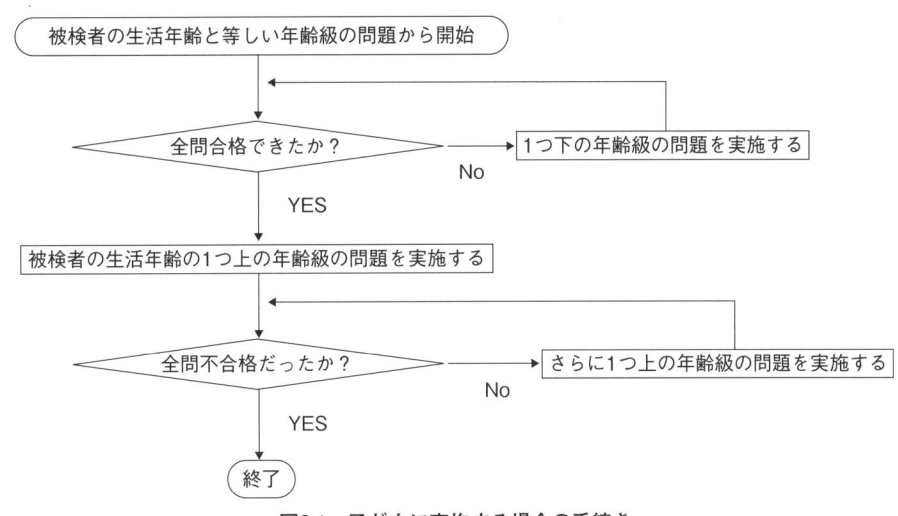

図2.1 子どもに実施する場合の手続き

密にしたがわなければ、知能を正確に査定できない。必要以上に検査時間を延ばさないためにも、判定基準を熟知しておかなくてはならない。

子ども用の問題は13歳級までしかない。そのため、13歳級の問題を1問でも合格した被検者には、続けて成人級の問題を実施する。その場合は、以下の成人級の実施手続きにしたがう。

(5) 成人級から実施する場合の手順

子ども用の問題では、被検者の回答によって実施する問題数や提示順序が変わる。しかし、成人の問題は原則として成人級のA01〜A17を順番に全問実施する。前に述べたように、被検者が子どもの場合、回答によっては成人級の問題を実施することもある。しかし、成人に実施する場合には、通常は下の年齢級の問題に下がることはしない。

4. 結果の整理

(1) 記録の整理・合否判定など

田中ビネーVでは、問題の合否の判定は検査実施中に行う。そのため、検査者は即座に正確な判定ができるよう、判定の基準について熟知し、必要に応じて適切な判定をできるようにしておかなくてはならない。

一方、行動観察は検査中にすべて書き終えることはない。観察記録は、検査終了後に反応記録なども参考にしながら、被検者の全体像が明らかとなるようにまとめる。

(2) 子どもに実施した場合のIQ算出方法

子どもに実施した場合、以下のような手順で知能指数を算出する。

1) **生活年齢の算出** 生活年齢（CA: Chronological Age）は、検査実施日から被検者の生年月日を引くことで算出される。その際、1ヵ月は30日として計算する。CAは月の位まで求め、30日未満の日数は切り捨てる。

2) **精神年齢の算出** 精神年齢（MA: Mental Age）は被検者の回答を用いて、以下の手順で算出する。

①基底年齢を求める：基底年齢とは、すべての問題に合格した年齢級（実施した中で最も下の年齢級）の一つ上の年齢である。たとえば、5歳級の問題に全問合格した場合、5歳の一つ

$$IQ = \frac{MA}{CA} \times 100$$

図2.2　田中ビネー式知能検査の知能指数の算出式

上の年齢である6歳が基底年齢となる。
　②加算月数をかける：全問合格した年齢級よりも上の年齢級で合格した問題数を数える。そして，それぞれの年齢級で定められた加算月数（1～3歳級には1ヵ月，4～13歳級には2ヵ月）をかける。
　③MAの算出：基底年齢に②で求められた月数を足すことでMAが算出される。
　3）知能指数の算出　CAとMAを月に換算し，図2.2のように公式を用いてIQを算出する。IQは通常，整数で表されるので，小数点第一位を四捨五入する。

(3) 成人に実施した場合のDIQ算出方法

　田中ビネーVでは，子どもと成人でIQの算出手順が大きく異なる。成人ではMAを計算せず，下位検査の得点をもとにDIQを算出する。
　1）CAの算出　CAは子どもの場合と同様に，検査実施日から被検者の生年月日を引くことで算出する。
　2）下位検査の評価点を算出　CAとそれぞれの下位検査の得点を採点マニュアルにある換算表2に当てはめて，下位検査の評価点を求める。
　3）領域別DIQを算出　下位検査の評価点を「結晶性」「流動性」「記憶」「論理推理」の4領域それぞれで合計する。そして，領域ごとの合計点をマニュアルの換算表3に当てはめ，領域別DIQを求める。
　4）総合DIQを算出　すべての下位検査評価点を用いて全評価点合計を計算し，マニュアルの換算表4に当てはめて，総合DIQを求める。

5. 実 施 例

(1) 子どもに対する実施例

　実施例1（図2.3）は子どもに対して実施した場合である。被検者は小学生女児であり，CAは8歳3ヵ月（99ヵ月）である。そこで，8歳級の問題より開始したが，不合格が2問あったため，7歳級に下がって実施した。しかし，7歳級でも不合格問題があったため，6歳級に下がり，6歳級で全問合格した。そこから年齢級を上げて実施し，10歳級で全問不合格となったため，そこで検査を終了している。
　6歳級が全問合格であったため，基底年齢は7歳（6歳+1）となる。加算月数をかけてMAを求めたところ9歳0ヵ月（108ヵ月）となり，IQは109となった。
　7，8歳級では，「話の不合理（A）」「短文作り」「共通点（B）」で不合格であった。話の不合理は9歳級においても不合格となっており，概念を整理し適切に言語化する能力が未発達であると考えられる。一方で，9歳級の問題でも「数的思考（A）」や「図形の記憶（A）」などに合格しており，数学的・幾何学的理解に優れていると推察される。

図 2.3 実施例 1 子どもに実施した場合

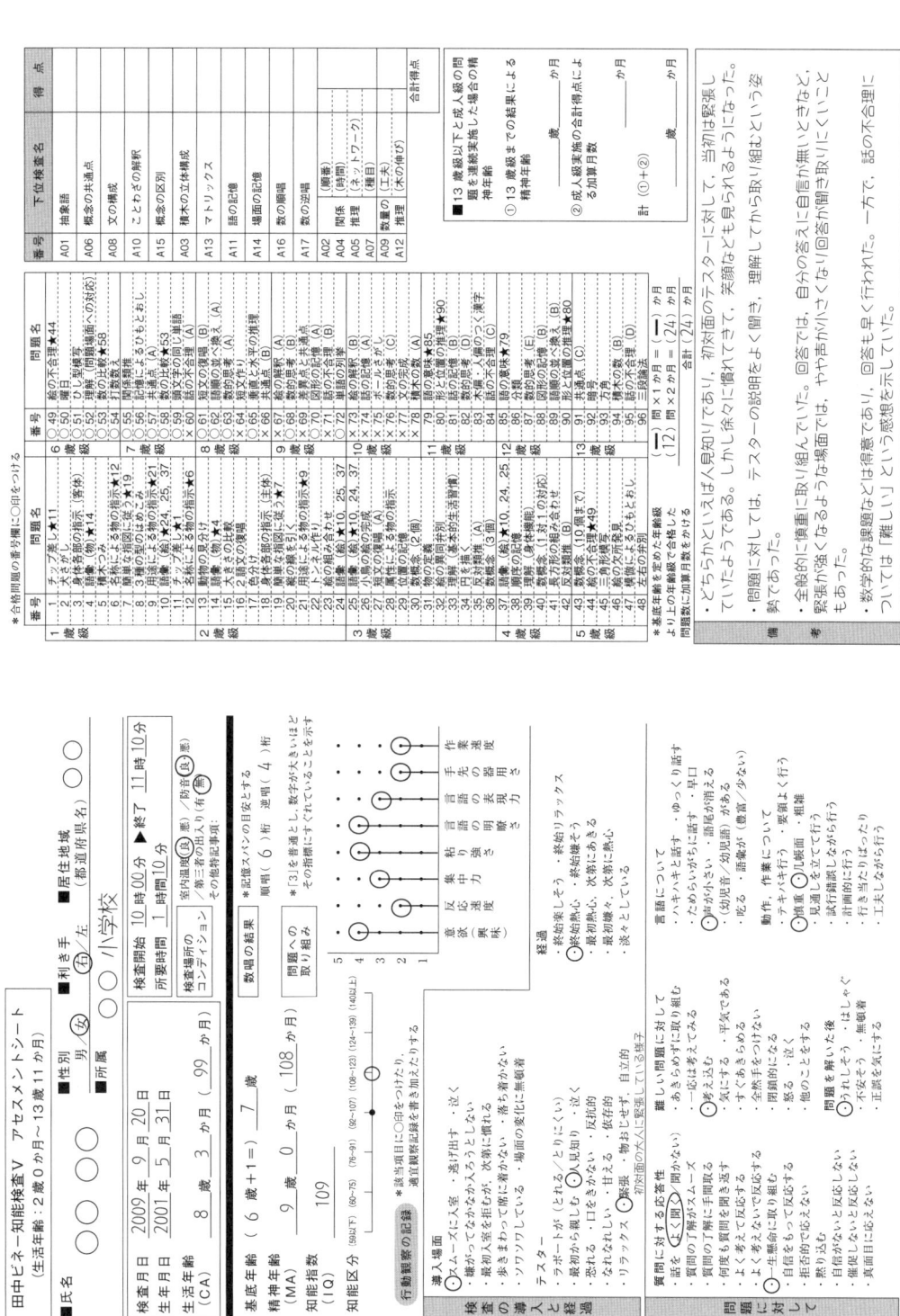

(2) 成人に対する実施例

実施例2（図2.4）は成人に対して実施した場合である。被検者は19歳5ヵ月の男性である。検査実施にあたり下位検査得点が0となるものも無かったため，成人級のみを実施し，検査を終了した。

そして，それぞれの下位検査得点をもとに評価点を算出し，その合計得点から領域別DIQを計算した。また，全評価点の合計から総合DIQを求めた。

全体的にはDIQは100前後であり，平均的な知能を有していると判断できる。相対的には結晶性知能がやや低く，記憶がやや高いという傾向にあるが，それほど大きな差はみられなかった。

6. 実習課題

(1) 成人に対する実施

受講生がペアとなり，相互に検査者，被検者を交代しながら検査を実施する。その中で，田中ビネーVの問題の構成や結果の記録方法について学ぶ。また，成人に対する実施方法や採点方法，DIQの算出方法などを理解する。

(2) 子どもに対する実施

14歳未満の子どもの実習協力者に対して検査を実施し，子どもに対する実施方法や結果の記録方法などについて学ぶ。また，受講生同士のようによく知っている相手ではなく，面識の少ない実習協力者に実施することで，ラポールの重要性や倫理的配慮についての理解を深める。

文 献

田中教育研究所（編）（2003）．田中ビネー知能検査Vマニュアル（理論・実施・採点）　田研出版

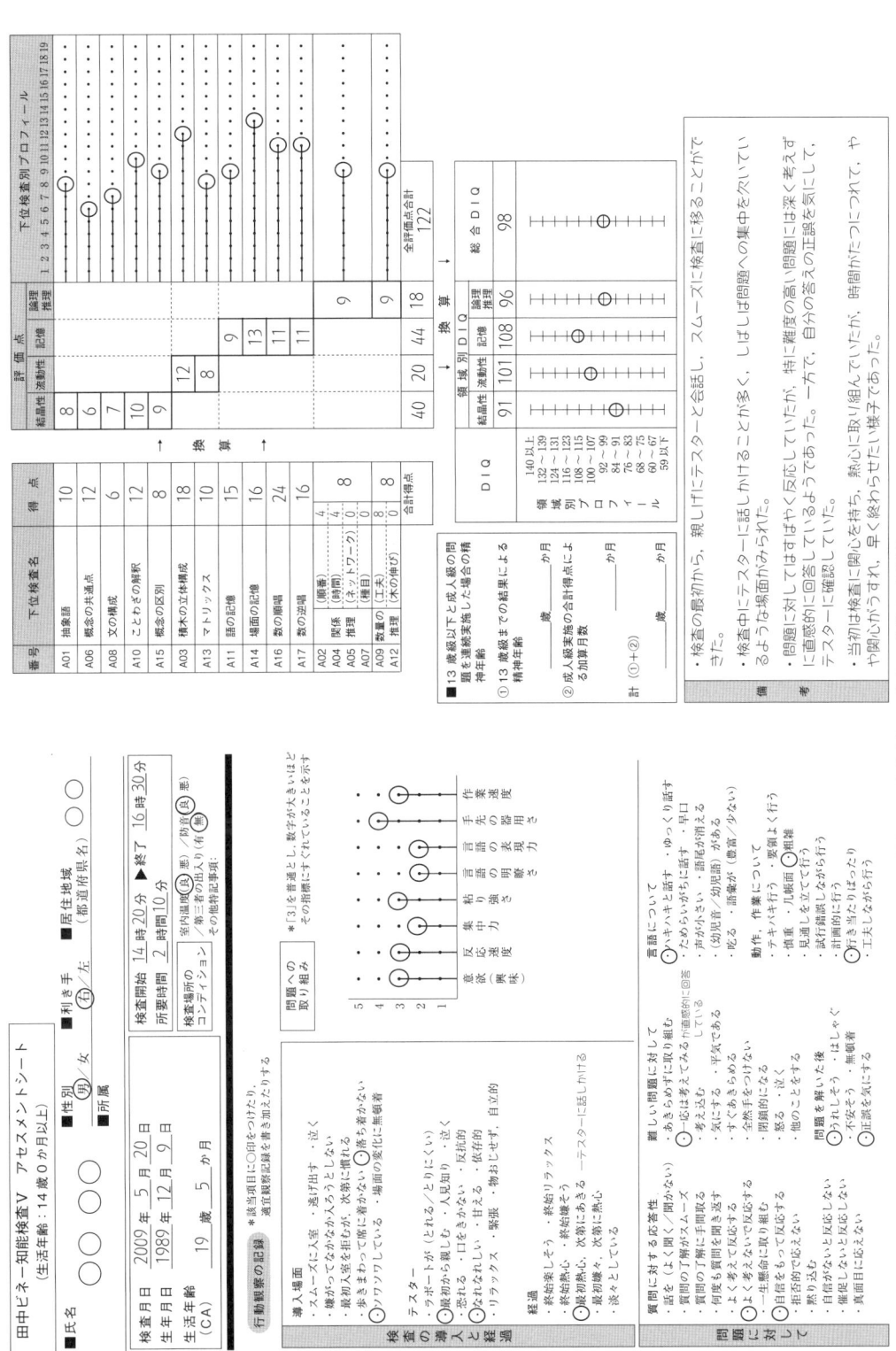

図 2.4 実施例 2 成人に実施した場合

3

ウェクスラー式知能検査

1. はじめに

　ウェクスラー式知能検査（Wechsler Intelligence Tests）は，ウェクスラー（Wechsler, D.）により開発された個別式知能検査である。現在クリニックや心理相談室などの心理臨床現場や学校などの教育現場などで，ビネー式知能検査とともに最も使用されている知能検査の一つとなっている。

　本章では，まずはウェクスラー式検査の開発の経緯，理論的背景，および特色を述べることとする。次に主にウェクスラー児童用知能検査について，その検査項目の特徴と内容，施行法と結果のまとめ方，結果の解釈の仕方について解説する。そして事例を題材として，臨床現場での検査結果の利用の仕方についての一例を示す。

2. ウェクスラー式知能検査の概要

(1) 開発の経緯

　1939年，ニューヨーク大学付属ベルビュー病院神経科の主任心理学者として働いていたウェクスラーが，当時広く用いられていたビネー式検査への批判から，ウェクスラー・ベルビュー成人知能検査を考案したことが，ウェクスラー式知能検査の始まりである。ウェクスラー・ベルビュー成人知能検査は，10歳から60歳の幅広い年齢層を適用年齢としたものであったが，年齢による認知および精神発達の水準を考慮した個々の検査が必要であるという考えから，1949年に5歳から15歳を対象としたウェクスラー児童用知能検査（Wechsler Intelligence Scale for Children: WISC），1955年に16歳以上の成人を対象としたウェクスラー成人知能検査（Wechsler Adult Intelligence Scale: WAIS），そして1967年に，4歳から6歳半の幼児・児童を対象としたウェクスラー就学前幼児用知能検査（Wechsler Preschool and Primary Scale of Intelligence: WPPSI）が公表されている。その後，時代や社会状況の変化に合わせて検査項目の改訂が重ねられ，最も新しい改訂版として，WISC-Ⅳが2003年に，WAIS-Ⅲが1997年に，そしてWPPSI-Ⅲが2002年に公表されている。

　わが国でもウェクスラー式検査の標準化作業が積極的になされている。1953年にWISC日本版が標準化されたのを始まりとして，原版の改訂ごとに標準化が行われている。現在最も頒布されているのは，1998年に公表された5歳から16歳を対象としたWISC-Ⅲ日本版と，2006年に公表された16歳から89歳を適用年齢としたWAIS-Ⅲ日本版である。なお2011年1月にWISC-Ⅳ日本語版が公表されている。

(2) 知能の考え方

　各種知能検査には，それぞれが背景にもつ知能の考え方が存在する。たとえばビネー式検査

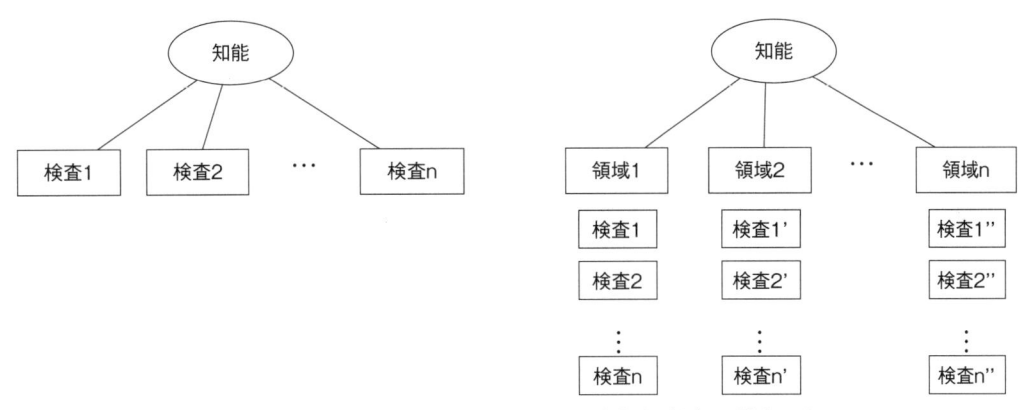

図3.1 ビネー式検査（左）とウェクスラー式検査（右）の構成の違い

の考案者であるビネーは，知能とは「外界を全体として再構成するために作用する認識能力」とし，知能を他の能力には分割できない包括的な能力と考えていた。それに対してウェクスラーは，知能とは「目的的に行動し，合理的に思考し，環境を効果的に処理する総合的，または全体的能力である」と定義し，知能を単一な能力ではなく，質的に異なるいくつかの能力から構成されるものであると考えた。

このウェクスラーの知能観は，ウェクスラー式知能検査の構成にも影響を与えており，ビネー式知能検査のような，質問項目が年齢水準に沿って一元的に並べられる形式ではなく，ある特定の能力を測定するいくつかの下位検査群から構成される形式をとっている（図3.1）。

(3) 知能指数

知能指数とは，知能検査の結果を示す重要な指標のことであるが，ビネー式知能検査とウェクスラー式知能検査とでは，そのとらえ方が大きく異なっている。

ビネー式知能検査では，発達の程度を示す精神年齢を実年齢で除して100倍した，比IQと呼ばれる値が指標として用いられている。しかし比IQの概念は，年齢とともに知能が直線的に発達するという条件のもとで成り立っており，実際の知能の発達は年齢が高くなるとなだらかになってくるために，特に思春期以降の子どもでは概念の妥当性が低くなるという問題点があった。

それに対して，ウェクスラー式知能検査では，精神年齢を用いない偏差IQなる指標が用いられている。偏差IQとは，同年齢集団の知能分布を正規分布と仮定し，個人の知能水準を，同年齢集団の知能の平均値からのズレとして相対的に表したものである。ウェクスラー式知能検査では，平均値を100，標準偏差を15とした指標が用いられている（図3.2）。偏差IQは，属する年齢集団が異なってもその値の示す意味は同一であるため，ある個人の数年前の結果と今回行った検査結果を直接比較することができる。

$$偏差IQ = \frac{X-M}{\frac{SD}{15}} + 100$$

X：個人の得点
M：所属集団の平均値
SD：所属集団の標準偏差

図3.2 ウェクスラー式検査の偏差IQの式

3. WISC-Ⅲの構成と特徴

　WISC-Ⅲは，児童用に開発されたウェクスラー式知能検査の第3版であり，5歳0ヵ月（原版では6歳0ヵ月）から16歳11ヵ月の子どもを対象としている。わが国では1998年に公表されて以降，学校臨床，発達臨床，病院臨床など，子どもの心理臨床のさまざまな分野で最も多く使われている知能検査の一つである。以下では，WISC-Ⅲについて，まずは検査項目の構成と特徴，実施方法，結果の算出方法および解釈の仕方について紹介する。

(1) 検査項目の構成

　WISC-Ⅲは，固有の能力を測定する13個の下位検査項目から構成されており，これらは10個の基本検査と3個の補助検査に分けられる[1]。表3.1に各下位検査個々の概要と測定する能力を記した。各下位検査は，改訂がなされるたびに理論的背景や時代との適合性が検討されており，そこで不適切と判断された検査問題は削除，修正され，また新しい問題が付け加えられている。たとえばWISC-Ⅲで修正または新しく加えられた問題は，言語性検査の約53％，動作性検査の約30％に上る。また「記号探し」の問題が，下位検査項目として新しく付け加えられている。

　これらの下位検査は，対象児の全般的な知的水準の測定に加え，個人内の異なる知的側面の分析のためにも使用される。この領域別の知的側面の評価を可能にしていることが，ビネー式知能検査との大きな違いであり，またウェクスラー式知能検査の有用性を高めている。以下では，ウェクスラー式知能検査の全般的な特徴である，言語性検査および動作性検査についてと，WISC-Ⅲで新しく採用された群指数とよばれる概念について説明する。

1）言語性検査と動作性検査　WISC-Ⅲの13個の下位検査は，6個の言語性検査と7個の動作性検査に分類される（表3.1）。言語性検査とは，主に測定刺激として文字または言葉を用

表3.1　WISC-Ⅲの下位検査の構成とその特徴

	群指数	下位検査	概要	測定している能力
言語性検査	言語理解	知識	日常的な事柄や歴史など一般的な知識を答える。	一般的な知識量
		類似	2つの言葉の共通の概念を答える。	抽象的概念化能力
		単語	単語の意味を答える。	語彙力
		理解	日常の問題解決や社会ルールについて答える。	生活に必要な知識や一般的習慣についての知識
	注意記憶	算数	算数の問題を口頭で答える。	計算能力，作業記憶
		数唱※	検査者の唱えた数字群を，同じ順番，または逆順で答える。	聴覚的短期記憶
動作性検査	知覚統合	絵画完成	絵カードの欠けている重要な部分を指摘する。	視覚的長期記憶，本質を見極める能力
		絵画配列	複数の絵カードを意味が通るように並び変える。	時系列の理解，時間の概念
		積木模様	モデルと同じ図形となるように積木を組み合わせる。	全体を部分に分解する能力
		組合せ	ピースを組み合わせて具体的な物を完成させる。	刺激を有機的に関連づける能力
	処理速度	符号	幾何図形または数字と対になっている記号を書き写す。	事務処理の速度および正確さ，視覚的短期記憶
		記号探し※	刺激記号が，記号グループの中にあるかないかを答える。	視覚情報の読み取りの速さと正確さ
	――――	迷路※	迷路問題	空間的パターン認識および見通し能力

※は補助検査

---

1) 基本検査とは，知能指数を算出するために使用される検査項目であり，それに対し，補助検査は知能指数の算出には原則として使用しない検査項目である。WISC-Ⅲでは，「数唱」「記号探し」「迷路」が補助検査に該当する。このうち「数唱」と「記号探し」は，群指数の算出に用いられる。

いる検査である。言葉によって理解し，表出する能力（言語性知能）を測定するものである。一方，動作性検査とは，文字を使用せず，図形や絵を刺激材料とする検査で，この動作性検査を大幅に採用していることも，ウェクスラー式知能検査の特徴である。目で見て理解し，動作で表現する能力（動作性知能）を測定するものである。

　2) **群指数**　WISC-Ⅲの下位検査はさらに，言語理解，知覚統合，注意記憶，処理速度の4つの群指数に分類され（表3.1），各側面からの知的評価が可能である。言語理解は，言葉の理解の程度やその操作の成熟度を示し，知覚統合は，空間的な情報の把握および処理や形の操作能力の程度を表し，注意記憶は，注意持続の程度や聴覚記憶の正確さを示し，処理速度は，事務処理能力の速さや視覚記憶の正確さを表している。群指数は，因子分析によって特定された指標であり，前身のWISC-Rにはなく，WISC-Ⅲにおいて新しく採用された概念である。この概念の導入によって，さらに詳細な知的プロフィールの分析と解釈が可能となっており，このことがWISC-Ⅲの最大の特徴かつ利点となっている。

(2) 実施方法

　知能査定を正確に行うためには，日本版WISC-Ⅲ刊行委員会（1998）の発行した検査マニュアル（以下マニュアル）に沿った方法を心がけなければならない。標準化の作業自体が，マニュアルに則って行われており，正式な実施方法と異なる施行は誤った検査結果を導く可能性が高くなるためである。特にWISC-Ⅲは，診断の補助や支援方針の考案のために用いられることが多いため，誤った検査結果は対象児にとって不利な処遇を導くことになってしまう場合もある。具体的な実施方法に際しては上記マニュアルを熟読してもらうこととし，ここでは実施における全般的な注意点をいくつか記すこととする。

　1) **ラポールの形成**　一般に，検査中の対象児の心理的状態や検査者との関係性は，検査結果に影響することが知られている。そのため対象児が本来もっている能力を測定するためには，検査者と対象児のラポールの形成が不可欠である。対象児は，なぜ検査をされるのかが十分に理解されないまま親に連れて来られていたり，検査という言葉の響きに恐れや不安を感じていたりする場合も多い。したがって，検査前に子ども自身が検査についてどういう説明を親から受けてきたかや，検査といってもゲームやクイズの類のものであるということを説明するなど，対象児の不安の除去や検査への動機づけに努めることが必要である。

　2) **教　示**　教示文は勝手に言い換えたり，省略したりしてはならない。教示に関してよく問われる問題は，下位検査の「算数」において，子どもから教示の繰り返しを求められる場合である。この場合は一回のみ教示を繰り返してよいが，再教示中の時間も経過時間に含めなければならない。また「組合せ」では，1番目の人形と2番目の自動車の問題は，できあがりの物の名称をあらかじめ子どもに伝えるが，3番目以降の問題では伝えないことになっている。項目によって教示が異なるため注意が必要である。

　3) **時間測定**　動作性検査と言語性検査の「算数」では時間計測をすることとなっており，下位検査ごとに制限時間が設けられている。特に「絵画配列」「算数」「積木模様」「組合せ」には，回答に要した時間が短くなるほど得点が高くなるという時間別割増点があるため，計時を正確に行う必要がある。なお「絵画配列」では，刺激材料の配布作業，教示文を読む作業，そして計時作業と作業数が多いため，正確な計測を行うためにも，スムーズな手続きを事前に習得しておかなければならない。

　4) **開始問題と中止条件**　年齢や発達水準にもよるが，WISC-Ⅲの施行には約1時間から2時間程かかり，対象児に多くの負担をかけてしまう。WISC-Ⅲでは，検査の負担を軽減するため，下位検査ごとに年齢段階による開始問題と中止条件が設けられている。年齢による開始問題の設置により，年齢の高い子どもが難易度の低い問題をしなくて済み，中止条件の設置によ

り，難易度の高過ぎる問題を行わなくて済むようになっている。開始問題や中止条件は下位検査ごとに異なるため，各検査での条件を頭に入れておく必要がある。なお年齢の高い子どもが開始問題で間違った場合は，通常とは逆の順序で問題を施行しなければならない下位検査もあるので，検査問題の施行順序にも注意する必要がある。

5) 採点基準　「類似」「単語」「理解」では，採点基準がよく問題となりやすい。これらの下位検査では，同じ正答でも，その内容によって得点が1点の場合と2点の場合とに分かれる。マニュアルには代表的な回答と採点例が記されているが，採点基準の一般原則についても頭に入れておくと，採点例に載っていない答えがなされたときに，迷うことも少なくなる。

6) 検査状況の観察記録　検査中の対象児の様子を記録しておくことは，解釈の際の有用な情報となる。検査者との言語的・非言語的コミュニケーションの様子は，言語理解の程度や社会性や対人関係のスキルを査定する指標となり，また検査への動機づけの程度，回答の正誤への関心，計時問題での焦燥感の程度などは，評価場面での情緒的特性を知る手がかりとなる。たとえば，自信満々に答えているのか，それともびくびくしながら答えているのかでは，同じ正答であってもその意味するところは大きく異なってくるであろう。さらに具体的な回答の仕方を記録しておくことは，対象児の認知的特性を知る助けとなる。たとえば，「積木模様」において，部分を構成しつつ全体を作り上げるのか，それとも全体を一気に組み立てているのかは，対象児の優位な認知処理が，継次処理なのか，あるいは同時処理なのかを知る手がかりとなる[2]。

(3) 結果の算出

1) 粗　点　まずは下位検査ごとに粗点の合計を算出し，記録用紙のプロフィール欄に数値を記載する（図3.3）。時間別割増点を考慮することや，年齢の高い子どもの場合は，開始年齢以前の問題を満点として加算することを忘れてはならない。

下位検査	粗点	評価点 (SS)					
1　絵画完成							
2　知　識							
3　符　号							
4　類　似							
5　絵画配列							
6　算　数							
7　積木模様							
8　単　語							
9　組合せ							
10　理　解							
11（記号探し）		（　）					
12（数　唱）	（　）						
13（迷　路）		（　）					
評価点合計		言語性	動作性	言語理解	知覚統合	注意記憶	処理速度
		全検査					

図3.3　粗点および評価点記入欄　(The Psychological Corporation, 1998)

---

[2] 継次処理とは，連続的・時間的な順序で情報を処理して解決する認知処理のことをいい，同時処理とは，一度に与えられた多くの情報を空間的に統合し全体的に処理して課題を解決する認知処理のことをいう。

	評価点合計	IQ／群指数	パーセンタイル	％信頼区間
言 語 性				—
動 作 性				—
全 検 査				—
言語理解				—
知覚統合				—
注意記憶				—
処理速度				—

図 3.4 IQ, パーセンタイル, 信頼区間記入欄 (The Psychological Corporation, 1998)

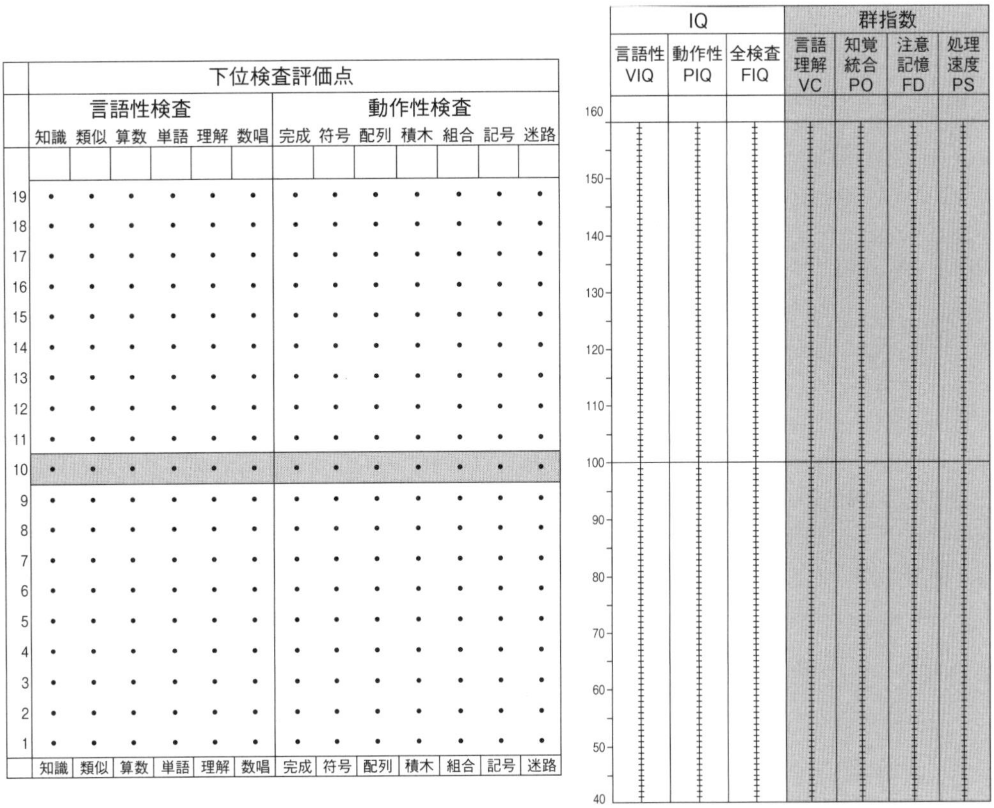

図3.5 下位検査評価点, IQ, 群指数のグラフ記入欄 (The Psychological Corporation, 1998)

2) 評 価 点 各下位検査の粗点を，マニュアルに記載してある年齢群別換算表を利用し，1点から19点の範囲でスケーリングした評価点に換算し，各評価点をプロフィール欄に記す（図3.3）。評価点の合計作業時に犯しやすい誤りが，全検査，言語性，そして動作性検査の評価点合計として，「記号探し」「数唱」「迷路」の評価点を合算してしまうことである。これら3つの補助検査の評価点は，知能指数の計算に用いないように注意する。群指数の言語理解，知覚統合，注意記憶，処理速度についても，それぞれが含む下位検査の評価点を合計し，順次プロフィール欄に記す。

3) 知能指数および群指数 知能指数および群指数の評価点合計を，マニュアル記載の換算表を参照し，偏差IQおよび群指数の値に換算しプロフィール欄に記す（図3.4）。指数値に加え，パーセンタイル，信頼区間についても記載する。パーセンタイルとは，全体を100％と

したときに下位から数えて何番目に当たるかを表す数値であり，信頼区間は誤差を考慮した際の，実際の指数の存在範囲の目安を示すものである。マニュアルには95％信頼区間と90％信頼区間の二種類が用意されているが，慣例的に90％の方が使われることが多い。

　4）グラフ作成　　下位検査の評価点のグラフと知能指数・群指数のグラフの2種類が用意されている。評価点および指数値をプロット後，各プロットを直線で結び折れ線グラフを作成する（図3.5）。この際，下位検査の評価点のグラフで，言語性検査と動作性検査の間を直線で結んではならない。同様に知能指数と群指数の間を直線で結ばないようにする。

(4) 結果の解釈

　解釈のおおまかな流れとしては，全般的・包括的な特徴から解釈し，その後，個々の詳細な分析結果について進めていく。したがって，全検査IQ，言語性IQと動作性IQ，言語理解，知覚統合，注意記憶，処理速度の4つの群指数，そして個々の下位検査の順に分析していく（図3.6）。

　1）全検査IQ　　全検査IQは対象児の全般的な能力水準を示しており，知的問題についてのおおまかな概要をとらえるうえで重要な指標となる。表3.2にIQと対応する知能水準の分類，そして全体を100％としたときの理論上の割合を記した。知能指数で80以上119以下が平均範囲とされ，69以下（2標準偏差未満）は，理論的には約2パーセンタイルであり，精神遅滞と判断される。また70以上79以下の平均範囲と精神遅滞間の境界領域が，昨今，軽度発達障害として注目されている群に相当する。この領域に属する子どもは，通常の学習環境では，効果的な学習効果が期待できないことが多く，それゆえ個々の特性にあった配慮や工夫が必要とされる。

　2）言語性IQと動作性IQ　　言語性IQおよび動作性IQの値を参考に，対象児の言語性知能および動作性知能の水準を判別する。双方あるいはどちらか一方が境界線以下の場合は，それが全般的な知能水準を押し下げる要因となっていると推察され，対象児が抱える問題や困難感の直接の原因となっている場合がある。たとえば，言語性知能は，耳で聞いたことを理解し，言葉で自分の考えを伝える能力と関係している。したがって，この知的側面が低い場合は，過去の学習内容の積み重ねや習慣の習得具合に困難を抱えているかもしれない。一方，動

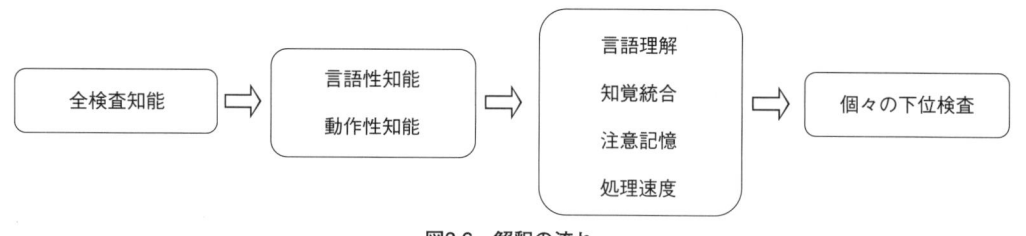

図3.6　解釈の流れ

表3.2　知能指数の分類

知能指数	分類	理論上の割合（％）
130以上	非常に優れている	2.2
120 − 129	優れている	6.7
110 − 119	平均の上	16.1
90 − 109	平均	50.0
80 − 89	平均の下	16.1
70 − 79	境界線	6.7
69以下	精神遅滞	2.2

作性知能の低さは，目で見た物を把握し，物事の関係性を理解する能力と関係している。それゆえ，その低さは，状況理解の難しさや，初めて経験することへの不適応の程度と関連してくると考えられる。

　言語性 IQ と動作性 IQ 間に，大きな格差（ディスクレパンシー）がみられる場合がある。たとえば，言語性 IQ と動作性 IQ の間のどちらかの得点が大きく落ち込んでいる場合は，仮に全検査 IQ が平均範囲であっても，対象児は何らかの知的な問題や困難を抱えていることが予想される。なおマニュアル（理論編 p.44）には，統計的に有意と認められるディスクレパンシーの値が記してある。年齢によって値が異なるが，指数値にして 11〜15 程度の差が大まかな目安となるであろう。

　3）**群 指 数**　　群指数の分析は，診断の根拠や具体的な支援方法の材料になるため，解釈上，最も重要なポイントとなる。表 3.3 に，各群指数の意味と，それに付随する困難例，さらに一般的な支援例について記した。群指数間のディスクレパンシーに関しては，マニュアル（理論編 p.44）に，統計的に有意と認められる数値が記してあるのでそれを参考にするとよい。実際の群指数のプロフィールのパターンとしては，群指数のうちどれか一つのみ数値が低い場合や，逆に複数の群指数が低い場合などさまざまである。それゆえ，各パターンの特徴に沿った解釈が必要となる（上野ら，2005）。

　4）**下位検査**　　下位検査の評価点は平均が 10 点であり，7 点から 13 点の間に，全体の約 2/3 が含まれる計算となる。したがって，評価点にして 6 点以下の下位検査がある場合は，対象児は，その下位検査が測定する能力を苦手としていると考えられる。また，全般的に得点が低いのか，それとも一部の下位検査の得点のみが低いのか等，パターンの際立った特徴の有無についても注意する。マニュアル（理論編 p.46）に，統計的有意となるために必要な，各下位検査の評価点と評価点平均との差が記してある。下位検査が測定する個々の能力が，個人内での得意不得意を判断する材料となる（表 3.1）。

　5）**観察結果およびその他の情報**　　上記の数値による WISC-Ⅲ の検査結果の解釈は客観的な評価基準を与えてくれるが，数値のみに左右された臨床的判断は，無用のラベルづけや数値の一人歩きを助長することになる。したがって実際の解釈の際は，検査中の観察によって得ら

表 3.3　群指数の概要，および関連する困難事例と支援例

	言語理解	知覚統合	注意記憶	処理速度
概要	・言葉で理解し，表現し，言葉を使って考える能力	・目で見たことを理解し動作で表現する能力 ・物事を空間的・総合的に処理する能力	・言葉や数を覚え，また操作する能力 ・注意を集中持続させる能力	・目で見たことを覚える能力 ・形を正確に理解する能力 ・物事をすばやく処理する能力
困難例	・指示を理解しにくい。 ・抽象的な概念の理解が苦手。 ・言葉の理解が不完全。	・黒板や書写で混乱。 ・図画や表やグラフの作成が苦手。	・言葉や数を覚えることが苦手。 ・注意の集中や持続が困難。 ・話の聞き間違いが多い。 ・周囲の刺激に集中がかき乱されやすい。	・物事を早く処理することが苦手。 ・音読が遅い。
支援例	・簡単にわかりやすく伝える。 ・一度に複数の内容を伝えない。 ・具体物や視覚的な教材を用いる。	・視覚的教材は構造化して示す。 ・言葉で補足する。	・注意集中を促すようにする。 ・余計な刺激がない環境を用意する。 ・物事はゆっくりと伝える。	・視覚的な手がかりを与える。 ・課題を段階ごとに区切る。

れた情報をもとにして，検査への動機づけや熟考性，不安や集中力，注意の範囲もあわせて考慮する必要がある。なお，実際の心理臨床現場では，知能検査の結果に加えて，生育歴や現病歴といった情報，そして性格検査や面接経過などを含めて，包括的にその子が抱えている問題について理解していくのが通常である。より実際の心理臨床のアセスメントに関しては，本書の第5部を参考にしていただきたい。

4. 事　例

ここでは，WISC-Ⅲが使用された架空事例を題材として，実際の解釈例を紹介する。

(1) 主　訴

対象児は小学1年生の男子（7歳6ヵ月）で，もともとの相談依頼は，母親が本児の能力を伸ばす方法について知りたいというものであった。小学校は普通学級に通っているが，友だちに身の回りの世話をしてもらいながら過ごしており，授業中は先生の指示が入らずボーっとしていることが多いとの情報が得られている。1年生の途中から，体のあちこちが痛いと言い出したため，検査をしたが身体的な問題は見当たらなかった。

(2) 検査の様子

検査には集中して取り組むことができ，できない問題に対しても忍耐強く取り組むことができた。ただし問題を解くスピードは全体的にゆっくりであり，計時問題でも時間を気にするそぶりはみられなかった。あくまでマイペースで問題に取り組む様子が観察された。

(3) 検査結果

表3.4に対象児の検査結果を記した。ディスクレパンシー（有意水準5％）に関しては，言語性IQが動作性IQよりも高く，群指数に関しては，言語理解が知覚統合より高く，また処理速度がそれ以外のすべての群指数よりも低い結果となった。

(4) 解　釈

全体的な知能水準は境界域であり，対象児は学習に関して何らかの支援を必要としていると考えられる。さらに言語性IQと動作性IQの間に統計的有意差がみられ，本児は動作性の課題を苦手としていることがわかった。視覚－運動の協応および新奇場面への適応に関して，何らかの問題を抱えているものと思われる。群指数では，処理速度が遅滞水準であり，他の群指数と比して際立って低い。また知覚統合は境界水準であり，中でも「絵画配列」と「組合せ」の得点の低さが特徴的である。時間の概念の把握や，図形を有機的に組み合わせることを苦手としていると推察される。一方言語理解および注意記憶は平均範囲であった。下位検査で最も得点が高かったのは「理解」であり，このことから本児は日常生活のルールは獲得していると

表3.4　事例の検査結果

言語性検査		動作性検査			IQ/群指数	パーセンタイル	90%信頼区間
知識	8	絵画完成	10	言語性	87	19	82-94
類似	7	符号	2	動作性	68	2	64-78
算数	6	絵画配列	3	全検査	76	5	72-83
単語	8	積木模様	7	言語理解	91	27	84-101
理解	11	組合せ	5	知覚統合	76	5	71-86
数唱	10	記号探し	4	注意記憶	88	21	82-97
		迷路	9	処理速度	61	0.5	59-78

考えられる。

　全検査知能の値からは，学校での授業は，個別での指導を行うか，集団授業ならば声かけ等，本児の理解の程度を確認しながら行う必要がある。特に初めて経験することへの適応を苦手としていると思われるため，新しい学習課題に取り掛かる際は，教示や確認をていねいに行ったり，プロセスを分割してわかりやすく指示したりする必要がある。また空間的な刺激の取り込みを苦手としているため，黒板の板書などの際は，文章の区分けを明確にして本児がどこを写せばよいのかをわかりやすく示すとよいだろう。一方，日常のルールや普段の身の回りのことは身につくタイプであると考えられるので，具体物を使った学習や体験学習を用いることが勧められる。物事を事務的に処理するスピードは遅いものの，間違いなく確実に処理できているのは，本児の優れた点と考えることができる。本児の訴えていた体の痛みは，学校での課題量が多くなったことによるストレスが身体化したものとも考えられる。過度に焦らせることなく，本児のペースに合わせた対応が必要と考えられる。

5. 実習課題

(1) 下位検査の目的および検査の構成

　理論的な背景を学ぶ前に，下位検査が測定している個々の能力を，自分自身で考えてみる。また動作性検査や言語性検査，そして各群指数の下位検査の構成について，自分の勘を頼りに分類してみるのもよい。ウェクスラー式知能検査の基礎となっている知能観に関して，その理解が深まると思われる。

(2) 模擬演習

　受講生同士での模擬演習を行ってみる。その際，あらかじめ対象年齢を決め，その年齢の子どもの平均的なスコアになるように考えてもらいながら模擬を行ってみるとよい。子どもの平均的な知的水準を知る機会となる。

(3) 検査報告書の作成

　模擬演習で得られたローデータをもとに，スコアリングや結果の分析，そして解釈を行ってみる。さらに実際の検査報告書を作成してみてもよい。検査結果や処遇などを考えることで，検査を施行することの本来の意味を考えてもらうよい機会となる。

文　献

藤田和弘・上野一彦・前川久男・石隈利紀・大六一志（編）（2005）．WISC-Ⅲアセスメント事例集　理論と実際　日本文化科学社

日本版WISC-Ⅲ刊行委員会　（1998）．日本版WISC-Ⅲ知能検査法　日本文化科学社

The Psychological Corporation　（1998）．日本版WISC-Ⅲ記録用紙　日本文化科学社

上野一彦・海津亜希子・服部美佳子（編）（2005）．軽度発達障害の心理アセスメント　WISC-Ⅲの上手な利用と事例　日本文化科学社

4

K-ABC 知能検査

1. はじめに

「知能」を測定するために臨床現場で幅広く使用されているのは「田中ビネー式知能検査」や「ウェクスラー式知能検査（WISC や WAIS など）」であるが，本章では，もう一つの知能検査として，子どもを対象とした K-ABC（Kaufman Assessment Battery for Children）を紹介する。

2. K-ABC の概要

(1) K-ABC の歴史

K-ABC は，認知心理学や神経心理学を理論的な基礎とし，1983 年，カウフマン夫妻（Alan S. Kaufman & Nadeen L. Kaufman）によって開発された。

日本では，その 10 年後の 1993 年，松原ら（1993）によって日本版の K-ABC が刊行された。カウフマン夫妻による原版に忠実に基づきながらも，日本の子どもにより適合させるために多くの修正，追加が行われた。パイロット調査，予備調査で検証した後，大規模な標準化調査を行い，十分な信頼性・妥当性が確認された。

(2) K-ABC の目的

K-ABC は子どもを対象とした心理・教育アセスメントバッテリーであり，「心理学的視点（認知処理過程）」からのアセスメントと「教育的視点（習得度）」からのアセスメントを同時に行い，その子どもに適した教育的な働きかけの方向性を示すものである。K-ABC で測定できる「知能」は，「問題を解決し情報を処理する個人の認知処理様式」として定義される。問題を解決しようとするとき，子どもがなぜ適切に問題を解決できるのか，あるいはできないのか，問題をどのように処理しているのか，という問題解決のプロセスに重点をおき，そのことを手がかりにしてその子どもに合った指導の工夫を考えていく。

K-ABC は，心理学的・臨床的アセスメント，学習障害やその他の障害児の心理・教育的アセスメント，教育計画の作成と適正就学，就学前児のアセスメント，神経心理学的アセスメントおよび研究などに用いるのに有効だとされている。

(3) K-ABC の特色

K-ABC は，イーゼル（問題掲示板）を使用することによってより簡単に実施でき，採点も易しい（1 点か 0 点）。

K-ABC の内容は，さまざまなニーズをもつ子どもに対してアセスメントができるように工夫されている。ビネー式やウェクスラー式の知能検査の下位検査では，子どもが習得してきた

```
┌─〈心理尺度〉認知処理過程尺度（Mental Processing Scales）
│        ├─ 継次処理尺度（Sequential Processing Scales）
│        └─ 同時処理尺度（Simultaneous Processing Scales）
└─〈教育尺度〉習得度尺度（Achievement Scale）
```

図4.1　K-ABCの構成（前川ら，1995）

事実に関する知識を問うものが多いため，学校での学習が困難な子どもの問題解決能力としての知的能力を正しく測定することができない。そのため，K-ABCの下位検査では，子どもが学習し習得してきた知識を問題とすることをできるだけ避け，文化的影響が少なくどの子どもでも新奇で公平な内容による課題解決を要求するものを設定している。

また，聾，難聴，ことばの障害，日本語を話さない子どもなどの知的能力をも測定できるように，「非言語尺度」も設けられている。「非言語尺度」の下位検査の内容はジェスチャーによって実施されて動作によって反応できるようになっているため，この尺度による認知処理過程のアセスメントも可能である。

(4) K-ABCの構成

K-ABCは，4つの総合尺度から構成されている（図4.1参照）。

K-ABCの理論的な背景には「ルリア・ダス・モデル」がある。ルリア（Luria, A. R.）は，脳損傷患者の課題解決の臨床的観察から，情報の符号化の様式には2つのタイプ（継次統合と同時統合）があることを導き出した。それをダス（Das, J. P.）らが，さまざまな年齢の子どもや障害をもつ子どもたちに対していろいろな心理検査を行い，心理測定学的に測定可能であることを示した。

このモデルを基礎とし，K-ABCでは，課題解決のプロセスとして2種類の情報処理過程を測定する。「継次処理尺度」は連続的・時間的な順序で情報を処理して解決する力を測定し，「同時処理尺度」は一度に与えられた多くの情報を空間的に統合し全体的に処理して課題を解決する力を測定する。たとえば，スーパーに食材を買いに行こうとして「じゃがいも，りんご，玉ねぎ，にんじん，柿，ぶどう」を覚えなければならないとする。このとき，それぞれの単語をそのまま順番にたどって繰り返し覚えようとする場合は継次処理を行っており，「じゃがいも，玉ねぎ，にんじん」を野菜としてグループ化し，「りんご，柿，ぶどう」を果物としてグループ化して覚えようとする場合は同時処理を行っている。複雑な課題解決においては，この継次処理と同時処理という情報の処理様式をともに使うことが必要だと考えられる。

この2つを総合したものが「認知処理過程尺度」であり，K-ABCにおいては全体的な知能を意味する。

「習得度尺度」は，同時処理と継次処理という認知過程を実行して蓄積されてきた知識を測定する。これは学力テストとは異なり，言葉や数の計算などに関する基本的な知識や技能の習得の程度を評価するものである。

3. K-ABCの実施法

(1) 対象年齢

2歳6ヵ月～12歳11ヵ月であり，日本版では小学校6年生まで測定できるようになっている（原版では2歳6ヵ月～12歳6ヵ月）。

(2) 所要時間

約30分（2歳6ヵ月）～約60分（6歳以上）。

(3) 用　具

K-ABCの検査用具一式，『実施・採点マニュアル』および『解釈マニュアル』，記録用紙，ストップウォッチ。

(4) 実施手順

1) 検査前　子どもが十分に力を発揮できるように，子どもとの信頼関係（ラポール）を確立しておく。子どもに合わせた言葉を選んだり，子どもの好みに合う話題を共有したりする中で，検査者は問題に取り組むのを温かく見守る存在であることを感じてもらう。

また，開始前に，「すべての質問に正しく答えなくてもいいですよ」「やさしい問題と難しい問題があります」「いろいろな年齢の子どもに実施されています」などと伝え，子どもの不安を軽減する。

保護者，きょうだい，教師などの同伴者はできるだけ立ち会わないのが基本であるが，もし子どもが離れられないことがあれば，同席を認める場合もある。同伴者には，あらかじめ検査がどのようなものかを説明し，子どもを正しい答えに導くような手助けをしないように伝えておく。

2) 教　示　K-ABCのイーゼル（問題掲示板）に記載された実施要領に忠実にならって教示する。検査者は子どもに対してテーブルの角を挟んで座り，双方が見やすいようにイーゼルを配置する。もし検査者が子どもの正面に座る場合は，テーブルの幅が狭いもののほうがよい。テーブル上には，それぞれの下位検査に必要な道具だけを置き，使っていない道具は子どもから見えないようにしまっておく。記録用紙はイーゼルの後ろに配置する。

3) 下位検査　表4.1のとおり，決められた実施順序にしたがって下位検査を行う。全部で14の下位検査が用意されているが，子どもの年齢に応じて，6～11の下位検査を組み合わせて実施する。

以下に，実施のポイントをいくつか示す。

①例題：「認知処理過程尺度」のすべての下位検査に用意されている。すべての年齢の子どもに実施し，正答が得られなかった場合は，子どもに正答を教えて課題について説明する。なお，「習得度尺度」の下位検査には例題がない。

表4.1　K-ABCの下位検査

実施順	下位検査	尺度	実施年齢
1	魔法の窓	同時処理	2歳6ヵ月～ 4歳11ヵ月
2	顔さがし	同時処理，非言語	2歳6ヵ月～ 4歳11ヵ月
3	手の動作	継次処理，非言語	2歳6ヵ月～12歳11ヵ月
4	絵の統合	同時処理	2歳6ヵ月～12歳11ヵ月
5	数唱	継次処理	2歳6ヵ月～12歳11ヵ月
6	模様の構成	同時処理，非言語	4歳0ヵ月～12歳11ヵ月
7	語の配列	継次処理	4歳0ヵ月～12歳11ヵ月
8	視角類推	同時処理，非言語	5歳0ヵ月～12歳11ヵ月
9	位置さがし	同時処理，非言語	5歳0ヵ月～12歳11ヵ月
10	表現ごい	習得度	2歳6ヵ月～ 4歳11ヵ月
11	算数	習得度	3歳0ヵ月～12歳11ヵ月
12	なぞなぞ	習得度	3歳0ヵ月～12歳11ヵ月
13	ことばの読み	習得度	5歳0ヵ月～12歳11ヵ月
14	文の理解	習得度	5歳0ヵ月～12歳11ヵ月

②正答の開示：開始問題とその次の問題をティーチングアイテムといい，この2問については正答を教えてよい。それ以外の問題については，子どもに尋ねられても正答か誤答かを伝えてはならない。なお，「習得度尺度」にはティーチングアイテムがないので注意する。

③制限時間：「模様の構成」のみ，制限時間が設けられている。それ以外の下位検査にはない。

④問題の繰り返し：問題を繰り返してもよい下位検査と繰り返してはいけない下位検査がある。実施する前にそれぞれ確認しておくこと。

⑤開始と中止：開始条件は，子どもの年齢に応じて設定されている。ただし，知的障害などが疑われる子どもの場合は，子どもに過度なストレスを与えないよう，問1から開始するなどの配慮をしてよい。中止条件も同じく，年齢に応じて設定されている。もし中止条件に達する前に同一のユニット（同じ難易度をもつ問題群）で全問失敗したときには，そこで中止し，次の下位検査に移る。一方で子どもがその年齢の最後のユニットで全問正解した場合は，次のユニットへ進み，1問失敗するまで検査を続けてよい。

⑥反応の確かめ：子どもが不完全，不明確な反応をした場合の確かめ方は，各下位検査の「留意事項」のページに記されている。もし留意事項のページに具体的に記されていないときは，「もう少し詳しく言ってください」「それはどういう意味ですか」などと中立的な言葉を使って確認する。

4) 検査中　それぞれの下位検査ごとに，子どもの反応や行動について観察する。たとえば，子どもの検査への態度（興味をもっている／嫌でしぶしぶ／投げやり），注意集中（教示に注意を向けられる／集中が持続しない／気がちる），うまく解決できないときの反応（黙りこむ／イライラする／教示後すぐに「わかりません」と言う），身体や手先の動き（ぎこちない），検査者との言葉のやりとりの様子（一方的）など，子どもの特徴としてとらえられることを記録用紙に書きとめておく。

4. 結果の整理

(1) 採　点

すべての問題を1点か0点で採点する。以下に，採点のポイントをいくつか示す。

①「認知処理過程尺度」の下位検査については，情報処理能力を測ることを目的としているので，機能についての説明やジェスチャーによる説明でもすべて1点を与える（例：「はさみ」の場合，「切るもの」「紙を切る」「あちゃみ（発音が不明確）」と回答する，はさみを指さす，など）。一方，「習得度尺度」の下位検査については，正しい言語表現がなければ1点を与えない。

②開始問題を含むユニットで1問でも正解があれば，それ以前のユニットのすべての問題は正答と見なし，それぞれ1点を与える。

③子どもが1問につき複数の反応をしたときは，どの反応が採点対象になるのか確かめておく必要がある。子どもが正答を選ばなかった場合は0点を与える。

④外国語，手話などの日本語以外の言語反応については，明らかに正しければ1点を与える。

(2) 評　定

1)「認知処理過程尺度」の評価点および「習得度尺度」の標準得点の算出　それぞれの下位検査の粗点を求めてから，『実施・採点マニュアル』に記載されている換算表を用いて，「認知処理過程尺度」の下位検査の場合は「評価点」（平均10，標準偏差3），「習得度尺度」の下位検査の場合は「標準得点」（平均100，標準偏差15）にそれぞれ換算する。

2）「総合尺度」の標準得点の算出　「継次処理尺度」「同時処理尺度」「認知処理過程尺度」の評価点合計，「習得度尺度」の標準得点合計を算出する。それから，『実施・採点マニュアル』に記載されている換算表を用いて，「総合尺度」の標準得点にそれぞれ換算する。

ただし，信頼性を確保するため，「継次処理尺度」「同時処理尺度」「習得度尺度」「非言語性尺度」については，同一尺度を構成する2つ以上の下位検査の粗点が0点であるとき，その尺度の評価点合計または標準得点合計を求めてはいけない。また，「認知処理過程尺度」については，3つ以上の下位検査の粗点が0点の場合，「総合尺度」の標準得点を求めてはいけない。

3）**測定誤差およびパーセンタイル順位の算出**　測定誤差は，一人の子どもに同じ検査を繰り返して実施した場合に得られる標準偏差の理論値であり，通常は信頼水準を90％として算出する。パーセンタイル順位は，下位検査において，その子どもよりも低い得点をとった同年齢の子どもの割合を示す。それぞれ『実施・採点マニュアル』を参照して算出する。

4）**総合尺度間の比較と有意差の検討**　まず，同時処理尺度と継次処理尺度の標準得点を比較し，高い方の得点から低い方の得点を引き，その差を求める。次に，『実施・採点マニュアル』を参照して，統計的に有意な差であるために必要とされる差の大きさと比較する。もし差が（偶然によるものでなく）統計的に有意であるのに十分な大きさだと判断されたら，記録用紙の「総合尺度の比較」の欄の「5％」あるいは「1％」に丸印をつけ，有意差の方向を示すために不等号（＜，＞）を記入する。もし差が有意でないと判断されたら「なし」に丸印をつけ，等号（＝）を記入する。

このようにして，継次処理と習得度，同時処理と習得度，認知処理と習得度の比較についても同様の手続きを行い，有意差があるかどうかを検討する。

5）「**強い下位検査（S）**」と「**弱い下位検査（W）**」**の検討**　まず，評価点の平均値（認知処理過程尺度の評価点合計÷下位検査数）と標準得点の平均値（習得度尺度の標準得点÷下位検査数）を求める（小数点以下第一位を四捨五入して整数にする）。

続いて，平均値とそれぞれの下位検査の評価点および標準得点の間の差が有意であるかどうかを，『実施・採点マニュアル』を参照して判断する。その差が有意に高い場合は「S（strength）」，その差が有意に低い場合は「W（weakness）」と判断し，下位検査の欄に有意水準とともに記入する（「S1％」「W5％」など）。

6）「**得点プロフィール図**」**の作成**　記録用紙の裏表紙に評価点と標準得点のプロフィールを棒グラフとして図示する。さらに，各標準得点の誤差範囲を棒グラフのすぐ下の細い棒グラフに図示する。

(3) 子どもに関する情報収集

K-ABCを実施したときの検査前，検査中，検査後の行動観察のみならず，親や関係者の面接で得られた子どもに関する情報（日常生活場面における行動特徴，教科などの得手不得手，学業成績など），他に実施した心理テストの結果などの情報を集めておく。

5. 解釈のしかた

K-ABCの解釈の基本は，総合尺度（継次処理，同時処理，認知処理過程，習得度）の標準得点を比較することである。

総合尺度間の比較を行う前に，まず，それぞれの尺度内に大きなばらつきがないかどうかをチェックする。もし同一尺度の中に，強い下位検査（S）と弱い下位検査（W）が同時に含まれている場合は，大きなばらつきがあると判断できる。ばらつきが小さい場合は，その尺度の標準得点は子どもの均一な能力がまとまったものであると判断し，比較して解釈することが

可能である。ばらつきが大きい場合は、その尺度の標準得点は子どもの均一な能力がまとまったものであるはいえないため、より詳しいプロフィール分析を手がかりに解釈していく。プロフィール分析については、後で簡単に説明する。

(1)「継次処理尺度」と「同時処理尺度」の比較

「継次処理尺度」と「同時処理尺度」のそれぞれの標準得点がまとまりのある得点であると判断されたら、その得点差が有意であるかどうか（なし、5％、1％）をみる。「継次処理尺度」と「同時処理尺度」に有意な差があれば、どちらか一方の認知処理能力が優れていると解釈できる。もし有意な差がなければ、どちらの認知処理能力も同程度に発達していると解釈できる。

「継次処理」が優れている場合、入ってくる情報を一つずつ順番に処理して問題解決をするのが得意であるといえる。また、「同時処理」が優れている場合、入ってくる情報を全体として空間的に類推的に統合して問題解決するのが得意だといえる。ただし、「継次処理尺度」の下位検査は主として継次処理を行って解くように作成されているが、子どもによってはそれを同時処理で解くこともあったり、その逆もあったりする。子どもがどのような処理のしかたをしているか、またその方法で成功しているのかどうかを、行動観察によって見極めておく。場合によっては、統計的に有意な差がなくても、どちらかの認知処理能力が優れていると判断できれば、指導に役立てることができる可能性もある。

(2)「認知処理過程尺度」と「習得度尺度」の比較

「認知処理過程尺度」の標準得点は、「継次処理尺度」と「同時処理尺度」の2つの標準得点を総合したものであるが、もし「継次処理尺度」と「同時処理尺度」の標準得点の差が有意であるときは、この2つをまとめて子どもの認知処理能力の指標と見なす意味合いが小さくなるので注意する。

「認知処理過程尺度」と「習得度尺度」のそれぞれの標準得点がまとまりのある得点であると判断されたら、その得点差が有意であるかどうか（なし、5％、1％）をみる。解釈と指導案については、表4.2に示すとおりである。

(3)「継次処理尺度」「同時処理尺度」と「習得度尺度」の比較

「継次処理尺度」と「同時処理尺度」の間に有意差がある場合には、この比較が解釈において重要になる。これまでと同様にして、「継次処理尺度」と「習得度尺度」の標準得点、および「同時処理尺度」と「習得度尺度」の標準得点について、それぞれの差が有意であるかどうか（なし、5％、1％）を見る。解釈と指導案については表4.3を参考にする。

(4)「非言語性尺度」の扱い

「非言語性尺度」を用いる場合には、「継次処理尺度」と「同時処理尺度」の比較は行わない。また、「認知処理過程尺度（この場合は非言語性尺度）」と「習得度尺度」の比較について

表 4.2 認知処理過程尺度と習得度尺度の有意差と解釈・指導案　（前川ら，1995 をもとに作成）

有意差あり	解釈	指導案
①習得度尺度＞認知処理過程尺度	認知処理能力を十分に応用して数や言語に関する知識・能力を獲得している。	
②認知処理過程尺度＞習得度尺度	数や言語に関する知識・能力の獲得に際して、認知処理能力を十分に応用していない。	子どもの認知処理能力が活かせるように、学習への意欲・興味、学習習慣、教室や家庭の環境調整などの側面から子どもの援助を計画する。

表 4.3 継次処理尺度，同時処理尺度と習得度尺度の有意差と解釈・指導案　(前川ら，1995 をもとに作成)

有意差あり	解釈	指導案
①継次処理＞同時処理＞習得度	数や言語に関する知識・技能の獲得に際して，継次処理能力および同時処理能力を十分に応用していない。	認知処理過程尺度＞習得度尺度の場合と同様。および得意な継次処理様式を活かす方法を工夫する。
②同時処理＞継次処理＞習得度		認知処理過程尺度＞習得度尺度の場合と同様。および得意な同時処理様式を活かす方法を工夫する。
③継次処理＞習得度＞同時処理	数や言語に関する知識・技能の獲得に際して，得意な継次処理を十分に応用していない。	得意な継次処理様式を取り入れる方法を工夫する。子どもに自らの得意な継次処理様式を自覚させるように援助する。
④同時処理＞習得度＞継次処理	数や言語に関する知識・技能の獲得に際して，得意な同時処理を十分に応用していない。	得意な同時処理様式を取り入れる方法を工夫する。子どもに自らの得意な同時処理様式を自覚させるように援助する。
⑤習得度＞継次処理＞同時処理	継次処理能力および同時処理能力を応用して数や言語に関する知識・技能を獲得している。	得意な継次処理様式をさらに活用する。
⑥習得度＞同時処理＞継次処理		得意な同時処理様式をさらに活用する。

は，「習得度尺度」の下位検査を実施したときのみ行うことができる。

(5) プロフィール分析

プロフィール分析を行うと，さらにいろいろな視点から分析することができ，より詳しい解釈を行うことができる。ここでは，プロフィール分析について簡単に説明する。詳しく知りたい場合は，『解釈マニュアル』を参照する。

プロフィール分析には，「日本版 K-ABC プロフィール分析表」を用いて，複数の下位検査に共有される能力や影響因について分析を進めていく。手順にしたがってプロフィール分析表を完成させていくなかで，子どもの強い能力・弱い能力や，高い成績・低い成績に影響した要因を検討し，仮説を立てる。それらの仮説を，子どもの背景情報，検査中に観察された行動，K-ABC 以外の心理テストの結果と合わせて総合的に検討し，採択された仮説を子どもの教育・援助計画の資料として役立てていく。

(6) 具体的な指導の工夫を考える

K-ABC は，「その子がうまく使える得意な処理様式を使って現在の課題を解決できるような指導の工夫」を考えるために活用する。つまり，うまく使えない不得意な処理様式を使えるようにするための指導の工夫とは異なる。特に，新しい学習課題に対しては，子どもの使いやすい方法を強調したものから始めることを基本的な方針とする。また，指導する側の得意な処理様式を用いるのではなく，子どもに適した情報処理様式を指導に活かすように計画を立てていくことが大切である（表 4.4 参照）。

表 4.4 継次処理が得意な子どもと同時処理が得意な子どもへの学習指導の工夫　(前川ら，1995 をもとに作成)

認知処理様式	課題の解き方	得意な学習課題の例	処理様式を活かした学習指導の工夫
継次処理が強い	連続的で段階的な順番に情報の部分を配列していく。	「算数」「単語のつづり」「一連の規則や段階に沿った学習」など	段階的に情報を提示する／言語的な手がかりや指示を重視する／段階を教えたり，リハーサルさせる，など。
同時処理が強い	同時に多くの情報の部分をまとめたり統合したりする。	「絵」「地図」「物語」など	全体的な概念や問題を最初に与える／視覚的・運動的手がかりや指示を重視する（イメージづくり）／課題を具体的なものにする，など。

6. 事　例

1) **対 象 児**　　8歳0ヵ月（小学校2年生），男児
2) **主　　訴**　　学校の学習についていけない。漢字を書くのが苦手で形がそろわない。両親の話によると，最初は宿題をやりたくないと言いながらも何時間もかけて取り組んでいたが，最近では宿題を隠してしまうこともある，とのことであった。
3) **学　　力**　　日常会話の会話はスムーズである。算数が苦手で，筆算の桁を間違えることがある。教科書の飛ばし読みや似た字の読み間違いがしばしばある。
4) **その他の心理テスト**　　WISC-Ⅲ知能検査（7歳10ヵ月時）。PIQは85，VIQは76，FIQは79であり，同年齢の子どもの平均と比べると低い～境界線という結果であった。下位検査では「理解」の評価点が9と最も高く，特に具体的・日常的な項目がよくできていた。一方，「組合せ」の評価点が3と最も低く，形を構成することが苦手であった。
5) **実施検査**　　K-ABC心理・教育アセスメントバッテリー
6) **行動観察**　　積極的に取り組んだ。約60分間集中が途切れることはなかった。
7) **結　　果**

　結果を図4.2に示す。継次処理尺度の標準得点，同時処理尺度の標準得点は，それぞれ96（±9），78（±8）であった。ディスクレパンシーは18となっており，5％水準で有意な差があった。本児の認知処理過程尺度の平均（＝8）と比較すると，継次処理の下位検査では「語の配列」が有意に強く，その他の下位検査はほぼ平均であった。また，同時処理の下位検査では「位置探し」が有意に弱く，その他の下位検査はほぼ平均かそれを下回っていた。したがって，それぞれの尺度内のばらつきは小さいと判断された。このことから，「本児の継次処理能力は優れており，同時処理能力が弱い」と解釈される。

　また，認知処理過程尺度の標準得点は84（±7），習得度尺度の標準得点は73（±5）であった。ディスクレパンシーは11であり，両尺度間に有意差はみられなかった。さらに，継次処理尺度の標準得点は，習得度尺度の標準得点よりも1％水準で有意に高かったが，同時処理尺度の標準得点と習得度尺度の標準得点の間には有意な差はみられなかった。

　この結果より，本児の継次処理能力は，同時処理能力よりも強いと解釈され，その継次処理能力が本児の知識・技能の獲得に十分に応用されていないと考えられる。

　本児は下位検査の中では「なぞなぞ」が強い。本児は，日常会話に問題がなく，またWISC-Ⅲでも示されたとおり，具体的で日常的な内容の言語的な理解や表現については平均的な力をもちあわせていると考えられる。一方で，「位置さがし」が弱く，WISC-Ⅲでは形の構成が苦手であったことから，主訴の「漢字の形をそろえて書けない」背景として，漢字をまとまりとしてとらえることが難しく，部分の位置関係を見て理解・記憶することが苦手であると推測される。

　これらの解釈をもとに，本児の得意な継次処理様式を用いた学習の工夫を考えてみる。たとえば，新しい漢字を覚えて書けるようになりたいとき，ただ繰り返し書くのではなく，「漢字の覚え方」というヒントを付け加えて，漢字の形を意識しやすいように意味をもたせる工夫をする。本児が書きやすいマス目の大きさのノートを使って，①漢字を書く，②読みを書く，③漢字の覚えかた（ヒント）を書く，という手順で進める。③については，指導者と一緒に話し合いながら，漢字の形を具体的な言葉にしたり，日常にある似た形のものを見つけたりして，それをヒントとして書き加えておく。間違えた漢字については，ノートを読み返して①，②，③の順に再度確認していく。また，本児の書く意欲を高めるために，指導者が正確な形や細かい筆順にこだわりすぎないように注意し，子どもの努力を評価するように心がける。担任の先

K・ABC 心理・教育アセスメントバッテリー 記録用紙

子供の名前 ＿＿＿＿＿＿＿＿＿＿ 男・女
所属 ＿＿＿＿＿＿＿＿＿＿
保護者氏名 ＿＿＿＿＿＿＿＿＿＿
住所 ＿＿＿＿＿＿＿＿＿＿
☎ ＿＿＿＿＿＿＿＿＿＿
検査場所 ＿＿＿＿＿＿＿＿＿＿
検査依頼者 ＿＿＿＿＿＿＿＿＿＿

検査者氏名 ＿＿＿＿＿＿＿＿＿＿
検査年月日　　年　月　日
生年月日　　年　月　日
生活年齢　**8**年**0**月　日

認知処理過程尺度 平均=10 標準偏差=3	粗点	評価点 継次処理	評価点 同時処理	評価点 非言語性	パーセンタイル順位	S or W (強or弱)	その他の情報
1. 魔法の窓							
2. 顔さがし							
3. 手の動作	12	9			37		
4. 絵の統合	14		9		37		
5. 数 唱	9	7			16		
6. 模様の構成	6		6		9		
7. 語の配列	13	12			75	S10%	
8. 視覚類推	6		6		9		
9. 位置さがし	6		5		5	W5%	
評価点合計		28	26		継次+同時=認知処理 **54** 平均=8		

習得度尺度 平均=100 標準偏差=15	粗点	標準得点±測定誤差 90%信頼水準	パーセンタイル順位	S or W (強or弱)	その他の情報
10. 表現ごい		±			
11. 算 数	17	70 ± 8	2		
12. なぞなぞ	17	95 ± 11	37	S1%	
13. ことばの読み	7	63 ± 7	1	W1%	
14. 文の理解	5	75 ± 8	5		
標準得点合計		303	平均=76		

総合尺度 平均=100 標準偏差=15	下位検査得点合計	標準得点±測定誤差 90%信頼水準	パーセンタイル順位	その他の情報
継次処理尺度	28	96 ± 9	39	
同時処理尺度	26	78 ± 8	17	
認知処理過程尺度	54	84 ± 7	14	
習得度尺度	303	73 ± 5	4	
非言語性尺度		±		

総合尺度間の比較
> ・= ・< で表記
（ ）内は有意水準

継次処理 **>** 同時処理 （有意差：なし,(5%), 1%）
継次処理 **>** 習得度 （有意差：なし, 5%,(1%)）
同時処理 **=** 習得度 （有意差：(なし), 5%, 1%）
認知処理 **=** 習得度 （有意差：(なし), 5%, 1%）

所要時間　　分

http://www.KABC-CENTER.co.jp　　AGS®　丸善メイツ株式会社

図4.2 事例の記録用紙

生の協力が得られるとのことであったので，担任の先生と本児の特徴について理解を深めたうえで，宿題については本人の負担が大きいようなので量を調整してもらえるようお願いする。

7. 実習課題

(1) 下位検査の実施・体験を通して，K-ABCの特徴について考える

すべての下位検査を実施・体験した後に，それぞれの下位検査が何を測定しているのかを各自で推理し分類してみる。その後，どのような根拠で分類したかをグループで共有するなかで，K-ABCにおける知能の定義，「継次－同時処理モデル」といった理論的背景の説明を行うと，K-ABCの特徴への理解がより深まると思われる。分類の枠組み（4つの総合尺度）についてはあらかじめヒントとして提示されると，取り組みやすくなるだろう。

(2) 模擬ケースの解釈および指導の工夫を報告書にまとめる

模擬ケースのローデータを，①スコアリングし，②プロフィールを作成し，③結果を分析し，④解釈し，⑤指導の工夫を考え，報告書形式にまとめる。実際に子どもを対象に検査者の体験をするのも一つの方法であるが，それぞれが異なった子どもに実施することになるため，共有して理解を深めることが難しい。一つのケースを通して子どもの力を伸ばすための手がかりをつかみ，指導の工夫を考えることで，K-ABCの特徴が理解できると思われる。さらに，指導者による模擬指導案を参考にしたり，報告書の中からいくつかを選んで全体にフィードバックしたりすると，よりK-ABCの実用性を実感できると思われる。

文　献

黒川君江・青木美穂子・田中文恵・小林　繁　(2005)．＜教室で気になる子＞LD，ADHD，高機能自閉症児への手立てとヒント　小学館

前川久男・石隈利紀・藤田和弘・松原達哉（編著）(1995)．K-ABCアセスメントと指導：解釈の進め方と指導の実際　丸善メイツ

松原達哉・藤田和弘・前川久男・石隈利紀　(1993)．K-ABC心理・教育アセスメントバッテリー　実施・採点マニュアル　丸善メイツ

上野一彦・海津亜希子・服部美佳子（編著）(2005)．軽度発達障害の心理アセスメント：WISC-Ⅲの上手な利用と事例　日本文化科学社

コラム2　K式発達検査

　K式発達検査は，心理検査の臨床研究を目的として，1951年に京都市児童院（現京都市児童福祉センター）で開発された。その後二度の改訂を経て，2001年に新版K式発達検査2001が公表された。検査項目は，姿勢・運動領域，認知・適応領域，言語・社会領域の3領域から構成されており，全般的な発達水準の評価に加え，領域ごとの評価も可能である。対象年齢は，初版は生後数ヵ月から児童期までであったが，その後拡張され，新版K式発達検査2001は，生後0ヵ月から成人期までをカバーしている。

　検査用紙には，検査問題が年齢段階に沿って配置されてあり，クリアした問題には＋を，不通過だった問題には－を記していく。検査の施行順に厳密性は要求されず，どの問題を施行するかは検査者に任されている。検査結果としては，全領域および領域ごとの発達年齢と発達指数（DQ）を算出する。一方，クリアした問題と不通過だった問題との境界を検査用紙上でなぞれば，検査用紙を眺めるだけで，領域ごとの発達水準を視覚的に理解できるようになっている。

　図は，2歳5ヵ月の男児の結果を示したものである。全領域で2歳4ヵ月（DQ 97），姿勢・運動面で2歳4ヵ月（DQ 97），認知・適応面で2歳0ヵ月（DQ 83），言語・社会面で2歳7ヵ月（DQ 107）の発達水準となった。全般的に大きな遅れはないものの，言語社会面と認知適応面の間で大きな差があるのが特徴的であった。「絵の名称」など，語彙は年齢相当の問題をクリアしたが，「横線模倣」や「トラック模倣」など，模倣課題を多く失敗した。模倣行動は，コミュニケーションの基礎であり，社会性の発達に必要不可欠な要素である。他者との相互遊びの機会など，人とのかかわりを増やす試みが必要と考えられる。

（吉住隆弘）

領域	1:9超～2:0	2:0超～2:3	2:3超～2:6	2:6超～3:0
姿勢運動	＋ 両足跳び　T13	＋ 飛び降り　T20		
				－ 交互に足を出す　T19
認知・適応	＋ 積木の搭6　P23	＋ 積木の搭8　P24		－ 四角構成例後2/2　P88
			－ トラック模倣　P25	－ 家の模倣　P26
	＋ 角板例前1/3　P70			
	＋ 形の弁別Ⅰ3/5　P82		形の弁別Ⅱ8/10　P83	
			折り紙Ⅰ　P78	折り紙Ⅱ　P79
		－ 横線模倣1/3　P102		－ 十字模写例後1/3　P105
			縦線模倣1/3　P103	円模写1/3　P104
			－ 入れ子5個　P77	
		－ 記憶板2/3　P113		
言語・社会		＋ 2数復唱1/3　V1		－ 3数復唱1/3　V2
			－ 大小比較3/3,5/6　V8	長短比較3/3,5/6　V9
	＋ 絵の名称Ⅰ3/6　V32	＋ 絵の名称Ⅰ5/6　V33	＋ 絵の名称Ⅱ3/6　V34	＋ 絵の名称Ⅱ5/6　V35
			＋ 用途絵指示4/6　V31b	色の名称3/4　V40
				＋ 姓名　V37
				＋ 年齢　V37b
		－ 表情理解Ⅰ5/6 V10b		－ 表情理解Ⅱ3/4 V10c

図　新版K式発達検査2001の結果

第3部　投映法検査の取り組み方

1
ロールシャッハ・テスト

1. はじめに

　ロールシャッハ・テストは，初学者にとって大変難解であるという印象を与える検査である。そのテスト図版の曖昧さや施行，分析や解釈に費やす労力や難しさはどれも検査者に不安や疲労感を与えるものである。しかし，少し視点を変えて考えてみると，検査者がロールシャッハ・テストに対してはじめに体験することは，まさしく被検者のテスト体験と同じである。つまり，そういった不安で困難な場面に直面したときに人はどのように反応するのか，そこから人格をみてとろうというテストであると考えてほしい。このことを新鮮に体験できるのは，初学者の特権である。

2. ロールシャッハ・テストの概要

　ロールシャッハ・テストは，投映法に分類される人格検査の一つで，10枚のインクのしみが描かれた左右対称の図版を一枚一枚被検者に提示して「何に見えるか」と質問して，その反応を分析するものである。まずは，このテストの歴史，特徴について簡単に説明する。

(1) ロールシャッハ・テストの歴史

　ロールシャッハ・テストは，スイスの精神医学者ロールシャッハ（Rorschach, H. 1884〜1922）が創案したテストである。彼は，スイスでは子どもの遊びとされているインクのしみ遊びに幼少時から親しんでいた。精神医学者になってからも，学童や精神疾患をもった患者に対して，インクブロット（インクのしみ）を見せて「何に見えるか」という反応を調べる研究を断続的に行い，1921年にロールシャッハ・テストという検査法の原典となる『精神診断学（Psychodiagnostik）』（副題：知覚診断的実験の方法と結果）を発表した。副題にあるように，彼はなんらかの特定の理論的背景をもってこの研究を始めたのではなく，またこの著作の発表後の1922年に37歳という若さで他界したこともあり，ロールシャッハ・テストに対する理論的な研究は後進の研究者に引き継がれることになる。特に，彼の死後約10年を経たアメリカでロールシャッハ・テストの研究は盛んに行われ，その分析法，解釈法，体験過程，疾患の鑑別等の研究が次々と発表された。日本では，1950年代後半に紹介され今日までさまざまな研究者によってその分析法，解釈法が研究されてきた。代表的なものとしては，クロッパー法，エクスナー法（包括システム），ピオトロウスキー法，片口法，阪大法，名大法や，精神分析学的自我心理学に基づく解釈法が挙げられる。

(2) ロールシャッハ・テストの特徴

　1）ロールシャッハの独創的視点　　ロールシャッハ以前にもインクブロットを用いた検査

の研究をしていた研究者は何人もいた。それらの研究者は，インクブロット・テストを想像力の検査と考え，反応の内容分析を中心に行っていた。これに対してロールシャッハは，想像力ではなく，被検者が図版をどのように知覚するか，つまり，見たものをどう意味づけして体験化していくのかということに注目した。これを形式分析という。具体的には，反応数，反応時間，反応の拒否，反応の決定因（どのような理由から知覚されたか），図版の把握様式（図版のどの領域に反応したか），そして反応の内容を分析したのである。

　また，彼が数多く作成した図版の中から選んだ10枚の図版は，非常に検査に適したものであったことや，印刷の過程でできた図版の濃淡が，人格の査定において多くの情報を与えることになったことも，偶然の出来事もあったとはいえ，ロールシャッハの功績であろう。

　2）**投映法としてのロールシャッハ・テスト**　　テーブルの上に茶褐色の液体が入った美しいグラスが置かれているとする。それを人はどう知覚するであろうか。日頃からグラスに興味をもった人であれば，「美しいグラスだなぁ。あの模様はどのようにして作るのだろうか」と考えるかもしれないし，喉が渇いている人は「おいしそうな冷たいお茶が入っているグラス」と考えるかもしれない。このように，その対象をどのように知覚するかは，対象側に客観的な何か決まった一つの意味があるわけではなく，その人の現在の興味や関心，期待，欲望，さらには不安や恐怖心などといった内的世界に基づいて意味づけされる。投映法は，このようにさまざまな対象をどのように意味づけするか，どのような点を重要視するか，その人のパターン化された行動，感情反応から個人の人格をとらえようとする検査である。ロールシャッハ・テストは投映法の中でも，「深層心理」を投映する，「深い精神内界」を投映するといわれる。それは，ロールシャッハ・テストで使用される非常にあいまいな絵柄の図版が，被検者にとって非日常的な対象であり，また「何に見えますか」と質問するだけでその答えは非常に自由度が高いという特徴をもつからである。ある程度日常的に見慣れた対象や体験に対しては，人は意識のうえで自分の反応をコントロールして，「こんなことは口に出さないほうがいい」「こんなふうに反応するのが適切だ」と考え反応することができる。しかし，ロールシャッハ・テストで与えられる状況は，反応を出すための外的な手がかりが非常に少なく，意識でコントロールすることが困難であり，個人の内的世界を手がかりに反応せざるをえないのである。

3．ロールシャッハ・テストの実施法

(1) 準　　備

　検査に必要な道具は，ロールシャッハ図版，記録用紙，ストップウォッチ，筆記具である。検査に使用する部屋は適度な環境（静かさ，温度，明るさ）を整える。検査者と被検者の位置は，検査の行われる場所の制限や技法によって勧められる位置がある（図1.1）。筆者は，物理的条件が許せば，表情や行動観察のしやすさとカードの受渡しのしやすさ，適度な距離を保てることから，検査者と被検者が90度の位置で座るようにしている（図1.1 (b)）。机の上には，カードを一番下がⅩカード，一番上がⅠカードとなるように順番に裏向けに並べて置き（図1.2），記録用紙，ストップウォッチ，筆記具に不備がないか点検することを忘れないようにする。また，時間を計測されていることを気にする被検者もいるので，ストップウォッチは机の下，検査者の膝の上辺りに用意し，音が気にならないよう配慮することが望ましい。さらに，検査者は，被検者の反応に影響を与えるような態度をとらないよう中立性を保たなければならないが，被検者の不安や緊張が少しでも緩和され，自由に反応できるような気楽な雰囲気作りには心がける（ラポール）。

被検者

検査者
(a)　　　　　　　　　(b)　　　　　　　　　(c)

図1.1　検査者と被検者の位置

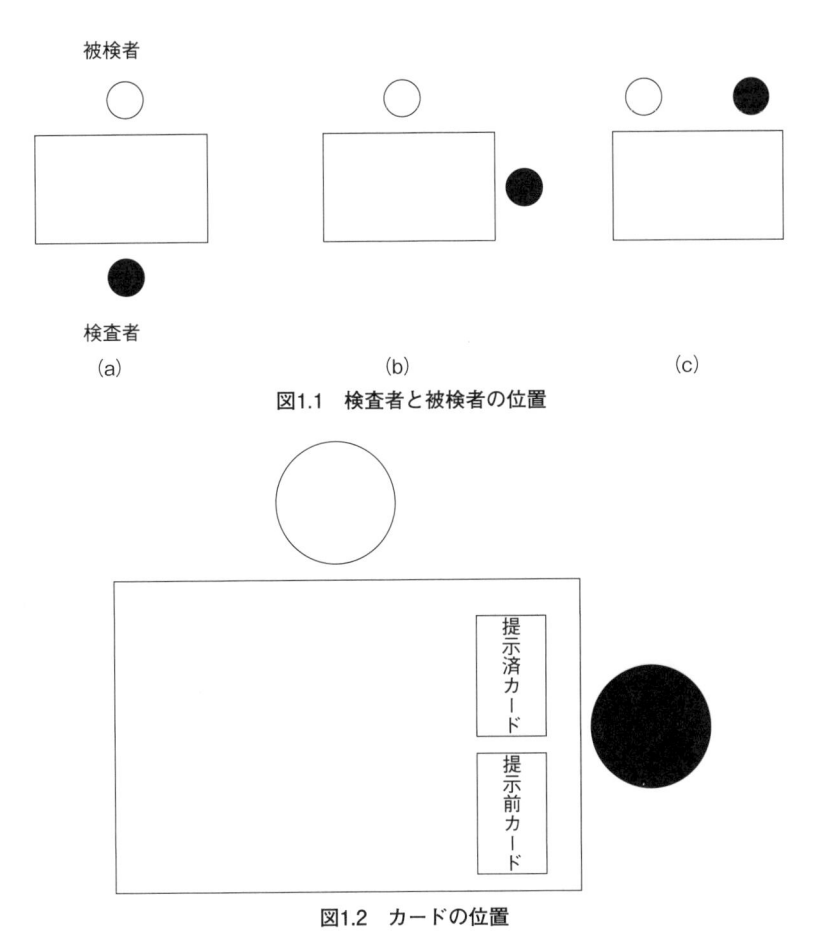

提示済カード

提示前カード

図1.2　カードの位置

(2) 検査の実施

1) 教示（instruction）　検査の方法について被検者に説明する。ロールシャッハ・テストでは，2回に分けて教示を行う。

①自由反応段階（performance proper）：検査を開始することを伝え，次のように教示する。「今からいろいろな絵を見せます。しかし，絵といっても何かを書いたというものではなく，何にでも見えるような絵です。この絵を見て，何に見えるか，ということをおっしゃってください。もちろん，何に見えてもかまいませんし，正しいとか間違っているという答えがあるわけではありません。あなたが思ったこと，頭に浮かんだことを何でも話してくだされればいいのです。カードはどこをどんな風にみてもかまいません。カードは一枚一枚手渡しします。手で持って見ていただき，もう他に何も見えなくなったら，カードを返してください」

教示後，すぐにⅠカードを渡す。Ⅱカード以降は「次は，このカードです。何に見えますか」と教示する。この手順でⅩカードまで順番に実施する。やり方に質問があった場合は「どんなふうにしてもかまいません」「思ったとおりでいいですよ」と答え，自由にしてよいことを伝える。

反応を促したり，ヒントを与えるような声かけはしてはならないが，一つだけ例外がある。Ⅰカードの段階で一つの反応しか出なかった場合，「他には見えないですか」と反応はいくつでも出してもよいことを理解させる。この促しはⅡカードまで行い，以降は一つしか反応を出さなくても「いくつ出してもよいと理解はしたが，反応を出せない」と解釈し，促さない。

②質疑段階（inquiry）：自由反応段階の終了後，あらためてカードの順番，位置を整え，次

のように教示する。「これで，一通りカードを見終わりました。今，カードの絵がいろいろなものに見えたわけですが，今度はこの絵のどこがそう見えたのか，どうして，どんな点からそう見えたのかということについて説明していただきたいのです。もう一度カードを一枚目から見てもらいますので，私にも見えるように説明してください」

　教示を終えるとカードを手渡しするが，その際一つ一つの反応について被検者が反応したのと同じ方向で示し，「先ほどは〜に見えるとおっしゃいましたが，どこですか」と場所の確認，次に「そう見えたのはどうしてですか」「どんな点からですか」さらに「どんなところが似ていましたか」と見えた理由（ブロットのもつどのような性質からか）や意味づけなどについて確認する。

　質疑段階で必要な情報を正確に得なければならないので，質問は細かくする。このとき，答えを誘導するようなことがあってはならず，被検者の言った言葉を使って慎重に質問する。

（正しい例）
・被検者「きれいなリボン」　　→検査者「リボンに見えたのは」「きれいというのは」
・被検者「黒人の女の人」　　　→検査者「黒人というのは」「女の人というのは」
・被検者「この辺の感じが」　　→検査者「この辺の感じをもう少し説明して下さい」

（誤った例）
・被検者「きれいなリボン」　　→検査者「色は関係していますか」
・被検者「黒人の女の人」　　　→検査者「形からですか」
・被検者「この辺りの感じが」　→検査者「形ですか。絵の模様ですか」

　2）記　　録　　記録用紙の様式は各技法によって異なるが，記録内容は共通している。

　①反応時間：カードを手渡した後，計測を開始する。初発反応時間と反応終了時間は最低限記録し，できれば，第二反応以降の反応時間も記録する。

　②カード位置：カードをどの向きで見ているか記録する。検査者から見て，カードの上の部分の方向を基準に，上向きのままであれば∧，右向きであれば＞，左向きであれば＜，下向きであれば∨と記載する。

　③自由反応段階，質疑段階：基本的に被検者の反応については，逐語記録をとる。検査者の質問については，どのような質問をしたかわかる程度に記録する。加えて，反応領域については，記録用紙に記載されているカードの絵（ブロット）を使用して記録する。

　④行動観察：被検者に特徴的な行動があれば，それを記録するのが望ましい。

4．分析法

　分析方法は，大きく分けて形式分析，内容分析，継列（継起）分析に分けられる。形式分析とは，ロールシャッハが最初に注目した項目を記号化しその量的分析から解釈を進めていくものであり，内容分析は反応の内容を象徴的に解釈すること，そして継列分析とは，被検者の反応の流れを追い，どのような変化やパターンがあるかその特徴を分析するものである。ここでは，形式分析について取り上げ説明する。

(1) 記号化：スコアリング

　形式分析における記号化の方法や使用する記号，また記号化する範囲や項目は各技法によって異なる。本書では，名古屋大学式技法（以下，名大法と略す）で使用される記号を使用し，記号化する範囲や項目についてどの技法でも取り上げられている基本的な項目のみ説明する。

　1）反応数，反応時間，カード回転，拒否反応　　反応数（R），拒否反応（Card of rej.）はいくつか計算し，その数値を記す。反応時間については，初発反応時間の平均，10枚のカー

ドの中で初発反応時間と全反応時間が最も速いもの，遅いものを記す。カード回転については，全反応中，どれくらいの割合でカードを回転させたかその百分率を記す。

2) **反応領域（Location）**　ブロットのどこを見て反応されたのかについて記号で表す（表1.1）。記号化後，各記号の総数を算出する。

表1.1　反応領域の分類カテゴリー

分類カテゴリー	記号	定義
全体反応 （whole）	W	ブロットの全体を使用した反応。
切断全体反応	W	ある一部分だけ切り取って全体を使用した反応。「ここがなければ」と前提条件をつけた反応。
作話的全体反応	DW	最初はブロットのある部分を使用しているが，説明しているうちに作話的に全体に言及していく反応。
部分反応 （usual large detail）	D	ブロットの間隙や濃淡，色彩によって容易に区別できる比較的大きい部分を使用した反応。
小部分反応 （usual small detail）	d	ブロットの間隙や濃淡，色彩によって容易に区別できる比較的小さい部分を使用した反応。
異常部分反応 （unusual detail）	Dd	ブロットの非常に稀な，あるいは微小な部分を使用した反応。以下の4つに分類される。
稀小反応	Dd（dr）	部分の大小にかかわらず，ブロットを独特で稀小な分割をして使用した反応。
微小反応	Dd（dd）	ブロットの極端に小さい部分を使用した反応。
内部反応	Dd（di）	ブロットの内部の陰影のある部分のみ使用した反応。外縁を含まない。
外縁反応	Dd（de）	ブロットの外縁だけを使用した反応。
間隙反応 （space）	S	ブロットの空白の部分を用いた反応。
	WS	空白部分をブロット全体に付加的に用いた場合は，このように記号化する。
	DS, DdS	空白部分の領域によって，また部分反応に付加的に用いた場合，このように記号化する。

3) **決定因（Determinants）**　反応がブロットのどのような属性に基づくか，その決定因を分類して記号化する（表1.2）。記号化後，各記号の総数を算出する。

表1.2　決定因の分類カテゴリー

分類カテゴリー	記号	定義
形態反応（form）	F	ブロットの形体特性のみから決定された反応。 例：「こうもり。形が似ているから」
運動反応（movement） 　人間運動反応 　（human movement）	M	人間の動作，姿勢，表情が述べられた反応。 例：「人が踊っている」
動物運動反応 　（animal movement）	M'	動物の動作，姿勢，表情が述べられたもので，擬人的な表現である反応。 例：「猫がダンスをしている」
	FM	動物の動作，姿勢，表情が述べられた反応。 例：「蝶が飛んでいる」

無生物運動反応 (inanimate movement)	Fm, mF, m	人間や動物でなく物理的な力による運動や自然現象が述べられた反応。 例：「ホコリが舞っている」「火が燃えている」
陰影反応（shading）		ブロットの濃淡，陰影を用いた反応で，以下の3つにさらに分類される。
通景反応（vista）	FV, VF, V	立体的な視点を用いている反応。 例：「水に映っている」「下から見上げたような」 「遠くから見ているような」「紙の端が折れ曲がっている」
明暗反応（gray）	FY, YF, Y	明暗特性が利用された拡散効果を用いた反応。 例：「レントゲン写真」「雲」「墨絵」
材質反応（texture）	FT, TF, T	表面の肌触りや材質の特性が述べられた反応。 例：「ふわふわした毛皮」「ごつごつした岩」 「冷たい氷」
白黒反応 (achromatic-color)	FC', C'F, C'	ブロットの，白，黒，灰色，という色彩を用いた反応。 例：「こうもり，黒いから」「黒いアゲハチョウ」
色彩反応（多色彩） (chromatic-color)	FC, CF, C	上記以外のブロットの色彩を用いた反応。
	F/C, C/F	色彩が領域を区切る目的にのみ使用されているか，あるいは，反応した事物が本来もっている色彩とは異なった色彩を知覚し，不自然な用い方になっている反応。 例：「この色分けの仕方が人体解剖図のよう」「赤いトラ」
	Csym	色彩が具体的なものの色としてではなく，象徴的に用いられた反応。 例：「この赤は情熱を表す」

（注）運動反応，陰影反応，色彩反応に付加されるFは，形体の関与度の高いものから，たとえばFC・CF・Cのように表す。

4）反応内容（Content）　反応の内容によって分類し記号化する。どの程度分類するかは技法によって異なるので，ここでは代表的な分類のみ，名大法の記号を使って取り上げる（表1.3）。記号化後，各記号の総数を算出する。

表1.3　反応内容の分類カテゴリー

記号	反応名	例	記号	反応名	例
A	動物反応	犬，蝶，鳥	Orn	装飾反応	リボン，ネクタイ
Ad	動物部分反応	猫の顔，鳥の頭	Art	芸術反応	絵画，芸術作品
A/	非現実動物反応	龍，ペガサス	Mu	音楽反応	楽器，歌
Ad/	非現実動物部分反応	龍の頭	Imp	道具反応	はさみ，ペンチ
Aob	動物物体反応	毛皮	Hh	家具反応	机，電気機器
H	人間反応	女の人，道化師	Flo	花反応	花，ひまわり
Hd	人間部分反応	人の手，女の顔	Nat	自然反応	山，川，海，石，空
H/	非現実人間反応	悪魔，天使，鬼	Geo	地図反応	北海道，アメリカ大陸
Hd/	非現実人間部分反応	悪魔の顔，鬼の角	Lds	風景反応	～の景色，夕焼け
Mask	仮面反応	お面	Arch	建築反応	建物，家，門，塔，橋
Bl	血液反応	赤い血	War	戦争反応	爆弾，兜，戦車，戦闘銃
X-ray	X線反応	レントゲン写真	Exp	爆発反応	火山の噴火，
Atf	内臓反応	胃，肺，心臓，筋肉	Fi	火反応	火，火の玉
Atb	骨格反応	骨盤，背骨，肋骨	Sm	煙反応	煙，汽車の噴煙
Sex	性反応	性器，性交	Cl	雲反応	雲
Fd	食物反応	パン，お菓子，野菜	St	しみ反応	しみ，汚れ
Cg	衣服反応	帽子，衣服，靴下，靴	Sign	記号反応	文字，記号
Emb	徽章反応	国旗，勲章，紋章	Abs	抽象反応	怒り，春，お祭り騒ぎ

5）形態水準（Form level）　形態水準とは，反応の内容や形体が他者に了解可能であるかどうかの程度を示すものである。記載の仕方は，決定因の記号の右横に＋，－の記号を付加する。その評価は，技法によって2段階（＋，－），4段階（＋，±，∓，－）に分けられる。ここでは，2段階の評価について説明する。

　評価は，その反応がよくみられるものであるかどうか，ブロットの特徴に合わせて明確・明細に説明されているか，2つ以上の反応の組み合わせの場合はその結合が不自然でなく，また反応の説明内容が常識的に受け入れられるものであるか，が基準となる。

・＋：ブロットの形体特性や特徴と反応が適合した説明が明細になされ，不自然あるいは不適切な表現がされていないもの。

・－：ブロットの形体特性や特徴と反応の適合性が弱いか，あるいはみられないもの。反応の明細な説明ができない場合や，不自然あるいは不適切な表現がされているもの。

　記載の仕方は，決定因の記号の右側に，＋か－を記す。最後に，全反応数（R）の中で，形態水準が＋である反応がどの位の比率であったかその百分率を算出する（R＋％）。さらに，F反応の総数のうちF＋の占める割合を百分率で計算する（F＋％）。

　6）平凡反応（Popular response）　特定のカードの特定の領域に多くの被検者が同じ反応を出すことがある。この割合の高い反応を平凡反応といい，Pと記号化し，その総数を算出する。どのカードのどの領域の反応を平凡反応とするかは，各技法によって異なる。これについては，各技法のマニュアルを参照していただきたい。

5. 解 釈 法

　ロールシャッハ・テストから得る情報は膨大である。分析方法もいくつかあり，また技法もさまざまであるから，解釈する視点も多岐にわたる。本書では，解釈される視点の一部，形式分析の結果から解釈する際におさえておくべき基本的視点について説明する。

(1) 解釈の視点

　1）反応数，反応時間，反応拒否　反応数からは，検査に対して積極的か，消極的か，あるいは，抑制的か，また，想像力や生産性についても解釈する。反応時間からは，慎重に考えるタイプか，時間をかけずに考えるタイプかが解釈されたり，また，特に遅れているカードがあれば，そのカードの特徴と照らし合わせて反応が遅れた意味を解釈する。反応拒否については，みられないのが一般的であるが，みられた場合は，反応が遅れた場合と同様に解釈する。なお，このような解釈を適切にするためには，各カードの特徴をきちんと把握しておく必要がある。

　2）反応領域　ブロットの全体を見て反応を出すことは，与えられた刺激を総合的に論理的に把握することである。一方，一部を見て反応を出すことは，見える部分だけを取り出すという現実的，具体的な把握である。非常に小さい部分やあまり反応されない部分に反応することは，細部に視点を向ける，人と違った独特のもののとらえ方をすると考えられ，空白への言及は，本質でない部分に視点を向けていると考えられる。

　3）反応決定因　形を見ることは，基本的に刺激を把握するときには重要な作業である。しかし，それに加えて，ブロットの色や濃淡の把握はその被検者の感受性の豊かさの指標や，与えられた情報を統合して把握する力の指標となる。また，色や濃淡への反応は，外界刺激の影響を受けていることであり，その量や質の違いによって，外界刺激にどう影響されるかが解釈される。運動反応は，ブロット自体に動きはないので，見ている被検者の内的な動きの投映である。よって，運動反応は内的なエネルギーや資質であると解釈される。

4）**反応内容**　反応内容は，まずその幅によってその人の興味・関心の広さがどの程度か（Content range）解釈される。そして，内容の象徴的解釈がなされる。たとえば，動物反応（A, A/, Ad, Ad/）が全反応の中でどの程度占めるかというA％は，幼児性や紋切り型の指標として解釈される。

5）**形態水準**　形態水準は，外界刺激・環境に対して適応しているかどうかの指標となり，水準が悪い場合は現実場面でもなんらかの不適応を起こしやすいことを示し，人格や疾患，発達の問題を抱えている可能性を示唆する。

6）**平凡反応**　多くの人にみられる反応を産出することは，共感性や共通感覚の指標となる。

7）**体験型**　記号ではW: ΣC〔ΣC＝（FC＋2CF＋3C）÷2〕と表され，ロールシャッハが人格の解釈において大変重要視した観点である。彼は，人が自分の志向や価値観といった内部の思考から動かされやすいか（内向型），環境の刺激によって動かされやすいか（外向型）を区別した。解釈の時はM≧2，ΣC＞0であることを前提とし，M＞ΣCのときは内向型，M＜ΣCのときは外向型と考える。

(2) 総合的解釈

1）**知的側面**　外界の対象となるブロットの形を適切に把握すること（F＋％），全体を論理的・総合的にまとめる力（W，かつ形態水準＋），幅広い興味関心（Content range）は，知的水準の評価の基準となる。さらに，形態水準の良いD，Ddは思考の柔軟性や独創性を示すことがあり，また，A％の高さは思考の紋切り型や思考内容の貧困さを示すと考えられる。また，W：Mの比率は，自分の内的資質と要求水準とのバランスを示し，2M＜Wの場合は，自分の能力以上に物事をこなそうとする傾向を示す。

2）**情緒的側面**　外界からの情緒刺激を適度に受け入れ，適切に反応しているかどうかは，F＋％，FC，CF，Cの量的バランスとその形態水準から判断される。F＋％の高さは，基本的に情緒のコントロール力の高さを示すものだが，色彩への反応が少ない場合は情緒反応が過度に抑制され，自由に情緒が表出できていないと考えられる。逆に，形体の伴わない色彩反応が見られる場合は情緒コントロールが悪いことを示す。また，内的な衝動・欲求のコントロールに関してはM：FMを指標とする。Mは，内的な衝動・欲求に適切に対処する力を，FMは即時的に満足させようとする力を表しており，その両者のバランスをみる。さらに，黒白反応（FC', C'F, C'）は，不安や抑うつ感情の指標，濃淡反応は細やかな感受性や依存性の指標，そして無生物運動反応は，満たされない内的衝動の指標とされる。加えて，反応内容は被検者の情緒的側面の解釈に多くの情報を与えてくれる。

3）**対人関係の側面**　形態水準が良好であることや適度にP反応が出せていることは，社会的に順応する力や共感性・共通感覚が保たれていることを示し，良好な対人関係を築く基礎となる。さらに，良質な人間運動反応（M＋）は人への関心や肯定的態度を示していると考えられる。逆に，人間反応がみられないことは人への関心の低さを示し，人間反応の内容が不安や恐怖，嫌悪を伴う場合は，現実場面の対人関係でなんらかの葛藤を抱いていると考えられる。

4）**総合的に人物像をまとめる**　解釈の視点は多岐に及び，ある視点からの解釈が他の視点からの解釈を支持する場合もあれば，一見矛盾するようなものである場合もある。レポートを書く場合は，このようなさまざまな側面や矛盾しているようにみえる複数の情報を，一人の人物像になるようまとめなければならない。「レポートを読んだ者が，被検者の人物像を頭に描けるように書く」ことを必ず意識してもらいたい。

6. 事 例

(1) 架空事例

1) **人 物 像**　20歳の大学生，女性。地方から都市部の大学へ進学し，現在一人暮らし。真面目で，礼儀正しい印象を与える女性。健康状態は良好で，学業成績は上位，対人関係上のトラブルはみられない。

2) **ロールシャッハ・プロトコル**　記号化は名大式に則って，反応領域，決定因，形態水準，反応内容，平凡反応のみスコアした。ただし，反応領域番号と結合反応の記号化は省略している。

＜＞内は，検査者の質問。

		Response	Inquiry	Score
I	14″	∧ ①こうもり	ここが羽でここが，身体。黒いし，形がこうもりみたい。	W, FC'+, A, P
	35″	∧ ②悪魔の顔	全体が悪魔の顔。白いところが目，鼻，口。耳もあるし，顔の形やつりあがった目とか色から悪魔を連想した。	WS, FC'+, Hd/
	45″	∧ ③アゲハチョウ	こうもりと同じところ。黒いアゲハチョウにも見えるかなって。白いところが模様にも見えるし。	W, FC'+, A
	1′10″			
II	30″	∧ ①人が手を合わせている。	顔で身体。ひざをちょっと曲げている。手を合わせている。	W, M+, H, P
	1′00″			
III	10″	∧ ①女の人が2人踊っている。	頭，身体，足，手。お尻を突き出しているように見えたので，踊っているのかなと。胸が出ているから女の人に見えた。	D, M+, H, P
	25″	∧ ②リボン。	リボンは，形がそっくりなのと赤い色をしているから。	D, FC+, Orn
	35″	∧ ③タツノオトシゴ。	タツノオトシゴに形が似ていた。逆さまになって泳いでいるように見えた。	D, FM+, A
	50″			
IV	12″	∧ ①大男を下から見上げたような。そんな感じ。	頭，身体，手，足。足がすごく大きくて，下から見上げているように見えた。＜男？＞大きいといえば，男の人を連想した。	D, FV+, H
	27″	∧ ②大きな木	木の幹で，生い茂った葉っぱ。＜生い茂る？＞なんか，絵のもさもさした模様みたいなのから。＜大きい？＞葉の部分幹に比べてとても大きい。	W, FT+, Bot
	58″			
V	5″	∧ ①蝶が羽を広げているところ。	頭，触覚，羽，足。羽が大きくて，広げているよう。	W, FM+, A, P
	30″			
VI	15″	∧ ①ギター	ここが持つところで，ここが弾くところ。弦がこの辺にある。形がちょっといびつだけど。	W, F+, Mu
	28″	∧ ②動物の剥製，毛皮でよくお金持ちの家にあるようなの。	トラかな，よくあるのは。頭，ひげ，身体，足。＜剥製？＞足の位置が，皮だけに剥がされて，広げられたようだった。＜毛皮？＞絵のこのまだらな感じが。	W, FT+, Aob, P
	45″			
VII	10″	∧ ①女の子が2人，ふざけて遊んでいるような感じ。	頭で，上半身，下半身。髪の毛，ポニーテールをしている女の子。顔つきがかわいらしくて，小さい女の子みたい。手をヒョイと上げて，背中合わせになって顔だけ向けているから，遊んでいるのかなと思った。	W, M+, H
	29″	∧ ②兜のようなもの。兜ってあんまり見たことないですけど。	ここが頭に被るところで，そこから角のようなものが出ている。昔話に，こんな兜を被った人がいたような気がした。三銃士とか。ちょっと自信ないけど。	W, F+, Cg・War
	48″			
VIII	8″	∧ ①2匹のトラが岩を登っているところ。	端のところに2匹のトラ。足で，胴体。足の位置が，なにか岩を登ろうとしている感じ。下の岩に足を乗せ，真ん中と上の岩に前足を置いて。	W, FM＋, A・Nat, P
	20″			

IX	55″ ∧ ①コンロの火かな。		下の赤いところがコンロで，真ん中から上が火。火って，真ん中のほうが青くて，上の方がオレンジ色になる。この上の形もゆらゆら燃えている火に似ている。	W，CF・mF＋，Hh・Fi
	1′13″ ∧ ②中世の王子様のよう。		赤いところが，服，膨らんだ袖。真ん中が顔で上が帽子。華やかな色の服を着ていて派手だから，中世の王子様かなと。	W，FC＋，Hd・Cg
	1′22″ ∧ ③竜		オレンジのところの形が竜みたいだった。顔かな。目で口。鋭い感じがする。	D，F＋，Ad／
	1′40″			
X	16″ ∧ ①いろんな虫がいる。		青いところが蜘蛛，あと，芋虫やバッタ，黒い虫もいる。周りに花や葉っぱもある。＜虫らしさ？＞形と色かな。花や葉っぱも。	W，FC＋，A・Flo・Bot，P
	26″ ∧ ②トランプのキング。		全体なんですけど，目，鼻，ひげ，髪の毛。目の形やひげ，髪型がトランプのキングみたいだったので。	W，F＋，Hd・Toy
	44″			

(2) 量的分析

R = 20　Card of rej. = 0　Tur％ = 0％
W = 15　D = 5　S = 1
F = 4　M = 3　FM = 3　FV = 1　FT = 2　FC' = 3　FC = 3　CF = 1
R+％ = 100％　F+％ = 100％　P = 7
Content range = 11　A％ = 40％　W：M = 15：3　M：ΣC = 3：2.5　M：FM = 3：3

(3) 解　釈

　知的側面の特徴としては，物事を論理的・総合的に把握し（形態水準の良いW反応の産出量），適切に対処する力（R+％ = 100％，F+％ = 100％）があり，興味・関心の幅も適度（Content range = 11）で，知的水準に問題はない。与えられた課題に対してすべてに答えようという姿勢のもち主である（W反応傾向）が，柔軟な視点をもって対処する態度（Tur％ = 0％）はみられない。また能力以上の要求水準の高さがみられ（2M＜W），無理をしやすい傾向がある。はじめての場面では，不安を表面に表しやすい（Ⅰカードでの FC' = 3）が慣れは早く（Ⅱカード以降 FC' = 0），概ねどのような場面でも適切に対処する適応力（R+％ = 100％）がある。情緒的側面の特徴としては，情緒刺激を受けても最初は刺激と距離をとり，情緒反応を抑制する傾向がある（Ⅱカードでの色彩言及なし，Ⅷカードでの色彩言及なし）。一旦情緒が動かされると，内に秘めた衝動が表面化する（Ⅸカード①「火」CF・mF＋）が，その後のコントロールはできる（以降の色彩に対する反応は FC＋）。内的な衝動や欲求についても，適度にコントロールできている（FM：M = 3：3）。どちらかといえば，外界の影響を受けて行動するというよりは自分の考えや価値観に基づいて行動するタイプだが，大きな偏りはなくバランスよく自分の考えと外界からの影響を調整して行動できる（M≧2，M：ΣC = 3：2.5）。課題への要求水準の高い取り組み姿勢や，情緒や衝動・欲求のコントロールの高さをもつ一方で，幼児的な視点からの反応が多く（Ⅶカード①「女の子が遊んでいる」，②「兜～昔話，三銃士」，Ⅷカード②「中世の王子様」，Ⅹカード②「トランプのキング」），子どもっぽい面も見られる。対人関係面では，共通感覚や共感性は保たれ（P = 7），人に対しての肯定的なイメージや関心もあり（M＋ = 3），特に問題はみられない。

7．実習課題

　ロールシャッハ・テストは，個人の内的世界が引き出されやすい検査であり，被検者に不安や戸惑いを喚起させやすいので，実習は慎重にしなければならない。初学者は架空の事例を用いて，検査者体験をする実習が適当であろう。

(1) 検査者体験

架空の検査場面を撮影したDVDを用いて，まず検査の様子を観察し，次にDVDの中の検査者の役割をとって被検者の反応を記録し，検査者を擬似体験する。その後，架空事例のプロトコルを形式分析（記号化，量的分析）する。解釈については，実習者全体で，形式分析に基づいた被検者の人格特徴について話合いながら進めていく。

(2) 課題レポート

全体で話合った被検者の人格特徴を「一人の人物像として描く」ように解釈レポートを作成する。

文　献

馬場禮子　（1997）．心理療法と心理査定　日本評論社
市川伸一（編著）（1991）．心理測定法への招待　サイエンス社
片口安史　（1987）．改訂新・心理診断法―ロールシャッハテストの解説と研究―　金子書房
村上宣寛・村上千恵子　（2008）．改訂臨床心理アセスメントハンドブック　北大路書房
名古屋ロールシャッハ研究会　（1999）．ロールシャッハ法解説―名古屋大学式技法―　1999年改訂版　名古屋ロールシャッハ研究会
ロールシャッハ，H.（著）　鈴木睦夫（訳）（1998）．新・完訳精神診断学　付・形態解釈実験の活用　金子書房
氏原　寛・岡堂哲雄・亀口憲治・馬場禮子・松島恭子（編）（2006）．心理査定実践ハンドブック　創元社

2
バウム・テスト

1. はじめに

　バウム・テストは、「木の絵を描く」というシンプルなテストであり、その技法は心理テストの中でもよく知られているものの一つである。今日、バウム・テストは、臨床心理士によって最も多く用いられている心理テストであり、病院などの医療領域のみならず、児童相談所などの福祉領域や、教育領域など、幅広く臨床現場において使用されている。

2. バウム・テストの概要

(1) バウム・テストの歴史

　「描かれた木がその人のひととなりを示す」という発想をはじめて提唱したのは、スイスのユッカー（Jucker, E.）である。ユッカーは、樹木画の発見は偶然によるものではないとし、「文化史ことに神話の歴史を十分に考察し、長期にわたって研究した結果あみ出したものである」と述べている。彼は職業コンサルタントであり、1928年、職業指導に役立てることを目的として、樹木画を相手の人格像をより深く把握するための補助手段として使用しはじめた。

　このことに興味をもったスイスの心理学者コッホ（Koch, K.）は、ユッカーの樹木画を熱心に研究し、文化や芸術、筆跡学、空間象徴など、さまざまな視点から研究をつみ重ね、共通して見出される意味合いを整理して、本にまとめた。1949年、コッホはドイツ語版『Der Baum-Test』を出版し、その3年後となる1952年、英語版『The Tree Test』を出版した。

　日本では、約10年後の1961年より、京都市内の精神科病院で精神医学者たちによってバウム・テストが臨床場面に導入された。病院のみならず小・中学校や高校において、また幼稚園児に関する発達的研究、知的障害児と普通児との比較研究、非行少年の研究などのさまざまな研究をつみ重ねたうえで、1970年、林勝造・国吉政一・一谷彊により、英語版の邦訳として『バウム・テスト—樹木画による人格診断法—』が刊行された。

(2) バウム・テストの目的

　バウム・テストは、投映法に分類されるパーソナリティ検査の一つである。一般的なパーソナリティ診断だけでなく、職業適性、精神障害や知能障害の早期発見や、心理療法の効果測定などにも広く用いられる。

　バウム・テストが表すのは、被検者の無意識の自己像である。被検者は、木を描くことを通して能動的に自分の存在をバウムに投入する。この自己像は、現実的な自己像であるだけでなく、被検者の理想像であったり不安像であったりすることもある。また、重要な他者像を表していることもある。一方、人物画は、被検者の意識的な自己像を表している。

(3) バウム・テストの特色

　バウム・テストは，検査者にとって施行が簡便であり，短時間のうちに被検者に関する情報を多く得ることができるという利点がある。また，被検者にとっても，日常生活において身近なテーマである「木」を自由に描くことが求められ，複雑な描画を必要としないため，他の描画テストと比べて取り組みやすい。また，目的がどこにあるかわかりにくいため，直接人物を描くという人物画よりも抵抗感が少なく，自発的に無意識的な自己像が描かれやすい。

　バウム・テストは比較的短い期間で再検査することができる。そのため，同じ被検者に対して治療前，治療中，治療後と施行し比較することによって，被検者の自己像の変化を理解することも可能である。また，コッホによると，描いた絵が被検者の像と一致していないと感じた場合などはテストを繰り返し行うことがあるとし，2回目に描いたものの方がより深層の被検者の姿が表されると述べている。

　一方で，バウム・テストは，厳密な解釈が難しいという問題点もある。評価の理論的根拠が明らかでなく，さまざまな研究での木の各部分の意味づけに諸説があり，客観性が低いとされている。また，被検者の表現手段としてバウム・テストが最も合っている場合もあるが，被検者によってはこの表現手段が苦手のように思われる場合もあるとコッホは述べている。

　そのため，バウム・テストを施行する際は，他の心理テスト（ロールシャッハ・テストや知能検査など）とテスト・バッテリーを組むことが望ましい。コッホも「あくまでもパーソナリティ診断のための補助手段として活用していくことが肝要であり，テスト・バッテリーの一つとして用いること」と述べている。ただ一つのテストでその人のすべてを知ることはできない。いくつかのテストを組み合わせて実施する中で，バウム・テストは他の心理テストの結果の位置づけや価値を明確にし，より深く被検者を理解するための補助手段として役に立つ。

3. バウム・テストの実施法

(1) 対　　象

　描画が可能であるすべての人に適用できる。概ね3歳以上の幼児から老人まで適用可能である。

(2) 所要時間

　約3〜20分。ただし，被検者によっては1時間くらいかかることもあるので，テストを行うのに十分な時間を用意しておくことが望ましい。

(3) 用　　具

　A4判の白紙（画用紙），黒鉛筆，消しゴム，ストップウォッチ。黒鉛筆は中程度の柔らかさのものが適しており，日本では4Bが用いられることが多い。コッホの原法では色鉛筆などは用意せず，彩色はしない。研究者によっては，彩色用の筆記用具を用意し，その色彩をも解釈に含める技法を用いていることもある。

(4) 実施手順

　1）検査前　　被検者が十分にくつろいだ状態でテストを受けられるように準備しておくことが大切である。被検者にとって快適な環境（場所，照明，温度など）を用意する。安心してテストを受けられるように，検査者は被検者との間に信頼関係（ラポール）を形成しておく。被検者がテストに対して「描きたくない」「描けない」などと拒否の態度を示すことはめったにないが，被検者自身が絵を描くことに対して苦手意識がある場合は，テストへの抵抗

を感じることもある。その際は，「絵の上手下手は問いません」「その点を考慮して考察します」などと伝え，被検者の不安をできるだけ取り除くようにする。

2）教　　示　画用紙は縦向きにして与える。鉛筆は尖らせたものを用意する。集団に向けて実施する場合は，隣同士が意識されないように適度な間隔をあけて座るように指示する。教示は，コッホの原法では「1本の実のなる木を，できるだけ十分に描いてください」とする。その他にも，研究者によって多様な教示のしかたがある。たとえば，「実のなる木を描いてください」「実のなる木を1本描いてください」「木の絵を描いてください」「1本の木を描いてください」と教示が少しずつ異なるものもあれば，3本，4本の木を描いてもらうように教示するものもある。こうした教示を用いる場合は，それぞれの教示に合わせた解釈を行うように心がける。また，被検者が子どもである場合，教示の本質を損なわない範囲でわかりやすい言葉に置きかえて教示してもよい（「できるだけ十分に」を「気のすむまで」「精一杯」「一生懸命に」など）。

3）被検者からの質問　教示後，被検者から「どんな木を描いたらよいのか」「1本だけ描くのか」「実は描かなくてはならないのか」などとさまざまな質問が出されることがある。このような質問には，「自分の思うようにしていいですよ」とだけ答えるようにする。バウム・テストでは，与えられたスペースのなかにどのような木を描くのかは，被検者のまったくの自由となっている。そのため，「用紙を横に置きかえてもよいか」という質問に対しても，自由にしてよいことを伝える。なお，出された質問は被検者に関する情報として書きとめておくとよい。

4）描画中　被検者が木を描いている様子をよく観察し，記録しておく。また，あらかじめストップウォッチを用意しておき，被検者がバウムを描くのに必要とした時間を計っておくと，その後の解釈に有益となることも多い。ただし，被検者が監視されていると感じると萎縮してしまうこともあるので，検査者はさりげなく様子を見守りながら観察，記録するように心がける。以下に，観察のポイントをいくつか示す。

①被検者の態度：喜んで興味をもっている／嫌でしぶしぶ／黙々と取り組む／描きながら質問が多い／何かつぶやきながら取り組む／気楽な気持ち／緊張している／自信たっぷり／おどおど，警戒している／熱心，丁寧／投げやり／検査者や周りの様子をチラチラ見て気にしながら取り組む，など。

②消しゴムの使用：消しゴムを使って消すことがある／消す回数は多いかどうか／何度も同じところを描き直している／描いたのに消してしまった，など。また，木のどの部分を消しているかにも注目し，書きとめておく。

③各部分を描く順番：（木の）幹，枝，葉，実などの部分をどのような順番で描いたのか。

5）描画後　描き終わったら，被検者の描いたバウムを解釈するための手がかりを得るために，「何の木を描きましたか」「この木が好きですか」「描きにくい部分はありましたか」などと検査者からいくつか質問をする。もし描画の中に理解しにくい部分があれば，「これは何ですか」「どうして描いたのですか」などと尋ねて確認しておく。また，「この木についてあなたが感じたり思ったことを話してください」など，描いた木について被検者に自由に連想して述べてもらってもよい。一定の質問をする必要はないが，描かれた木が被検者の自己像を示しているか／重要な他者を示しているか，その自己像は過去／現在／未来のどれなのか，被検者に自己像が意識されているか／無意識か，といった情報を得ることができる。最後に，テストの実施年月日，被検者の姓名・性別・生年月日を忘れずに裏面に書きとめておく。

4. 結果の整理

被検者に関する情報収集

　コッホは「被検者の情報なくして解釈することの危険を絶対おかしてはならない」と注意を呼びかけている。そのため，バウム・テストを解釈する前に，被検者に関する情報を収集しておく必要がある。テスト中には，被検者の行動観察や，描画後の質問への答え，自由連想などから被検者に関する情報が得られる。それ以外にも，もしテスト・バッテリーを組んだ場合は他の心理テストの結果や，事前の面接や家族からの聞き取りなどを通して被検者の生活史に関する情報などを集めておく。そのうえで，次のバウム・テストの解釈に進む。

5. 解釈のしかた

　解釈の流れとして，検査者は，まず描かれたバウムの全体的な印象を把握することからはじめ，次にバウムの部分的な特徴をとらえ，最後にふたたびバウムを全体像として統合する，というのが望ましい。特に，バウムにみられる特徴の意味するところはきわめて多義的であるため，ある特徴がみられるからといってその人のひととなりを判断するのは危険である。そのため，バウムの部分的な特徴を解釈するときは，必ずバウム全体との関係および他の情報との関連から理解するように心がける。

(1) 全体的評価

　まず，バウムの全体をながめて，そこから受ける印象を直感的に感じ取る。「のびのびしている」「安定している」「寂しい」など，バウムから受ける全体的な第一印象が最も大切である。そこから，この木を描いた被検者が，何を感じているのか，何を訴えようとしているのか，自分自身をどうみているのか，外の世界や他人をどのようにみているのか，などを感じ取っていく。描画の上手下手は判断の基準にしない。以下に，全体的評価の視点のポイントをいくつか示す。

- エネルギー：豊かである／力強い／無気力である，など。
- 調和：バランスがとれている／歪んでいる／不格好／奇妙，など。
- 安定感：安定している／不安定／浮遊している，など。
- 内容：豊か／丁寧／暖かい／寂しい／冷たい感じ，など。
- コントロール（統制）：全般的にいきわたっている／崩れている／乱雑である，など。
- パーソナリティ：柔軟／硬い印象を受ける，など。
- 協調性：温かく友好的／とげとげしい／敵意を感じさせる／傷つきやすい，など。
- 成熟度：幼い／成熟している，など。
- 現実度：現実的／ファンタジー豊か，など。

(2) 形式分析

　1）空間象徴　　コッホは，バウムが被検者の自己像を示すのに対し，バウムの描かれた紙（画用紙）は被検者の生活空間を表しているとして，バウムが紙（画用紙）のどの空間に描かれたかという視点を解釈に適用できると考えた。コッホは，グリュンワルド（Grünwald, E.）が作成した空間図式をもとに，この空間の象徴的意味の解釈の手がかりとして図2.1のような空間図式を使用した。

　バウムの描かれた紙（画用紙）を4等分し，縦横の軸で区切られた4つの領域のどの位置に

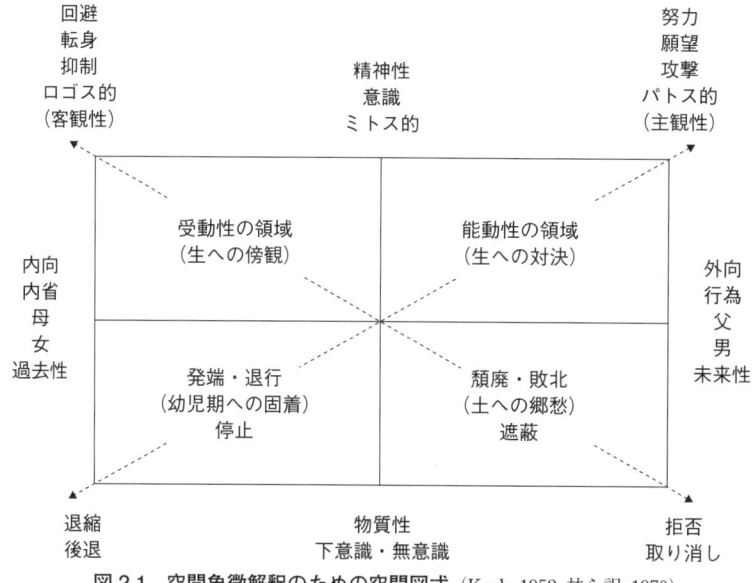

```
           精神性
  回避      意識         努力
  転身      ミトス的      願望
  抑制                  攻撃
  ロゴス的              パトス的
  (客観性)              (主観性)

          受動性の領域  能動性の領域
          (生への傍観)  (生への対決)
  内向                            外向
  内省                            行為
  母                              父
  女                              男
  過去性                          未来性
          発端・退行    頽廃・敗北
          (幼児期への固着)(土への郷愁)
          停止          遮蔽

  退縮      物質性       拒否
  後退     下意識・無意識  取り消し
```

図2.1 　空間象徴解釈のための空間図式 (Koch, 1952 林ら訳 1970)

バウムが描かれているかによって，被検者の生活の場におけるあり方の意味合いが解釈される。

2) サイズ　描かれたバウムのサイズは，被検者の環境との関係を示していると考えられている。大きすぎる木は，自己顕示，自己拡張，過活動，高揚した気分，攻撃性などを示すとされている。一方，小さすぎる木は，不安，低い自尊心，自己抑制，劣等感，抑うつ感，無力感，引きこもりなどを示し，時には抵抗した状態や依存性を示すとされている。

3) 動態分析　バウム・テストは筆跡学との関係が強く，被検者の鉛筆の動きの特徴をとらえる動態分析を取り入れている。この動態分析では，バウムの形態水準によって解釈が大きく異なるので注意する。手順としては，まず描かれたバウムの造形性の高低により，形態水準が高い（+）か低い（−）かを検討する。その後，表2.1を参考にして各指標の解釈を行う。

表2.1 　動態分析の解釈仮説　(Koch, 1952 林ら訳 1970, 一部改)

形態水準	+	−
不規則性	感情生動性	意志の弱さ
規則性	意志の強さ	感情の冷たさ
均衡（力のつり合いがとれる）	平静化	無感応
不均衡（力のつり合いがとれない）	感受性	易刺激性
急速（いそがしくて速い）	活動欲・感情生動性	不穏・感情興奮性
遅緩（ゆっくりとのんびり）	静寂・平静化	不活発・冷淡
筆圧が弱い	敏捷・繊細さ	意志薄弱・不安定性
筆圧が強い	意志力・抵抗感	鈍重・短気
潤筆（鉛筆を斜めにねかす）	生のよろこび・直観性	放縦・粗野
渇筆（鉛筆を立てる）	自己統制力・精神性	禁欲的・概念性
間が広い（ゆったりしている）	熱中・想像力	奔放・無批判
間が狭い（せせこましい）	克己・理論性	臆病・無味乾燥
連綿（つながっている）	論理性・組織的思考	思想貧困・移り気
分離（ばらばら）	思想豊富・直観能力	飛躍性・抽象力欠乏
豊富	形式感情・外観重視	誇張・非即事性
単純	合目的意識・即事性	外観軽視・形式感情乏
飾りたて（曲がりくねる）		喝采願望・自画自賛
おざなり（ぞんざい）		非厳密性・狡猾

4) 陰　　影　　木の立体感や光の加減を表すために使われることがある。多くの研究者によると，もし陰影が強すぎたり，本来は存在しないところにあったりする場合は，不安や抑うつ感，外界からの影響に対して自己を保護しようとする機制，心的外傷となる記憶の抑圧，潜在的敵意などを象徴するとしている。

(3) 内容分析

1) 木の種類　　描かれたバウムは，現実的な木であることもあれば，抽象的な木であったり，空想的な木であったりすることもある。青年や成人では，全体をできるだけ簡単に描こうとするために抽象的，図式的になることも多いが，抽象的なバウムの場合，テストに対して防衛的で警戒や抵抗をしたり，自分の姿を表そうとしなかったり，現実からの逃避的態度を有していたり，皮肉な見方で人生を送ろうとしていたり，ユーモアのセンスがあったりするとされている。実在しそうにない空想的なバウムは，精神的に幼稚すぎる，あるいは精神障害の可能性がある場合もある。

2) 形態分析　　まず，バウムの形態を発達的側面から解釈する。児童を対象としたバウム・テスト研究からは，発達年齢に従ってバウムの形態の描き方が変化していくことがわかっている。たとえば，幹が1線幹から2線幹に，枝が1線水平枝から1線上向枝，そして2線枝に描かれるようになるなどである。ここでは，描かれたバウムの発達的水準を確認し，被検者の生活年齢と比較して解釈する必要がある。描かれたバウムの特徴によっては，ある年齢では正常であるが，別の年齢ではふつうでないと解釈されることがあるので注意する。

次に，バウムの形態を部分的な特徴から解釈する。バウムの部分的な特徴にはいくつかの意味が与えられている。上記の「解釈のポイント」でも述べたように，あくまでも被検者の生活史や問題に関する情報，さらに面接や他の心理テストから得られた情報と比較検討したうえで，解釈につなげていくことが大切である。

以下に示すのは，いくつかの解釈例である。

・幹は，樹木の中心となる部分である。解釈の例として，基本的な自我感情と心理的発達，生命力，精神的エネルギー，内的衝動の流れなどがある。また，上に伸びていく姿から，下方が被検者の生活の幼い時期で上方が現在，あるいは下方が無意識の経験で上方が意識された経験，と解釈することもある。幹の輪郭は自己と他者あるいは外界を分ける領域，また樹皮は保護的な役割をもつ皮膜や衣装であることから，外界との接触のしかたなどを表す。

・根は，大地に根づき，幹や樹幹を支え安定させる部分である。解釈の例として，現実との接触のしかた，自我の安定性，無意識の欲求などがある。

・地面は，木の幹から根に移行する部分である。解釈の例として，被検者が生活している直接的な環境，拠り所となる場所，自我が現実とどのように関係しているか，適応能力などがある。

・樹冠は，葉や枝などによって形成される幹の上部である。解釈の例として，内的衝動や感情を統制する理性や，目標・理想・興味などとそれに関する自尊心や自己評価，人間関係への意識的な態度などがある。

・枝は，樹冠を形成する部分である。解釈の例として，目標や理想・願望の方向や，外界と内界を流れる精神的エネルギーの円滑さ，環境との相互作用などがある。

・葉は，外界との間の緩衝となる部分であり外界と直接接触する部分でもある。解釈の例として，感覚器官，外界への好奇心と外向性，外界からの被影響性，自己の保護，外見や装飾などがある。

・実は，樹木の内容を示す部分である。解釈の例として，目標・私益・結果や，自己の誇示，快楽などがある。

・その他として，付属的に描かれるもの，たとえば，花，鳥，小動物（ウサギやリスなど），虫（セミ，ちょうちょ，など）についてもいくつかの解釈がある。ただし，機械的な解釈をしないように注意する。

(4) その他の解釈

ヴィトゲンシュタイン指標（Wittgenstein-Index）は，ドイツの神経病医のヴィトゲンシュタイン（Wittgenstein, L.）が発見したものである。ヴィトゲンシュタインは，木の高さ（木の下端から上端までの長さ）は被検者の生活史（人生）であるとし，過去の人生において起きた出来事の日付を確認できると考えた。この指標を用いると，外傷的体験（「うろ」などの特徴で示されるとされる）の時期がおおよそ決まるとされている。ただし，描かれたバウムにこうした特徴がみられないこともある。

6. 事　例

1) **対象児**　中学校1年生，男子
2) **主　訴**　勉強についていけない，提出物が出せない。本人は「何で勉強しなくちゃいけないのかわからない。宿題はやらないのに慣れてしまった。身の回りの整頓はめんどくさいからやらない」と言う。
3) **その他の心理テスト**　WISC-Ⅲ知能検査の結果からは，動作性IQは82，言語性IQは89，全IQは84であり，同年齢の子どもの平均と比べると低いことが示された。また，ロールシャッハ・テストの結果からは，情緒的に不安定であり，外的刺激からの影響が大きく，立ち直りに時間がかかることが示された。
4) **実施検査**　ロールシャッハ・テストの前後にバウム・テストを実施した。
5) **行動観察**　1回目（ロールシャッハ・テスト実施前）は太い幹とはみだすくらいの樹冠を描くが，「でかい」とすべて消す。「違う」と言いながら数回描き直し，どんどん小さく細い木になっていく。途中で「実のなる木…」と言ったままじっと止まる。最後は「ちょっと待って」と言い，手早く描いて完成。所要時間は10分20秒，描いたのはりんごの木（図2.2）。感想は「どの木を描こうか迷った。思い出すのがしんどかった」。

2回目（ロールシャッハ・テスト実施後）は鉛筆の芯を折るほど力をこめて，幹を少しずつ消しながら，枝を付け加えながら完成。感想は「ふだん木をあんまり見てなかったから，わかりづらかった」。所要時間は3分05秒，家にある柿の木を描いた（図2.3）。

6) **解　釈**　1回目は，検査者を前に萎縮し，自分に直面するたびに混乱していったよ

図2.2　ロールシャッハ・テスト実施前　　　　図2.3　ロールシャッハ・テスト実施後

うに感じられる。最後は満足いかないものの何とか終わらせたという感じを受けた。バウムはか細くひ弱な印象で，生命力が感じられない。いったんつまずくと立て直すのに時間がかかる姿がうかがえ，また，理想の姿と現実の姿とのギャップを感じており，自尊心が低く，あきらめを感じているようである。

　2回目は，ごつごつして硬い印象である。枝の太さや長さがバラバラで，全体が曲がって傾いており，不安定な感じを受ける。枝がむき出しになっており，外から刺激を受けやすいように思われる。ロールシャッハ・テストに強く影響を受けて内面が大きく混乱しており，自己のアンバランスさが感じられる。

7. 実習課題

(1)「木」と「人間」の共通点を考える

　バウム・テストを理解するために，まず，「木」と「人間」はどこが似ているのか，共通点を考える。実際に，木をイメージしたポーズをとったり，木が成長する姿をイメージしながら体を動かしたりしてみるのもよい。グループになって，お互いの木の姿を見比べ，意見を出し合いながら進めると，より理解が深まりやすいと思われる。

(2) バウム・テストの作品を味わう

　バウム・テストの解釈において大切にしたいのは，第一印象である。そこで，いくつかのバウム・テストの実施例を見て，それぞれの作品から受けた直感的な印象を言葉にする。グループで行う場合は，合っている・間違っているといった基準にとらわれず，作品を味わうような気持ちで，まずは自由に意見を述べられるような雰囲気を大切にする。

(3) 実際にバウムを描く

　実際に自分でバウム・テストを描き，振り返り，解釈を行う。これを報告書形式でまとめ，自己理解を深める手立てとして活用する。心理テスト法の授業の一部として実施する場合は，他のテストと組み合わせて解釈を行うようにすると，テスト・バッテリーの意義を実感でき，より適切な自己理解につながると思われる。また，すでにバウム・テストを体験したことのある場合は，以前のバウムとの違いについて考察してみるとよい。

文　献

Fernandez, L.（2005）．*Le test l'arbre: On dessin pour comprendre et interpréter*. Poris: Masson.（阿部惠一郎（訳）（2006）．樹木画テストの読みかた—性格理解と解釈　金剛出版）

一谷　彊（編著）（1985）．バウムテストの基礎的研究　風間書房

Koch, C.（1952）．*The Tree Test*. Bern: Verlag Hans Huber.（林　勝造・国吉政一・一谷　彊（訳）（1970）．バウム・テスト—樹木画による人格診断法　日本文化科学社）

大島　剛（2006）．バウム・テスト　高石浩一・谷口高士（編）　心理学実習　基礎編　培風館　pp.114-118．

高橋雅春・高橋依子（1986）．樹木画テスト　文教書院

コラム 3　心理検査を用いた卒業論文　その 1
バウム・テストの印象評定に関する研究 [1)]

問題と目的

　バウム・テストは投映法に分類されるパーソナリティ検査の一種である。実施が容易であるため，心理臨床の多くの場面で用いられているが，その解釈には難解さが伴うとされる。それゆえ，診断および治療における有用な指標作成を目的とした研究がいくつかなされている。たとえば鈴木・鍋田（1999）は，「エネルギー感」「成熟度」「コントロール感」の 3 因子から構成される，26 項目の形容詞対を報告した。また山口・横山（2003）は，「緊張度」「活力量」「力動性」「形態」「巧緻性」「柔軟性」の 6 因子からなる 29 項目の形容詞対を報告した。以上のように，バウム・テストの印象評定に関する研究は近年も行われているが，研究ごとに導かれた因子数が異なっており，共通の指標が得られていない。そこで本研究では，まず，一般の大学生を対象として，バウム・テストの包括的な印象評定尺度を作成することを目的とした。そして次に，作成した印象評定尺度を用いて，大学生のバウム画の特徴を明らかにした。

方　法

　大学生 69 名を被検者として集団法によるバウム・テストを実施した。所要時間は，5 － 15 分であった。次にバウム・テストの印象評定に関する，横山・中村・福島（1992），鈴木・鍋田（1999），山口・横山（2003），Koch（1952）の研究から，印象評定項目全 90 項目を収集した。次に臨床心理士 2 名と筆者の計 3 名の合議によって，診断および治療に有用と考えられる形容詞対 30 項目を抽出した。さらに作成された印象評定項目を用いて，被検者の描いたバウム画の印象評定を先の 3 名で行った。評価は，全然あてはまらない（0 点）から，とてもあてはまる（7 点）の 7 件法で行った。

結果と考察

　まず印象評定項目の分析として，3 人の評定者の平均得点を算出し，因子分析を行った。その結果，因子負荷量の低い 6 項目が削除され，残りの 24 項目から 3 因子が抽出された（表 1）。人格の成熟度と関連した「成熟度」因子，感情の動きを表した「感情」因子，精神的な力の動きと関連した「力動性」因子と名づけられた。この結果は，鈴木・鍋田（1999）の研究とほぼ同じ結果であった。したがって，バウム・テストの印象評定を行う際は，この 3 因子からなる印象評定尺度を用いることが妥当であると考えられた。

　次にバウム・テストの類型化を行うため，「成熟度」「感情」「力動性」の各得点を用いて，クラスタ分析を行った。その結果，4 個のクラスタが妥当と判断された。図 1 に，各クラスタの印象評定尺度得点を図示した。第 1 クラスタ（20 名）は，「成熟度」はやや低く，「感情」および「力動性」も負の値であったことから，「低成熟・不安定・低エネルギー」群とした（図 2）。第 2 クラスタ（29 名）は，「成熟度」および「感情」が正の値であり，「力動性」の調和も取れており，「高成熟・安定・統制」群とした（図 3）。第 3 クラスタ（16 名）は，「成熟度」が負の値，「感情」は正の値であり，また「力動性」の欠如もややあるため，「未熟・安定・低エネルギー」群とした（図 4）。第 4 クラスタ（4 名）は，「成熟度」は正の値だが，「感情」は負の値であり，また「力動性」は顕著に高いことから，「成熟・不安定・衝動」群とした（図 5）。

　これら 4 つのクラスタのうち，「高成熟・安定・統制」群に属する人数が最も多かった。したがって，大学生は，全体としてはある程度成熟した印象を与えるバウムを描くことが示された。その一方で，「未熟・安定・低エネルギー」群のような，低年齢の子どもに特徴的な 1 本の線で描かれたバウムや，「成熟・不安定・衝動」群のような，成熟さと不安定さをあわせもつバウムもみられた。これらの大学生のバウム画の特徴が，実際のパーソナリティや病理水準とどう関連するのかは今回の結果

表1 印象評定項目の因子パターン

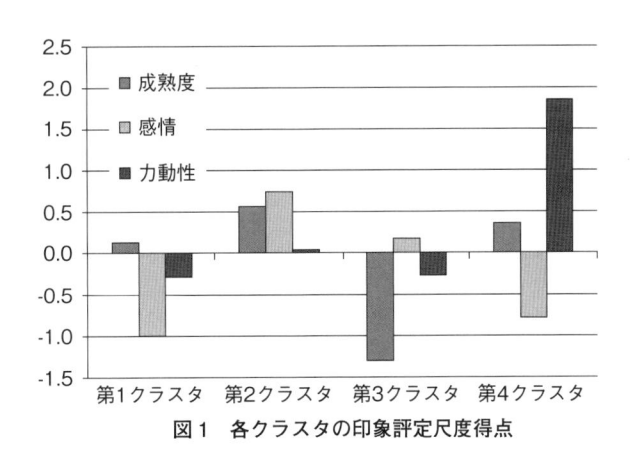

	形容詞対			1.	2.	3.	共通性
20.	未分化な	—	分化した	.87	.13	.05	.78
28.	未熟な	—	成熟な	.85	.06	-.06	.74
23.	立体的な	—	平面的な	-.81	-.08	.04	.67
22.	几帳面な	—	ずぼらな	-.77	-.14	.10	.63
4.	写実的な	—	抽象的な	-.73	.15	.33	.67
16.	空虚な	—	充実した	.68	.16	.48	.72
19.	黒っぽい	—	白っぽい	-.63	.42	-.18	.61
12.	激しい	—	穏やかな	.06	.95	-.24	.96
21.	攻撃的な	—	和やかな	-.06	.89	.07	.82
24.	衝動的な	—	統制的な	.38	.69	-.21	.67
13.	苦しい	—	楽しい	.25	.66	.57	.82
15.	特異な	—	普通の	.47	.65	.02	.65
30.	肯定的な	—	否定的な	-.49	-.65	-.28	.74
9.	硬い	—	柔らかい	-.16	.56	.20	.38
3.	不安定な	—	安定した	.45	.56	.33	.62
26.	劣った	—	丸い	-.19	.52	.23	.36
27.	大胆な	—	臆病な	.11	.05	-.83	.71
10.	力強い	—	弱々しい	-.26	.18	-.82	.77
6.	萎縮した	—	のびのびした	-.01	.26	.75	.62
29.	淋しい	—	にぎやかな	.45	.22	.66	.68
8.	大きい	—	小さい	.19	-.18	-.61	.44
7.	濃い	—	薄い	-.24	.20	-.58	.43
25.	抑制された	—	自由な	-.08	.15	.57	.35
14.	太い	—	細い	.21	-.05	-.53	.33
	寄与率（％）			23.0	20.3	19.9	

図1 各クラスタの印象評定尺度得点

からは不明である。今後は，バウム・テストを他の性格検査と組み合わせたり，臨床群のバウム・テストの結果と比較したりするなどして，今回作成された印象評定尺度の心理学的意味をより明確にすることが必要であろう。

（吉住隆弘）

1) 本コラムは，中部大学人文学部心理学科平成18年度卒業生，宮田梨恵氏の卒業研究をもとに作成したものである。

図2　第1クラスタのバウム画 　　　　図3　第2クラスタのバウム画

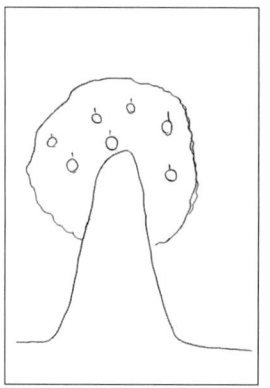

図4　第3クラスタのバウム画 　　　　図5　第4クラスタのバウム画

文　献

Koch, C. (1952). *The tree test: The Tree-Drawing Test as an aid in psychodiagnosis.* Hans Huber. (林　勝造・国吉政一・一谷　彊（訳）(1970). バウム・テスト─樹木画による人格診断法　日本文化科学社)

鈴木慶子・鍋田恭孝 (1999). バウム画の全体的印象評定尺度の構成─S-D法による因子的検討─　大正大学臨床心理学専攻紀要, **2**, 82-89.

山口登代子・横山恭子 (2003). SD法によるバウムテストの評定尺度作成　上智大学心理学年報, **27**, 63-71.

横山恭子・中村俊哉・福島　章 (1992). 青年期心性の心理学的研究（第4報）─S-D法からみたバウムテストにおける10年間の変化─　上智大学心理学年報, **10**, 19-26.

3

風景構成法

1. はじめに

　風景構成法とは，1969年に精神科医の中井久夫が創案した描画法である。実施者が用紙を枠づけし，描き手は実施者の唱えるアイテムを使って風景を素描し，彩色する。創案当初は統合失調症を抱えた患者に対する検査や治療の目的での利用が中心だったが，今日では多くの領域で活用されている。作品の解釈については風景の構成度に着目するもの，各アイテムの象徴的な意味を検討しようとするものなどがある。唯一の統一された解釈が定められているわけではないので，実施者の創意工夫の余地が大きい手法である。

　風景構成法は描き手と実施者のかかわりの中で展開する。描かれた作品だけでなく描き手の態度や語りにも注意を向けることが大切である。さらには実施者の態度や心理臨床に対する姿勢が与えている影響をも考慮にいれる必要がある。

2. 風景構成法の概要

(1) 風景構成法の創案

　風景構成法は精神科医の中井久夫が1969年に創案した描画法の一つである。

　中井がこの手法を思いつく際には，河合隼雄による「箱庭療法」についての講演が深くかかわっている（中井，1984）。統合失調症を抱える患者の治療にあたって，患者と治療スタッフとのかかわりの重要性を感じていた中井は，河合の講演を聞いて箱庭制作に興味を抱く。箱庭を患者とのかかわりのために使えないかと考えたのだ。

　職場に戻った中井は早速箱庭の材料を用意しはじめるのだが，待ちきれずに描画にて箱庭制作の代わりとしてみた。これが風景構成法となるのである。

　当初，風景構成法は，統合失調症患者に箱庭を適用するかどうかの予備テストとして用いられた。箱庭制作を避けるべき，あるいは制作が困難な患者の風景構成法は，アイテムの羅列にとどまって三次元的な風景を構成することができなかったり，地平線がいくつも出現するような歪んだ空間を構成したりすることが知られていたためである。その後しだいに統合失調症以外の困難を抱えた人の検査や面接の場面にも利用されるようになった。

　対象者の制限は特にない。「風景」の概念がもてる小学校低学年以降であれば施行できる。用いられる領域も医療分野に限らず，教育・司法・高齢者福祉などへと広がっている。

(2) 関係性への着目

　すでに述べたように，中井は統合失調症の治療における患者と治療者のかかわりを重視した。「患者と治療者のかかわり」はここではコミュニケーションと同義に思ってもらいたい。中井は，「統合失調症患者の言語（筆者注：「言語」とあるが，非言語的交流を含むコミュニ

ケーション全般を指している）がいかに歪んでいるかの把握よりも，統合失調症の世界において言語がいかにして可能かが重要」（皆藤，1994）との立場で，特に描画に代表される非言語的な交流を通じて，患者への援助のあり方を探ったのである。

(3) 枠づけ

1) 用紙に実施者の存在が明示される　他の検査にはみられない，風景構成法の特徴として「枠づけ」がある。枠づけとは，直接には実施者が描き手の目の前で用紙に縁取りをする行為を指している。描き手を知るための用紙に実施者の存在を示すのである。「あなた」という描き手を知るための用紙に実施者という「わたし」が描き込まれているのである。

「この検査はあなたの検査です」が，一般的な心理検査が参加者に対して暗黙に伝えるメッセージであるのに対して，風景構成法は，「この検査はあなたとわたしの間で行われる検査である」と伝えているのだ。風景構成法に関心をもった学び手は，このことを理解するために，実際に実施者と描き手の双方を体験してみることが大切だろう。今のところは，「生身の実施者による枠づけは二度と同じものは引けないだろう」「その場がとても緊迫していたら，枠づけの線も震えはしないだろうか？」「枠づけのリズムや速度，実施者の雰囲気は描き手に見られていて，それらは描き手に何らかの影響を与えないか？」あたりを思い浮かべて欲しい。

ちなみに，実施者が枠づけしたサインペンはキャップをせず，そのまま描き手に手渡される。

2) 枠づけの機能　風景構成法に限らず他の描画法でも，枠づけをすることで描き手が作品を描くことができるようになったり，描かれる事物のサイズが大きくなったりするとされる（皆藤，1994）。皆藤（1994）によると，枠づけは箱庭療法の箱と同様な作用，すなわち表現する者を保護する作用をもっているし，同時に，描き手に「逃げられない」という感覚を与え表現を強いる側面ももっている。統合失調症を抱える患者などでは表現をしないことで安定を保っている場合もあるから，実施にあたっては細心の注意が必要となる。

(4) アイテムを告げる

手続きについては第3節で詳しく述べるが，素描段階での実施者は「川」などのアイテムを描き手の進み具合に応じて順次提示してゆく。多くの心理検査が，実施者に対して芝居の黒子のようにその人柄を表に出さない役割を求めるのに対し，風景構成法の素描段階は描き手の心境を察する役割を比較的はっきりと要求する。彩色段階は素描段階に比べると見守りの側面が強調されて，実施者の存在は割合背景に退くことになる。

3. 風景構成法の実施法

これから述べてゆく手続きや解釈など，いろんな場面に実施者という「わたし」がかかわる。実施者がその事実を見つめるにせよ，気に留めないにせよ，それも「わたし」の表れである。「わたし」をどの程度，どのように表現するか，あるいは没個性的にするかについての唯一の正解はない。おそらくはどの心理検査も実施者自身にそのことを問いかけてゆく必要があるが，風景構成法はより意識的な検討を必要とする手法である。

ここでは実施者と描き手が一対一で行う個別法について述べる。複数の描き手で行う集団法では，個別法と異なる配慮も必要となるだろう。

(1) 用意するもの

ここでは一般的な基準について述べるが，実施者なりの基準を作り，個々の場面でそれらの意味を考えることはすぐれて心理臨床的である。

1）**検査の場面設定**　検査法としての実施に忠実であろうとするなら，少なくとも物理的な条件の統一は必要だろう。しかし，現実には同じ母集団に属する他者との比較のうえでも，個人の縦断的な異同の検討のうえでも，実験室的な条件統一は困難だろう。私たちはそれでも可能な限りの条件統一を図る必要はあるし，統一できない点は把握し，そのことによる影響も検討しなくてはならない。

　一方で，心理療法の側面から条件を考えてみよう。たとえば部屋の窓から外は見えてよいのか，室内に風景画や写真があったならば，お互いの座る位置は，実施者の服装は，アイテムを唱える声の調子は，等々に唯一の正解はない。現実の条件の下で実施者が判断するしかない。

2）**用　　紙**　用紙はA4サイズの画用紙が用いられることが多いとされる。経験的に選ばれてきた大きさではあるが，これも闇雲に守れば事足りるという条件ではない。実務では描き手の病状やエネルギーによってはより小さな用紙が用意されてもよい。画用紙に限らず，ケント紙や普通紙（コピー用紙）も使われる。

　言葉を発するのと同様に，多くの人にとって描画表現は自然に始まる。しかし学校教育の影響なのか，描画表現にはいつしか技巧の評価基準が入ってくる。幼い頃はのびのびと描いていたのに，段々と「僕は絵が下手なんで……」と敬遠するようになる。参加する人が苦手とする方法で，その人が充分に自分らしさを表現できるとは思えない。芸術的であることにとらわれて描画に抵抗をもつ描き手への配慮は必要である。少々曲がったり色あせたりした用紙を用いることで描き手の負担を減らそうという臨床家もいる（村松，2004）。すべての実施者がその通りにする必要はない，しかし描き手への配慮は必要だということだ。

3）**サインペンとクレヨン**　黒のサインペンはいろいろなものが市販されている。描き味や手に持った感触など，これも実施者の判断が加わる。彩色のクレヨンも同様で，色鉛筆や水彩絵具が用いられることもある。描き手の抵抗感や疲労によっては彩色を行わないこともある。

(2) 実施手順

1）**実施の目的**　実務では次のように伝える。「あなたやあなたらしさについて考える際の材料の一つにしたいと思っています」。

2）**教示と枠づけ**　実施者は描き手の90度の位置（90度法）に座るとよいだろう。正面に座ると，いかにも見られているとの印象を与えがちである。しかしこれとて絶対ではない。初学者がこのような座り方に違和感を感じるのなら，その感覚を大事にしたい。実施者の感じる違和感が描き手に配慮したり，描き手を理解するうえでの出発点になることは多い。実施者なりに自然に座ることのできる位置を見つけて，それから90度の位置と比較しつつ自分なりのポジションを見つけ出す方がよいのだろう。

　実施者は用紙とサインペンを取り出し，これから風景を描いてもらいたいこと，ただし何を描くかは実施者に従ってもらいたいこと，どうしても描けないものは飛ばしてもらってかまわないことを伝える。実務ではだいたい次のように伝えている。「これから風景の絵を描いてもらいたいのです。ただ風景といっても，描いてもらいたいものは私が一つずつ言ってゆきます。私が言ったものを全部使って一つの風景ができる，というふうにしてもらいたいのです。どうしても描けないもの，描くのが難しいものがあったら言ってください，次のものを言います」。

　実施者はサインペンのキャップを外して軸の末に差し，描き手の目の前で用紙の縁から1cmくらいに枠づけをする。そして用紙とサインペンを手渡す。サインペンのキャップは戻さずに，末の方に挿し込んだままにすることに注意しよう。

3）**素描段階**　「それでは，まずは川です」。描き手が川を描き終えると「次は山です」。以下「田・道・家・木・人・花・動物・石」と順に告げてゆく。検査としての条件統一に重点を

置けば，「田です」「次は家です」のように言い回しは統一した方がよい。描き手と実施者がどうかかわってゆくかを重視すれば，状況に応じて「家も描いてもらったし，人がいてもいいかなあ」のように自然な雰囲気で唱えることもできる。最後に「私からは全部ですが，何か描きたいなというものがあったら」と「付加物」を描いてもらう。

　枠づけに保護的な機能はあるとはいうものの，無意識的なレベルでの話である。多くの描き手は枠づけされた空白の中に，風景を描き込むという教示に戸惑う。しかもこれから何を，どれだけ描くかということははじめてこの手法を体験する描き手には知らされていない。

　描き手の反応はさまざまである。緊張の反映だろうか，「好きなように描いていいのですか」と教示を確かめたり，用紙の一部分を指差して「川は，ここでいいのですか」と尋ねる人がいる。「川は隅に描いておこう，何が出てくるかわからんから」と描き手なりの方略を述べる場合もあれば，「田んぼ？　描いたことない」と戸惑いが聞かれることもある。最初から各アイテムを大きなサイズで描いたために中盤あたりで「あー，もう描く場所がない。最初から（すべてのアイテムを）言ってくれたらいいのに」と焦る描き手もいる。付加物で「ずっと描きたくて」と好きな自動車を描きながらその車の行く手を語り始める人もいる。一方でそのときどきで表情を曇らせたりほっと緩んで見せながらも静かに描き進める人もいる。

　4）彩色段階　　素描から彩色にただちに移るのか，しばらくともに眺める方がよいのかは，実施者がその場で判断するしかない。彩色段階は素描段階と異なり，描き手なりの順番で色をつけてゆく。実施者は黙って見守る場合が多いだろう。それでも描き手が「全部塗るのですか？」と尋ねてきたり，「水といったら普通は水色や青を使うだろうけど，本当はそんな色をしていないよねえ」と特定のアイテムや色への思い入れを語りはじめたりする。基本的には描き手の思ったようにしてもらう。

　色塗りをしながら緊張がほぐれるのだろうか，素描段階と違って実施者が静かになり，背景に退いてしまったことに不安を覚えるのだろうか，これまで一言も発しなかった描き手が作品に描かれた風景について語りはじめたり，「この絵で何がわかるのですか？」と風景構成法の意味について質問してくることもある。

　5）鑑賞段階　　作品のでき具合やタイトル，季節などについて話しあう。検査法としての資料集めを重視するなら，あらかじめ質問を考えておいた方がよい。心理療法としてのかかわりを重視するならその場で生まれる質問も大切である。描き手が問わず語りに作品にまつわる話を始めるかもしれないし，お互い黙って眺めている方がよい時間になるかもしれない。この前後に日付と名前を書き込んでもらう。用紙の裏面を利用する。

4．解釈のしかた

　「この絵で何がわかるのですか？」について風景構成法は明確な答えを用意していない。そのことに豊かな可能性を見いだすのか，検査法としての頼りなさや物足りなさを感じるのかは，風景構成法という方法が決めるのではなく，この方法を用いる人の姿勢に由来する。

(1) 作品から得られるもの

　唯一の，統一された解釈法はない。実施者の創意工夫の余地が大きいが，代表的なアプローチの仕方をいくつか紹介する。

　1）描画法全般に用いられる方法　　高橋・高橋（1986）は樹木画について述べているが，描画法全般に役立つ視点であるので紹介しておく。全体印象を大切にしつつ，形式的側面・内容的側面の順に検討し，再び全体印象に戻るといったふうに円環的に検討してゆくのが定石である。

①全体印象

まずは作品を眺める。すると何らかの印象が残るだろう。作品に対する全体的な印象を大切にしながら，この後で述べる形式分析・内容分析を進めてゆく。全体印象をより的確につかむためには，多くの描画や，ジャンルを問わずにいろいろな芸術作品に触れ，実施者の感性を磨いてゆくことが大切だとされる。

②形式分析

ここでいう形式とは，作品を「どのように描いたか」の意味である。作品のサイズ・バランス・筆圧などに着目する。内容的側面と比べると，描き手の意識の関与の度合いが少ないとされる。それだけ描き手にとって変化しにくい特徴を表現していると考えられる。

③内容分析

「何を描いたか」にあたる。各アイテムの種類，たとえば人であったら性別や年齢，服装，何をしているかなどに着目する。形式的側面と比べると，意識的な関与の度合いが高いとされる。それだけ描画時の描き手の思いや状況を反映しやすいと考えられる。

2）風景構成法独自の方法　　次に，風景構成法について提唱された解釈の基準のいくつかを挙げておこう。

①空間構成に着目するもの

統合失調症の人は心理的空間が歪むといわれている。風景構成法では紙という二次元の世界に，三次元的に風景を描く（＝風景を構成する）ことが困難になるという。破瓜型の人は奥行きに乏しい風景を描き，極端な場合にはアイテムの羅列になる。妄想型はいくつもの地平線が出現してまとまりを欠く風景になる（中井，1971）。現在でも，統合失調症を抱える描き手の作品検討には有用な視点である。

発達的な見方もできる。アイテムの羅列にとどまるもの，二次元的・平面的なつながりがみられるもの，三次元的・立体的なつながりがみられるものの順に水準の高い空間構成となってゆく（皆藤，1994）。

②アイテムの象徴的意味に着目するもの

各アイテムにはそれぞれ象徴的な意味があるとされる。ただ，象徴とは本来多義的なものであり，一義的・辞書的な解釈は，描き手の利益にならないだけでなく，むしろ害が大きい。たとえば「川」は無意識を象徴するとされているが，常に川＝無意識と自動的に結びつけて，他の解釈を認めないのは誤りである。実施者は象徴的な解釈を焦らずに，「重要な意味はいずれ自然に浮かび上がってくる」ぐらいの余裕が必要になる。

表3.1は各アイテムの解釈の一例である。

単にアイテムの有無だけで解釈が決まるわけではない。アイテムの大きさ・詳細さ・他のアイテムとの関係・描き手自身の説明などを総合して解釈していくものである。

③心理面接的に用いる

実施者が描き手をどのように本法に誘うか，どのように風景構成法場面でかかわると描き手はスムースに取り組めそうか，心理面接がどのように進んでいるのかなどを考える手がかりとして本法を用いる（皆藤，1994；角野，2004）。作品や描き手に応じて実施者の応答や面接方針も変化しうる，ということを念頭に置くと，風景構成法が心理検査・心理面接のどちらかだけに属するものでないことが理解しやすいだろう。

(2) 観察から得られるもの

描き手の言動の観察も大切である。意欲的に取り組む人もいれば，投げやりな態度の人もいる。風景構成法を行うに至った経緯や実施者への警戒の程度はどうか。作品について懸命に解説することで描ききれなかった思いがあることを示唆する描き手がいる。特定のアイテムに時

表 3.1　風景構成法のアイテムの解釈例　(山中 (1986)・松井 (1992)・皆藤 (1994) を参考に作成)

川：無意識の象徴とされる。幅や深さ，流れの勢いにエネルギーを，蛇行の程度や護岸に流れのスムーズさや無意識に対するコントロールの程度や質をみようとする。
山：描き手の安定感や理想の高さを表すとされる。父親像を読み取ろうとする臨床家もいる。
田：自然と人間の交流する部分である。勤勉性を検討する。
道：意識の象徴とされる。川についての見方が参考になるだろう。川と交わるかどうかを重視する臨床家もいる。
　　―「川」から「道」までのアイテムで空間の大まかな構成が決まることから大景群とよぶ。
家：家族や家庭，描き手のほっとできる場所として見る見方がある。
木：樹木画（バウムテストはその一種である）の見方が当てはまるという考えがあるが，無条件には当てはめられないだろう。たとえば，風景構成法の描き手が「鎮守の森」や「旅人のための日陰をつくる木」と説明することがあるが，このような表現は「一本の木を描く」という樹木画ではあまり見られない。
人：描き手自身を表す場合もあれば，描き手にとっての理想像や重要人物であったりする。複数の人物がそれぞれ描き手のある側面を代表している場合もあるだろう。
　　―家・木・人の三アイテムは中景群とよばれる。「木」と同様に，「家」に家族画，「人」に人物画の見方を当てはめる場合も注意を要する。
花：女性にとっては生活の潤いかもしれない。男性にとっては描き手の女性性に対する態度だとか，女性観を表現するものだといわれる。多くの本数を描いて特別な関心を示唆する場合もあれば，一本を丁寧に描いて示唆する場合もある。
動物：人アイテムが描き手の意識的なエネルギーを表すのに対し，動物アイテムは，無意識的なエネルギーを表すという考え方がある。野生なのか飼われているのか，その動物に関するイメージなどを検討する。
石：不思議なアイテムである。山からの落石や道を大岩でふさぐなどして作品の中で異彩を放ち，描き手の抱える何らかの違和感の表現となることがある。護岸として敷き詰められ，川の氾濫を必死に防ぐように見えることもある。石像や鎮守の石として崇められたり，旅人の拠り所となっていたりもする。ベテラン臨床家が最も注目するアイテムとの報告もある。描き手が「描きたくなかった」「僕の風景には石はない」と拒否や抵抗を示すことが最も多いアイテムである。
　　―花・動物・石の三アイテムを近景群とよぶ。
その他：橋・太陽・乗り物・標識・人物の持ち物などが描かれる。橋は分かれた世界をつなぐものであったり，太陽は聖なるものの表現であったり，明るさや快活を表していたりする。
それぞれの組合せ：たとえば，「厳しくそそり立つ山を登る人の姿」を，高い理想に向かって懸命に取り組んでいるのだと解釈する場合がある。

間や労力を注ぐ人もいる。素描段階と彩色段階で作品の雰囲気が大きく変わることもある。描き手の態度のすべてが作品に反映されているとは限らないし，反映されていれば作品からの解釈を支持する資料となる。

(3) 描き手と実施者のやりとりから得られるもの

　どのような実践場面であっても心理療法的な配慮は欠かせない。実施者は，検査を滞りなく行うだけでなく，描き手が風景構成法場面や作品をどのように体験したかに注目する必要がある。次のような問いややりとりが交わされる。

　1）**風景の中の自己像**　「あなたはこの風景の中のどこにいるだろう。いないとすればどこにいたいだろう」を問う（皆藤，1994）。風景という内的世界に向き合いながら，描き手が自分自身をどのように位置づけようとしているかを知ることができるだろう。

　2）**作品に関する物語**　アイテムの多さゆえか，自然物に囲まれているためなのか，この手法での描き手は，自発的にあるいは「ええとこの風景は……」と実施者が口にするだけで作品についての物語を語ることがある。たとえば，①作品場面についての語り。川はどこから流れてきたのか，道はどこへ行くのか，人物は何をしているのか，家に帰って何をするのか，複数の人がいるなら互いの関係はどうなのか。作品に表された風景に至るまでの筋書きが語られることもある。②描き手と作品の関係についての語り。描き手にとっての思い出や憧れの風景であることが語られたり，逆にそれらを描ききれなかった後悔や失望が語られることもある。眺めていてはじめて気がついたアイテム同士の関係（例：山と石の関係「石は山から転がってきた」）や自分らしさ（例：「そういえば小さい頃は川でよく遊んだ，だから男の子を川のそば

に描いたのだろう」）が語られることもある

　また，描画のプロセスや作品を見ているだけで，自然と実施者の中にも物語が生まれることが多い。描き手の語りとの異同から新たな発見がもたらされることもある。これらを通じて，描き手の生きている内的世界を教えられている気持ちになる。学生相談の領域では，描き手自身の体験や作品への思いに着目し，相談活動に活かそうという試みもある（渡部，2005；吉田，2006）。

　検査であることを強調すれば，あらかじめ定めたやりとりが重視され，その場で生ずる質問はしにくい。しかし心理療法の一環であることを考えると，その場での生き生きとした問いや感情は大切である。そこで生じた問いを発信するのか，問いを抱えて今後この描き手とかかわってゆくかを含めて，実施者のあり方が問われてくる。

　臨床では次のような問いが湧いてくる。「作品の中の，この人はどこへ行くのだろう」「なぜ私（実施者）は，描かれた3人の中で特にこの人に眼を引かれるのだろう。どの人も，いや作品全体が描き手を表現しているものなのに」「右岸と左岸の印象が違っている，どうしてなのだろう」。これらは必ずしもすべての風景構成法場面で平等に浮かんでくるものではない。浮かんだ問いは描き手に尋ねていいのか。尋ねてこの場の雰囲気は変化しないだろうか。果てには「なぜ私の中にこんな問いが浮かぶのだろう」と実施者が考えることもある。描き手を知るはずの営みが，お互いの関係や，特定の描き手に風景構成法を導入した実施者自身のあり方への問いにまで広がってゆく。

　解釈においては，以上に述べたことを考えながら，実施者は風景構成法場面に臨むし，後ほど作品を長い時間眺めることもある。すぐに作品が何かを訴えてくることもあれば，そうでないことも少なくない。一度作品をしまい，他の検査を検討したり，面接を続けながらそのうち作品に再会すると，以前には見えていなかった何かが浮かび上がってくることもある。

5. 事　例

(1) 事例の概要[1]

　Aさんは中年の女性で，高校卒業の頃から精神科外来に通院している。若い頃は人から注目されないと怒ってトラブルを起こしていたという。近年は自宅に閉じこもって限られた人間関係の中で比較的安定した生活を送っていたが，強い不安・焦燥感を訴えたことから入院となる。入院初期に樹木画，ロールシャッハ・テスト，質問紙法（抑うつ・不安）を行った。これらは検査者（筆者）の教示の途中で作業に取りかかったり，余裕なくあくせくと取り組み，一方では尻切れトンボのように作業を終えて余韻が残らないという状況だった。

　筆者は週一回，25分の面接を実施した。入院当初はスタッフや同室の患者になじめずにいて帰宅の希望を述べていたが，やがて落ち着いて入院生活には不満はないと言うようになり，当初から多くはなかった口数はさらに少なくなった。言語中心のやりとりには関心が薄く，控えめにニコニコしながら「別に（ありません）」が口ぐせになっている。どことなく人懐かしさを感じさせるひとではあるが，かかわりの深まりを感じられないまま数ヵ月が過ぎる。相互交流を主目的として交互色彩分割法・誘発線法・スクイグル法[2]など取り入れて，非言語的な交流は少しずつ深まるものの，ある程度以上先に進めない感覚が筆者に引っかかっていた。A

---

[1] 本事例はプライバシーに配慮し，その本質を歪めない範囲で脚色を加えている。また，本章の描画はすべて筆者が模写したものである。
[2] 交互色彩分割法・誘発線法・スクイグル法：いずれも描画法である。誘発線法も交互に描画を誘発する線を描いており，風景構成法と比べると描き手と実施者の対等さが保たれている。

(2) 実施時の様子

　交互色彩分割法などそれまでに行っていた他の描画法と比べると，描き手と筆者の対等さに欠けるため，描き手にはどことなく戸惑いがあったように思われる。それでも「川」（図3.1）・「山」（図3.2）の描線には，面接初期の交互色彩分割法で短い線ばかり引いていた姿とは異なるAさんなりの力強さがある。「田」で手早く作業を終えるのもAさんらしいな，しかし「道」はどうするのだろうと筆者が思っていると，迷う様子もなくさっと川の領域を半分に区切った（図3.3）。ここまでAさんには少なくとも筆者が感じるような変化はみられない。「家」も滞りなく描かれるが，筆者は「家」を路上に位置させたことに違和感を覚えた。「木」を一本山の上に描き，「人」は家の隣に描かれる。筆者は，各アイテムが相互の連絡なくただそこに置かれているような気がしてきた。続いて「花・動物・石」がためらいなく道の上に並べられ，相互の連絡の乏しさは一層はっきりしてきた。一方でサインペンの使い方，色塗りには入院当初にはみられなかったエネルギーとリズムが感じられる（図3.4）。

　Aさんは作品を完成させて満足と照れの入り混じったような笑顔となる。筆者が「描いてみてどうです？」と尋ねると，Aさんはニコニコして「面白かった」と答える。続いて筆者が「何かお話ある？」と尋ねるが，Aさんは「別に（ありません）」と言うのみで作品について語ることはなかった。

(3) 所　　見

　入院当初に比べると，動作に潤いが出てきた。色塗りの仕方は作品上は単調であるが，以前にはみられなかった軽快なリズムとほどよいていねいさがあった。作品のもっているのんびり

図3.1　「川」

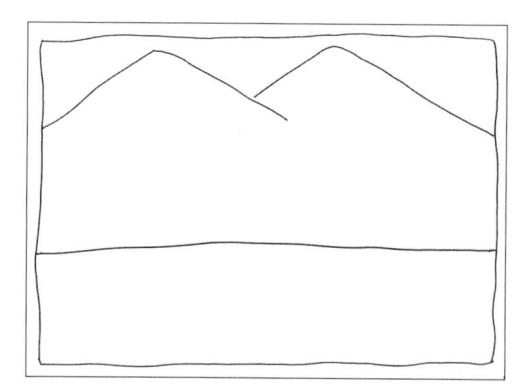

図3.2　「山」

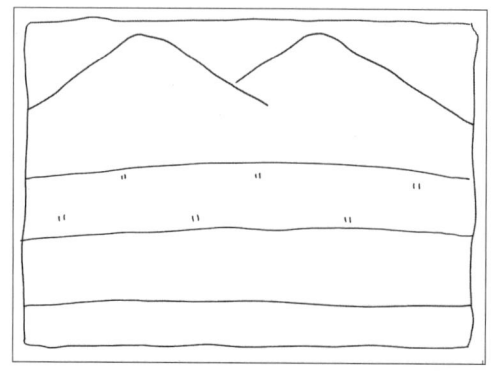

図3.3　「田」と「道」（川を半分に区切ることで道が出現する）

図3.4　完成

した雰囲気は，描き手自身のもっている雰囲気と重なる。

　しかし，石・ネコ・人・家のアイテムは道の上に相互の連絡なく並べられているように見える。さらによくよく見ると，川・山・田・道の大空間を構成するアイテムも垂直方向に並べられているだけにも感じられる。作品からこの風景についての物語を思い浮かべるのは難しい。たとえばこの風景は夜になっても，ひと月経ってもこのままかもしれない。描き手も「別に」と答えるのみであり，筆者には描き手自身の人生の物語が，この作品の風景のようになっているのではないかと思われる。

　風景構成法の導入は，交流の進まなさに対する筆者の焦りを反映していたのかもしれない。Ａさんが描画に取り組む姿や作品は，Ａさんの一定の回復を示しつつ，筆者の望む回復ペースはＡさんの歩むペースとはズレがあることを筆者に示唆してくれたと思っている。

(4) その後

　再び交互色彩分割法や誘発線法での交流に戻った。相変わらずＡさんは言葉数の少ないまま，受身な姿勢で面接に臨んでいた。スクイグル法はＡさんには負担が大きいように思えたので用いなくなったが，筆者のこの判断には，風景構成法を踏まえてＡさんなりの回復ペースを尊重できるようになったことも影響したのではないか。

　数ヵ月後，家族の受け入れ態勢が整い，主治医や看護スタッフの励ましに押され気味ではあったが，最終的にはＡさん自身が決断して退院した。

6. 実習課題

(1) 体験してみる

　冒頭でも述べたが，実施者・描き手の双方の立場を体験してみよう。そしてその体験をできるだけ詳しく振り返ってみよう。

　実施者は描き手の作業をどのように見守っていただろうか。一つ一つのアイテムをどんな口調で唱えると，描き手は描きやすく感じたり，圧迫を感じたりするのだろうか。

　描き手は実施者がそこに存在するということをどう感じるのだろう。もっと近く（遠く）にいたらどうなのだろうか。実施者の視線は描き手の作業にどう影響したのか。別の人が実施者だったら，一人で風景構成法を実施したらどうなのか。

　普段は風景構成法を実施している心理臨床家自身の描き手体験（村松，2004）や実施者と描き手のそれぞれの風景構成法体験の語り（皆藤・中桐，2004）は，作品の描かれるプロセスにおける当事者の主観的体験を教えてくれる。

(2) 比較してみる

　1）樹木画（バウム・テスト）の実施者・描き手体験と比較するとどのような違いがあるだろうか。作品にちなんだ物語はどうだろうか。

　2）一週間や一ヵ月といった間隔で風景構成法体験を繰り返すとどうだろう。作品はどう変化しあるいは変化しないのだろうか。そして，描き手と実施者のそれぞれの体験やお互いの関係はどのようになるのだろうか。

　宮木（1998）や角野（2004）では風景構成法を複数回用いて心理療法過程を検討している。実習での作品や体験と比べてみよう。

　3）枠づけがある紙と，枠づけがない紙それぞれに風景構成法を行ってみて，描き手体験にどのような違いがあるのか比較してみよう。枠づけの心理学的な意味について考えることができるであろう。

文　献

角野善宏　(2004).　描画療法から観たこころの世界―統合失調症の事例を中心に　日本評論社
皆藤　章　(1994).　風景構成法　その基礎と実践　誠信書房
皆藤　章・中桐万里子　(2004).　風景構成法体験の語り　皆藤　章（編著）　風景構成法のときと語り　誠信書房　pp.53-91.
松井律子　(1992).　風景構成法の読み方　精神科治療学, **7**(3), 229-236.
宮木ゆり子　(1998).　内的世界からのメッセージについて　風景構成法を通して　心理臨床学研究, **16**(5), 429-440.
村松知子　(2004).　風景構成法体験がもたらしたもの　皆藤　章（編著）　風景構成法のときと語り　誠信書房　pp.92-121.
中井久夫　(1971).　描画をとおしてみた精神障害者―とくに精神分裂病者における心理的空間の構造　芸術療法, **3**, 37-51.
中井久夫　(1984).　風景構成法と私　山中康裕（編）　中井久夫著作集　別巻風景構成法　pp.261-271.
高橋雅春・高橋依子　(1986).　樹木画テスト　文教書院
渡部未沙　(2005).　継続面接における風景構成法の作品変化について―大学生の複数事例における特徴　心理臨床学研究, **22**(6), 648-658.
山中康裕　(1984).　「風景構成法」事始め　山中康裕（編）　中井久夫著作集　別巻　風景構成法　岩崎学術出版社　pp.1-36.
吉田昇代　(2006).　学生相談と私　学生相談研究, **27**, 161-168.

4

動的家族画

1. 家族画に対する基本姿勢

　家族画は，描画による投映法である。家族画は何種類かに分かれているが，その教示は概ね「家族を描いてください」「あなたの家族を描いてください」「あなたの家族がなにかしているところを描いてください」の3通りである。動的家族画の教示は，この中では最後の「あなたの家族がなにかしているところを描いてください」である。このように実施される家族画であるが，授業の中で実習として体験する場合，描かれた絵の中には家族構成や過去の経験などが表れていて，個人のプライバシーに関するものが含まれていたりする。知りえた情報（A君はこんな絵を描いていた，B君の家族構成がこんななど）を他人にもらさないようにすることを受講にあたっては留意してほしい。特に家族画は一目見て家族のことを読み取りやすい内容であるので，実習授業では描いた絵を教室に忘れて帰ったりしないようにする。実習で試みたとはいっても描かれた家族画はプライバシーの含まれた検査データなので人目のつくところに置かないように配慮してほしい。時には描いた人のプライバシーを傷つけることもあるので，取り扱いの心構えを覚えることもこの実習のねらいである。

　また，家族画の実施方法は簡単であるが，やり方を覚えても，実習と関係ない他者（家族や友達）に不用意に実施しないでほしい。クライエントによっては家族画を強いられると病状が悪化することがある。描画は自発性を重んじるので本人が描くことを拒否した場合には強制しないなど，実施上の注意の禁忌の欄を熟読しておく。他の検査にも当てはまることであるが，検査者の関心や興味本位で実施してはならない。あくまでもクライエント本人の治療のためのものであることに留意して取り組む。

　本章では動的家族画（Kinetic Family Drawing, 以下KFD）の解釈は例を挙げるにとどめておき，専門的な解釈にあたっては詳しい専門書を参照されたい。大学生の自己理解向けのテキストという立場から，本章では，KFDを通してクライエントとどのようにかかわるか，あるいはそれがどのような治療へと意味をもっていくかを中心に解説する。

2. 家族画の歴史と特徴

(1) 人物画と家族画

1）人物画を描く発達段階　　家族画は家族という人物を扱うことから人物画（Draw-a-Man Test, DAM）を始まりと考える。したがって，まず，はじめに人物画の主な特徴を説明して，次に家族画の特徴を述べる。

　人物画は知的発達水準を知るための発達検査，知能検査として実施する場合と人格の投映検査として実施する場合がある。前者の場合，幼い子どもが人物を描くようになる描画過程が年齢とともに明瞭な変化を示す特徴を活かして実施する。人物画が描ける前に，描画は1歳過ぎ

図 4.1　3 歳 6 ヵ月女児の家族画

の「なぐりがき」から始まる。1 歳 6 ヵ月過ぎには丸を描き始める。3 〜 4 歳では，その丸の中に眼や口がつき顔らしくなる。次には，顔から突出した線が描かれ，顔に直接手足が出る頭足人となる。しだいに，手足や耳や髪が描かれ，頸部が出現して人物らしくなる。この描画過程の発達段階を利用して，グッドイナフ（Goodenough, 1926）は人物画を知能検査として開発したことで有名であり，また，人物の描写は 9 歳を超えると簡略化・複雑化するため，人物画を発達検査として適用できる年齢は 3 〜 9 歳である（小林，1991）。また，人物へのパーソナリティの投映の面から，性格検査としての人物画がマッコーバ（Machover, K.）により開発された。人物像の大きさや配置や対称性などの形式的な分析のほかに，絵の雰囲気や人物像の部分（たとえば，眼の強調，歯の見える口など）は精神分析的な象徴の解釈の対象となる。

　2）**家族画のはじまり**　では，子どもは家族画をいつ頃から描き始めるのであろうか。初期の例として考えられるのが，ある女児（3 歳 6 ヵ月）が保育所の自由画帳に描き，保育士が本児に「これ，なあに？」と尋ねながらその人物名を書き込んだものである（図 4.1）。なお，KFD は 2 歳 6 ヵ月頃から描くことができるが描かれた人物に動きが出てくるのは 4 〜 5 歳からである（Burns, 1982）。

(2)　家族画の歴史と種類

　1）**家族画の歴史**　幼児や児童を対象に行われていた人物画が家族画に発展したのは 1950 年代である。1970 年代になると，バーンズとカウフマン（Burns, R. C. & Kaufman, S. H.）が動的な要素を含んだ家族画 Kinetic Family Drawing（KFD）を開発した（加藤，2009）。現在のように，家族画が盛んになってきた背景には，社会学での家族システム，精神医学での家族病理や家族治療，家族療法といった隣接領域において家族をシステムとして考えるようになってきた影響が大きい。

　2）**家族画の種類**　家族画には多くの種類があるが，現在では，動的家族画（KFD）がよく使われている。KFD の他には，円枠家族画，合同家族画，退行動的家族画，動物家族画などがある。

(3)　動的家族画（KFD）の特徴

　第 1 の特徴は，クライエントから見た家族関係を力動的にとらえることができる点である。KFD では，家族の人たちが何かやっているところを描くようにと教示するが，これによってクライエントは描画中の家族に対する感情エネルギーの動き（movement of energy）を人物の行為などに投映する。KFD において，クライエントの自己像には自己概念が表されているし，また，家族同士がお互いに向けている行為や動きには感情を伴ったエネルギーの強弱，固定，回避が表される。KFD にはクライエントと家族成員との関係，それに家族成員間の相互関係

には家族の力動関係が反映される。第2の特徴は，情緒的な部分の反映として後述するスタイル（包囲と区分化，人物の省略）がみられる点である。

(4) KFD の適用と禁忌

家族の問題を把握したいが，家族間葛藤があって，口に出せない状況や家族の問題に本人も気づいていない場合に有効である。医療での臨床診断，教育での相談，さらに司法における家族分析でよく用いられる。施行年齢は4歳頃から青年期，成人および高齢者まで可能である。臨床的には，病態悪化期や描画拒否の場合は強制してはならない。

3. 家族画の実施法

(1) 他の検査法との組み合わせ方と注意点

1) **構造化された心理検査，他の描画法と併用**　アセスメントを目的とする場合，KFDに限らず家族画を単独で用いることは一般に少なく，構造化された心理検査（知能検査や質問紙法）と併用することが多い。子どもを対象とした場合，一般的に，KFDは知能検査と組み合わせることが多い。大人を対象とした場合，一般的な問題ではKFDはロールシャッハ・テストと組み合わせることが多いが，家族の問題に焦点を当てる場合はSCTと組み合わせて家族成員に対する態度を検討する。組み合わせた投映法や描画法で得られた所見と共通した所見がKFDでもみられることが多い。

また，KFDだけでなく他の描画法と併用することが望ましい。たとえば，人物画やバウム・テスト，あるいは円枠家族画など他の種類の家族画と組み合わせると解釈しやすい。描画法を複数回実施することによって描画に対する抵抗そのものやクライエントの描画能力を検査者は把握できるし，さらにクライエントが自分の内面を描画に表現していく態度などを判断できるからである。なお，クライエントはそのもっている問題によっては，バウム・テストや人物画を描けても家族画を描けない場合がある。たとえば，両親の離婚を経験した小学生は家族画を拒否することもある。また，家族の問題がなくても青年期では家族のイメージが湧かなかったり，家族関係をうまく表現できなくて時には拒否することもある。家族画を描こうとするとこのように非常にデリケートな問題を思い出させたり心の深層を刺激することがあるため，検査者は慎重に実施しなければならない。

2) **KFDと他のテストとの実施順序**
①構造化された検査との実施順序：KFDを知能検査や質問紙検査などと組み合わせる場合には，知能検査から実施するのが一般的である。知能検査を実施後にクライエントの体力や様子をみながら引き続きKFDなどの描画法を実施するか，後日，改めて実施するかを決めるのが良い。
②複数の描画法との実施順序：複数の描画法を実施するときには，描くのに比較的抵抗の少ない描画法（バウム・テストなど）から始めて人物画，KFDの順に行うと良い。

3) **KFDを実施するときの注意点**
①クライエントの自発性：他の心理検査と同様，検査の目的や趣旨をていねいに説明して十分な理解を得る必要がある。とりわけ描画法ではクライエントが描こう，表現しようという気持ちを大切にする。その気持ちになるまで待つ心構えが検査者にはほしい。
②描画中の行動観察：描画中の行動観察はクライエントの心身の状態，家族に対する感情，課題に取り組む姿勢などを中心にみるが，子どもの場合は描画中の行動が発達状態を理解する手掛かりにもなるので重要である。クライエントは描きながら改めて，その人物に対する感情を噛みしめていることが多い。また，描画の構図を考えたり描画をためらったりする過程で，

過去の記憶や忘れていた当時の感情が蘇っていることがしばしばある。クライエントのこの感情をできるだけ検査者は共有しながら検査に取り組む。

4）実施後の治療的かかわり

クライエントの曖昧な家族イメージはKFDに取り組むことによって明瞭になる。たとえば，クライエントがある人物を描いた場合，描いた内容を検査者に語ることによって，その人物に対する感情に気づくきっかけができる。KFDの描画を通してクライエントは家族への見方を振り返ったり，家族関係を考え直すきっかけをつかみ，それがクライエントの心を耕していく。描かれたKFDは本人の作品として尊重する。クライエントの健康な部分，問題解決に役立つ面を検査者は見つけながらクライエントの語る世界を共有し，それが治療的かかわりにつながっていく。かかわりの中で心の深層にかかわる部分が語られるときもあるが，依然として語りきれなかったり，あるいは語れないままに過ぎていく場合もある。したがって，検査者はクライエントが描画に関して語ることを聞いても，それに対する解釈をただちにしないようにする。描画に対する解釈を強調すると，その次の描画でのクライエントの表現が変わってくるので注意しなければならない。

(2) 実施方法

事前準備：A4サイズの画用紙，HBから2Bの鉛筆と消しゴムを用意する。個別検査の場合と集団検査の場合に分けて述べる。

1）1対1の個別検査の実施方法
1対1で心理検査室で行う個別場面を想定すると次のようになる。心理検査室の設定は通常の心理検査を実施する場合と同様である。

①教示：一般的な教示として，「あなたも含めてあなたの家族の人たちが何かしているところの絵を描いてください。ただし，スティック（棒状）や漫画風ではなく，人物全体を描くようにしてください。家族の人たちがなんらかの行為や動作をしているところを思い出して描いて下さい」とする。小学生以下を対象とする場合，「おうちの人みんなで何かしているところを描いてみてください。自分も入れて描いてください」などとわかりやすい言い方にする。「描けない，下手だもん」などと訴えたときには，「下手でもいいから一生懸命描いてみて」と促す。

②検査者の態度：クライエントが緊張せずゆっくりとした気持ちで描けるようにする。正面に座らずに90度の位置か横に座り，描いているところを覗きこまないようにする。緊張している様子がみえたら，時々席を外してもよい。時間制限は特にしない。なかなか描こうとしない場合や描けないと訴えた場合には，絵の上手下手は関係ないこと，家族で何かしているところを思い出して描けばよい，などと勇気づける。また，用紙の裏にも描いてよいか尋ねられたら描いてよいと許可する。

③実施後：描かれた家族成員の人物像について描いた順番と誰であるかをクライエントに質問してその人物の横に記入させる。また，それぞれの人物が何をしているところかをクライエントに尋ねて用紙の余白や裏に記入させる。子どもの場合は，描き終わってから「これは誰？」などと検査者が尋ねて，人物の横に番号をふり，用紙の裏には何をしているところかを本人に質問しながら記入していく。描いた日付を用紙の裏に西暦で記入しておく。複数枚を描いた場合は，描いた順番を用紙の裏に記入しておく。

④感想：終了後には描いた感想を尋ねる。描いたことによってクライエントが不安になっていないか，病状をもっている場合は，その症状が悪化しないかどうか注意しながら，検査者は必要に応じて面接やフォローをする。まだ，描き切れなかったことや描画に不充分なところがあるかどうかを質問するとよい。

⑤描画の取り扱い注意点：描かれた家族画が他者の目にふれないように保管する。

⑥子どもの描画の取り扱い：保護者と離れて検査室で検査者と 1 対 1 で実施した場合，終了後，検査者が KFD を保護者に見せるときには，子ども本人の同意を得てからにする。

2）集団での実施方法　授業等で KFD を集団実施する場合を想定すると次のようになる。なお，KFD を描くにあたって，お互いの描いた絵に影響を受けないように配慮する。

①教示：現在，下宿している生徒・学生の場合は，実家の家族と一緒の場面でも下宿で 1 人の場面でも構わないことを伝える。また，事実に忠実な絵や上手な絵を描く必要はないことを伝える。実際の家族の通りではなくても，心の中の家族イメージを描く趣旨であると説明する。

②教室等の環境：授業時に教室等で実施するときは，机の上等にカバンやテキスト等の刺激になるものをおかないよう指示する。座席も他の人と少し離れて座らせ，一人掛けになるよう求める。また隣同士で相談しないように，他者の描画をみないで描くことを教示する。

③検査後：用紙の余白に人物像を描いた順番を表す数字を記入させる。次に用紙の裏にはその番号の人物が誰であるか，また，何をしているところかを描くように指示する。描いた日付も記入させる。

④終了後：集団の実施では，次のことに注意を払う。第 1 は，不安定になっている学生がいないか気を配ることであり，第 2 は，友人や家族に安易に実施しないことを注意事項として伝えておく。KFD を行ったことで特に気持ちが悪くなることは稀であるが，それがあった場合は，個別に面接やフォローできる機会を設定する。

4. 分析方法

(1) 指　標

バーンズとカウフマンは KFD の分析指標として行為（action），スタイル（style），シンボル（symbol）を設定して臨床的解釈を行った（Burns & Kaufman, 1972）。現在，よく使われているのは，加藤（1985）がバーンズら（1972）のものを一部改訂した表である（表 4.1）。以下，表 4.1 の順にしたがって説明する。

1）人物像の行為　人物像は自己，父親，母親などの 8 名の記入欄がある。KFD にそれ以上の人数が描かれている場合は必要に応じて欄を追加する。行為内容と相手側の人物名を記入する。

2）スタイル　家族画では，包囲と区分化，人物の省略が大きな特徴である。家族の間に感情的なわだかまりがあれば，その感情を強調したり隠蔽したりするために無意識的に感情の交流が構図として表現されてくるとして，それをバーンズらは 7 分類のスタイルに表されるとした。

①区分化（compartmentalization）：自己像あるいは家族像を線，四角，画用紙を折っての仕切りなどで孤立化させた描画である。このスタイルは柱，廊下，部屋の仕切りなどが巧みに使われたりする。家庭内での孤立，社会的孤立，引っこみ思案，逃避傾向，家族内の感情的疎遠を意味することがある（図 4.2）。

②包囲（encapsulation）：自己像あるいは家族像をカプセルに詰めたように囲ったり，閉じ込めてしまうスタイルである。机，なわとび，布団，自動車，シャボン玉などによる形で巧みにこのカプセルが表現される。自己も含めてカプセルで囲った人物に対する不安や怖れを表すとされている（図 4.3）。人物の外側が丸で囲んであり，その外側がさらに四角で囲んであるような場合は二重線によるカプセルである。そのうえ，その外側が家のような形や自動車で囲まれている三重カプセルの場合もある。

③エッジング（edging）：人物を画用紙の周辺に沿って端に描くスタイルである。周囲や家

表4.1　KFDの分析表　（Burns & Kaufman, 1972の一部改訂：加藤, 1985から）

姓名	年齢	性別	

Ⅰ．人物像の行為
　　　人物像　　　行為内容　　　相手側
　1．自　己　　　_____　　　_____
　2．父　親　　　_____　　　_____
　3．母　親　　　_____　　　_____
　4．兄　　　　　_____　　　_____
　5．姉　　　　　_____　　　_____
　6．弟　　　　　_____　　　_____
　7．妹　　　　　_____　　　_____
　8．その他の人　_____　　　_____

Ⅱ．スタイル
　1．区分化　　　　　　　_____
　2．包　囲　　　　　　　_____
　3．エッジング　　　　　_____
　4．底辺に線を引く　　　_____
　5．上辺に線を引く　　　_____
　6．個々の人物像に
　　　下線を引く　　　　 _____

Ⅲ．シンボル
　1．_____
　2．_____
　3．_____

Ⅳ．個々の人物像の特徴
　1．伸ばしている腕の人物像
　　　a._____　b._____　c._____

　2．高くあがっている人物像
　　　a._____　b._____　c._____
　3．人物像を消すこと
　　　a._____　b._____　c._____
　4．画用紙の裏側に描かれた人物像
　　　a._____　b._____　c._____
　5．ぶらさがりの人物像
　　　a._____　b._____　c._____
　6．身体部分が省略されている人物像
　　　a._____　b._____　c._____
　7．人物像の省略
　　　a._____　b._____　c._____
　8．ピカソ画のような眼をした人物像
　　　a._____　b._____　c._____
　9．回転している人物像
　　　a._____　b._____　c._____

Ⅴ．KFDグリッド
　1．身長（高さ）
　　　自己　_____
　　　父親　_____
　　　母親　_____
　2．自己像の位置
　3．自己像と他家族員像との距離

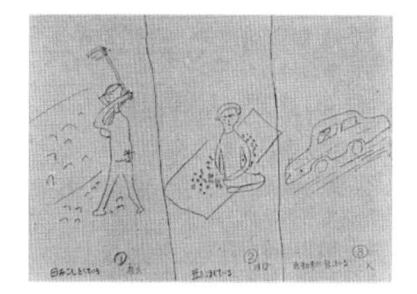

図4.2　区分化の例（加藤，1985，図2-aから）　　　図4.3　包囲の例（加藤，1985，図3-aから）

族に対して防衛的で強く抵抗する場合に多い。
　④底辺に線を引く：画用紙の下部に線を引いて，その線を共通の土台にして，家族像を描くスタイルである。被検者が強くストレスを感じていたり，家庭内の不安定感を感じている場合に多い。
　⑤上辺に線を引く：画用紙の上部に線を描くスタイルである。被検者が家庭内の不安，怖れを感じている場合に多い。
　⑥個々の人物像に下線を引く：自己像あるいは家族像の下に線を引くスタイルである。これは下線を引いた人物像に対する不安感，不安定さを感じている場合が多い。自己または家族人物間相互に下線がある場合は，下線を引いた人物の人間関係に不安を感じている場合が多い。
　3）シンボル　　シンボル（TV，炬燵，机，食卓，自動車，ボール，ストーブ，太陽，刃物

類，新聞など）は描画中の人物や事物に特定の感情や葛藤を集約的に表現していることが多い。KFD に描かれたシンボルを表 4.1 に記入する。表 4.1 ではシンボルの欄が 3 つしかないため，必要に応じて描き足す。シンボルの意味を解釈するにあたってはフロイト（Freud, S.）やユング（Jung, C. G.）の唱える意味が有効であるが，過大解釈や誤った解釈に陥らないようにする。シンボルの解釈においては，時代によって生活の中でのもつ意味が次第に異なってくることもある。事例によってシンボルのもつ意味を検討すると意味のあるものになる。

4）**個々の人物像の特徴**　表 4.1 の空欄に該当する人物の名前を記入する。

5）**KFD グリッド**　KFD グリッドは身長，自己像の位置，自己像と他家族員との距離の 3 項目で構成される。

①身長：自己像，母親像，父親像，他の家族成員の人物像の頭部から足まで垂直距離をミリ単位で計測する。座位による脚部の屈曲も計測する。

②自己像の位置：家族画の描かれた画用紙または用紙を，上下左右に空間を 4 等分して，それぞれ，上方左，上方右，下方左，下方右の名前を付ける。この 4 区分のどこに自己像が描かれたかを分類する。

③自己像と他家族成員との距離：自己像と他の家族成員との距離をミリ単位で測る。重なって描かれたものは 0 ミリとする。

以上，取り上げた表 4.1 の指標の他，人物の顔の方向（正面，横向き，背面，輪郭）を分析指標とする場合や用紙の中の人物の描かれた高さを分析指標とする場合がある。

5. 解釈のしかた

(1) KFD の特質

KFD にはクライエントの目を通してみた主体的，力動的家族関係が投映されてくると考えられる。表 4.1 の形式的分析指標はカテゴリー化してわかりやすくしたものであるが，描いたクライエントに対してその場でのフィードバックがしにくい。そのため，実際の臨床場面では質的な解釈が主となる。解釈は検査者の力量に大きく依存する面がある。解釈は人物像の配置やシンボルと関連づけて力動的に行う必要がある。KFD では家族内力動の反映が生々しく伝わってくる。容易に解釈できそうではあるが自己流になったり，過大解釈，過少解釈になるので注意する。また，家庭に対するクライエントの願望の反映でもある点に留意する。

描画中の過程も大事である。人物の大きさ，配置，描画に要する時間，描画動作の速度，圧力，線の様子，体の向きや方向，なども本人の自己表現の一部ととらえる。また，用紙に描かれたシンボルなども家族を取り巻く環境と見なす。

(2) アセスメントの場合の KFD の使い方

心理アセスメントする場合，KFD では単独では結論を出さずに他の検査とのテスト・バッテリーとして組み合わせた結果から総合的に査定する。KFD だけによる安易な解釈は避ける。適応や問題のある事例では特徴のある絵を描くことが臨床的に知られているところである。また，特に原因がみられなくても，絵が稚拙な場合や絵を描きたがらない場合などは意欲のなさを反映していることが多い。KFD を描けない，あるいは，人物を描けない場合もある。ある特定な人物を描けない場合に考えられるのは，その人物に対する拒否や嫌悪，その人物への関心の薄いことなどが挙げられる。

(3) 治療への橋渡しとしての KFD の使い方

臨床心理場面では，アセスメント終了後，その結果に基づいて，面接者は，必要に応じて心

理的援助や心理的治療をクライエントに対して行う。このとき，描画はよく使われる。描画は遊びの延長として行うことができ経過がわかりやすく，反復して使用できるからである。特に子どもの心理的援助や心理治療にはKFDや人物画などの描画法がよく使われる。その理由としては，子ども側の防衛が低いこと，短時間に実施できるために体力のない子どもにも可能であること，言葉で十分に表現できない子どもや障害児者の内面の把握に適しているためである。KFDでは，描くこと自体，そして，描いたKFDを前にしてクライエントがその家族について面接者に話す機会が自然に生まれる。絵を描くという自己表現の過程，その絵を治療者に語るという自然な面接を通して家族に焦点を当てながら治療へとつなぐことができる。この橋渡しが，他の描画法にはないKFDの使い方である。

(4) 子どもの自由画にみられる家族

図4.4は，保育所に通う6歳の男児（健常児）が夏の虫取りの様子を描いた自由画である。保育士からの話では利発で表現力があり，活動的との評価を受けている。①中央からやや左に木が一本描かれている。木の上端が平らになっている。②人物は画面少し右に本人とも思える男の子が虫取り網をもって立っている。また，両親とも思える男女が左端の方に描かれている。③上辺に雲と太陽が描かれている。幼児期の子どもが太陽を右上に描くのは発達的に肯定的なサインである。雲は一般的な不安の象徴である。④右下辺に池があり，そこに水が流れている。⑤彼の上辺のトンボと蝉は自分の分身として描かれたと思われる。

全体に，絵に勢いと力強さがあるが，下方に描かれていることから内向傾向と思われる。両親は保護的，母性的位置に描かれている。本人の位置と活動からは未来志向でエネルギッシュさを求めている一方で，依存欲求がある。木に登っていたカブト虫が下に落ちて沢山死んでいるのは象徴的な意味を感じさせる。

図4.4　6歳男児の自由画にみられる家族

6. 事　例

(1) 事例1（中学1年男子）

主訴：頭痛，大声の寝言，両手を咬む。
診断名：チック。

家族構成：両親と姉，本人。
経過：幼児期から頭痛を訴える。脳神経外科に受診，異常なし。
本を読みながら兎のように口や鼻をモグモグ動かしたり，夜，寝言を大声で言う。両手を咬む。手の皮をむく。怒りっぽく，就寝時に指をしゃぶる。
KFD画：外来にてKFD画が描かれた（図4.5）。父親（右）と自分（左）とがキャッチボールをしているところである。母親と姉とは「省略」されて描かれていないことから，父親（同性）との強い同一視と異性への拒否がみられる。「ボール」による父親との相互関係を求め，父親へエネルギーを向けている。「キャッチボールやったことがないので描いた」との本人のコメントはそれを裏付けている。「たこ」とその糸による「区分化」は家庭内の孤立と拘束された家庭環境を示し，それからの脱出あるいは克服したい願望をもつ。思春期では「太陽」は暖かさや受容されたい欲求の強さと退行状態を示していて，それは「雲」「野原の草の濃さ」にみられる家庭内の不安定感や不安に通じるものを感じさせる。

図4.5　キャッチボールをしているところ（加藤，1985，図8から）

(2) 事例2（短大1年女性）

主訴：冗弁と多弁，自殺企図，家出。
診断：躁うつ。
家族構成：両親と本人，妹。
現病歴：短大に一応入学したが友人ができなかった。7月に「レポートが書けない」と訴えて急に泣き出す。カッターで両手を切る。勉強についていけないだけでなく友人との会話に違和感をもつ。気力がなくなり短大を退学したいと訴える。外来受診して投薬されるが大量服用して昏睡状態に陥る。入院して2ヵ月後に復学可能。
KFD画：入院中の比較的安定した時期に描かれた。最初は「スティック（棒状）」画であった。再教示によって，「表裏別々」のKFD画が描かれた（図4.6，図4.7）。自己像の描画順序は妹より後ろの4番目であり，家庭内の劣位だけでなく両親の拒否，敵意がうかがわれる。KFDでは，父親は事務仕事をやっているが社会的な姿としての労働であり，家庭的な安息，

図4.6　父は事務，母は子守りしている
（加藤，1985，図9から）

図4.7　妹はローラースケート，私は座禅
（加藤，1985，図9-aから）

休養の行為場面ではない。「包囲」傾向を机で示していることから父親への不安，怖れを表している。母親は他人の子どもを養育しているところが描かれ，母親の多大な関心が自分よりもその子どもへ向けられていることに嫉妬を感じながら母親へ接近ができないとも感じていることを表している。自分は「座禅で瞑想中」と心の安定を希求しながら得られない葛藤状況にあることを示唆している。

　以上の2事例は加藤（1985）から引用させていただいた。

7. 実習課題

　「3. 家族画の実施法」（p.91）にしたがって実施する。卒論等で行う場合には，形式的分析のみにとどまる。また，KFDは投映法であるため，単独での分析は避ける。家族の問題を取り上げるテーマになるため，構造化された検査や質問紙を組み合わせる。

　謝　辞：KFDを日本に導入して家族画研究会を創始し，現在では日本描画テスト・描画療法学会まで発展させた中部大学現代教育学部教授・加藤孝正先生には事例の提供，文献等でご教示いただきました。深謝します。

文　献

Burns, R. C.（1982）. *Self-growth in families: Kinetic Family Drawings（K-F-D）research and application*. New York: Bruner/Mezel.
Burns, R. C., & Kaufman, S. H.（1972）. *Action, styles and symbols in Kinetic Family Drawings*. New York: Bruner/Mezel.（加藤孝正（訳）（1975）. こどもの家族画診断　黎明書房）
加藤孝正（1985）. KFDの臨床　精神科Mook, **10**, 143-152.
加藤孝正（2009）. 家族全体の把握における動的家族画法の検討　臨床描画研究, **24**, 5-19.
加藤孝正・伊倉日出一・久保義和（1976）. 動的家族描画法のスタイルに関する研究　*Japanese Bulletin of Art Therapy*, **7**, 63-71.
小林重雄（1991）. グッドイナフ人物画知能検査ハンドブック　三京房
Machover, K.（1949）. *Personality projection in the drawing of the human figure*. IL: Charles C Thomas.（深田尚彦（訳）（1998）. 人物画への性格投影　黎明書房）

コラム4　心理検査を用いた卒業論文　その2
現代と30年前の小学生の親子関係の比較
―動的家族画（KFD）を指標として― [1]

問題と目的

　動的家族画（KFD）は，バーンズとカウフマン（Burns & Kaufman, 1972）が考案した投映法形式の心理検査であり，被検者からみた家族関係を力動的にとらえることができる。

　KFDに関する研究としては，日比（1977，1986）による数量的研究が代表的なものとして挙げられる。KFDに描かれる各家族員の行為に着目すると，1977年の日比の研究においては，学齢期の児童の場合，父親像としては「テレビを見ている」「仕事をしている」姿を，母親像としては「台所仕事をしている」「テレビを見ている」姿を描く者が多くみられた。日比が研究を行った1970年代後半の日本の家庭にはパソコンやテレビゲームは存在せず，家庭の中の娯楽といえばテレビくらいしかなかった時代である。父親は家族のために外で働き，母親は専業主婦として家庭をまもるという性役割観が根強く残っていた時代であった。こうした時代背景が，KFDに描かれた各家族員の行為の中に如実に反映されたと考えられる。バブル景気の崩壊を経て，わが国の社会情勢，経済状況は著しく変化し，子どもたちを取り巻く家族状況も大きく変貌を遂げた。一昔前に比べて，家族間でのかかわり自体が減少し，かかわりの質も変化してきている。本研究では，動的家族画を使って，現代の児童が自分の家族や家族関係をどのようにとらえているのかを明らかにし，日比の研究した30年前と比べてどのような質的変化がみられるのかを検討した。

方　法

　適応上の問題を有していない，小学校1年生から6年生までの男女47名（男子32名，女子15名，平均年齢8.7歳，$SD = 1.63$）を対象としてKFDを実施した。なお，KFDという検査の性格を考慮し，保護者に対して検査の主旨をていねいに説明し，同意が得られた児童に対してのみ検査を行った。先行研究において用いられている視点から形式分析（①描画順，②人物の大きさ，③人物の位置，④自分と家族成員との距離，⑤描画様式，⑥人物の行為，⑦象徴）と内容分析（⑧何をしているか）を行った。

結果と考察

自己像について

　日比（1977）の調査では，被検児の多くは父親像を最初に描いていたが，今回の調査では，自己像を最初に描く被検児の割合が半数近くに及んだ。また，用紙の左上部に自己像を描いた被検児が最も多かった。1970年代では，まだ昔気質な封建的な父親のイメージが強く，家庭においては亭主関白で，父親が家庭の支配権を握っていた時代背景を反映し，まず父親から描き始める被検児が多かったと考えられる。しかし，現代では家庭における父親の影響力が相対的に弱まり，子ども中心の家庭が多くなっている。このため，現代の子どもたちは父親の威光を感じることなく，まず一番最初に自己像を描くようになってきたと考えられる。しかし，自己像の描かれた位置に関しては，左上部という受動性の領域（Koch, 1952）であり，回避や抑制を意味する領域である。現代の子どもたちが，内向的で回避や抑制的であり，人間関係のもち方も受け身的であることを示唆している。

人物の行為について

　今回のKFDでは，家族団らんの食事の風景が一番多く，家族全員で遊んでいるところを描いたものも多くみられた。30年前に比べると，父親と一緒に遊んでいる場面を描く子どもが増え，父親が家庭の中での存在感を増してきているようである。一方，母親に関しては，30年前に比べると家事をしている場面を描いた被検児は非常に少数にとどまった。女性の社会進出が進み，仕事をもつ母親が増えたことから，両親で家事を分担することが当たり前の時代となってきたことを示している。母親の行為として，かつての父親にみられた「寝ている」や「趣味をしている」場面を描く被検児もみ

られ，父親と母親の役割行動が大きく変化してきていると考えられる。また，今回の調査では，「何かをしている」ところを描くように教示したにもかかわらず，父親像，母親像，自己像のすべての人物像をただ単に「立っている」という非常に未分化な描写しかできなかった被検児も多くみられた。「立っている」や「座っている」という不活発な姿を描くというのは，臨床例においてみられることが多く，それぞれの人物に対する認知に混乱をおこしているとされている（日比，1986）。父親，母親をあいまいなイメージでしかとらえられないほど，彼らとの日常的なかかわりが不足している子どもも増加してきていることが示唆される。家族関係が希薄になり，寂しい思いや不安を抱えている子どもたちも多いと考えられる。

事例による検討

A子の場合―8歳 小学2年生の女児―（図）

父（40歳），母（40歳），A子（8歳），妹（7歳）の4人家族である。左端に他の家族の2倍以上の大きさで，非常に大きく母親が描かれた。人物の中で最初に描かれたのも母親であり，A子の中で母親の存在がとても大きいと考えられる。母親の足にはすね毛が描かれているが，一般的に髭やすね毛という体毛は男性をイメージするものである。これに対して，A子が描いた父親は，母親に比べると非常に小さく，しかも体の一部が右端で切れてしまっている。これらのことからA子がとらえている家族関係は，父親の存在感が希薄で，母親が父性も兼ねているほど中心的な存在だと考えられる。また，家族の表情などから一見楽しそうな家族関係にみてとれるが，A子と妹は，両親と別室にいて二人で遊んでいる。部屋の輪郭がはっきりとした線で描かれており，包囲・区分といった描画様式に分類される。さらに，母親はバレーの練習からもどってきたところであり，父親はゴルフクラブを手にしている。つまり，両親は別々に自分の趣味をして楽しんでいるところを描いている。これらのことから，妹との交流はあるものの両親は自分たちのことをみてくれていない不安や寂しさがA子の心の中には存在しているのではないかと推測される。KFDの真ん中に，家族の連帯感を表すとされるテーブルが描かれているが，テーブルの上には飲料水のボトルがポツンと1本置かれているだけで，食物はまったく描かれていない。今回の場合は，むしろ家族の連帯感，団らんが欲しいというA子の気持ちの表れとしてテーブルが描かれたのではないかと推測される。

（願興寺礼子）

図

1）本コラムは，中部大学人文学部心理学科平成19年度卒業生，永井雅大氏の卒業研究をもとに作成したものである。

文　献

Burns, R. C., & Kaufman, S. H.　(1972). *Actions, styles and symbols in Kinetic Family Drawings.* (加藤孝正・伊倉日出一・久保義和（訳）(1975, 1998 復刊)　子どもの家族画診断　黎明書房

日比裕泰　(1977). 動的家族画（K-F-D）の研究Ⅱ―客観的統計的検討―　滋賀女子短期大学研究紀要, **3**, 71-110.

日比裕泰　(1986). 動的家族描画法（K-F-D）―家族画による人格理解―　ナカニシヤ出版

Koch, C.　(1952). *The tree test: The Tree-Drawing Test as an aid in psychodiagnosis.* Verlag Hans Huber. (林勝造・国吉政一・一谷　彊（訳）(1970).　バウム・テスト―樹木画による人格診断法　日本文化科学社)

コラム5　TAT（Thematic Apperception Test　主題統覚検査）

　人生とは過去の体験の集合体であり，その人のパーソナリティ構造を明らかにするためには，過去の重要な出来事を集めてきて，その構造を分析することが必要不可欠である。この考えの下，パーソナリティの研究を行ったのが，TATの開発者の一人マーレー（Murray, H. A.）であった。彼は，過去の出来事にみられる主題，特に無意識領域の主題の特徴を導き出し，それらを明らかにすることで個人のパーソナリティを明らかにできると考えた。特に個人の衝動や欲求といった内面的な要素と，環境がその個人に加える圧力といった外的な要素，そしてそれらの相互作用を明らかにすることが，パーソナリティの特徴を把握するうえで重要な主題とした。

　TATは，この過去の出来事における個人の主題を抽出するために開発された検査である。ロールシャッハ・テストと並んで，投映法検査の一つとして紹介されることの多い検査であるが，ロールシャッハ・テストと比較すると，自由度は低く客観性は高いとされる。被検者に対し，親子関係，異性・同性との対人関係など，日常生活での体験を示唆するモノクロトーンの絵や写真が描かれた図版を提示し，各図版に登場する人物の思考，感情，欲求などについて，過去，現在，未来にわたる物語を自由に作成してもらう。そこから連想された物語の分析を通して，被検者の心理的問題，特に対人関係に関する特徴を明らかにする。使用される図版は計31枚であり，20枚を選択して施行することとなっている。しかし，実際の検査場面では，被検者の性別や，被検者の抱えている心理的問題などから，数枚から10枚程度が用いられていることが多い。

　分析は，検査結果全体から受ける印象形成から始め，図版間で共通した特徴やテーマの検討，そして，個々の図版ごとの特徴の再検討と重みづけを行い，最後に総合的な解釈を行う。内容分析としては，マーレーが提案した欲求－圧力分析が有名だが，これは，主人公の衝動，願望，意図といった欲求に関する側面と，環境が主人公に対して加える力といった圧力に関する側面を吟味し，被検者の行動の支配的な動機と環境のとらえ方を理解する手法である。ただしこの欲求－圧力分析は煩雑であるため，あまり用いられていないのが実情である。その他，対人関係を中心にみる手法，物語の形式面に注目して認知・思考の特質を考える手法，象徴的意味を考慮した精神分析的立場からの手法が提案されているが，直観的に解釈する手法でも，ある程度パーソナリティの特徴を把握できるとされている。

　実際の反応例を紹介する。TATの第一図版は，男の子がバイオリンを前にし，うつむき加減で頬杖を立てて座っている絵柄である。作成される物語の例としては，「バイオリンの発表が近いので緊張している。この後猛特訓して，発表日はがんばってうまくやれた」や「小さい頃からやってきたバイオリンであるが，何度やってもうまく弾けず悩んでいるところ。今後続けるべきかどうしようか悩んでいる」などがある。被検者の課題への取り組みに関する姿勢や，困難への対処法の特徴が表れている例といえよう。一方，「父親が大事にしていたバイオリンをうっかり壊してしまったので，どうしようか途方に暮れている」といった，被検者の，過去そして現在の親子関係が象徴的に示される場合もある。このように同じ図版でも，人は，自身の過去の経験や知識を参照しながら，その人なりの意味づけを行うため，展開される物語は多様である。このような多様性の中に，衝動性，感情，情緒や葛藤，そして他者とのかかわり方といった，その個人のパーソナリティの無意識的な側面が明らかになると考えられている。

（吉住隆弘）

第4部　パーソナリティ検査の取り組み方

1

YG 性格検査

1. YG 性格検査の概要

(1) 開発の背景

　YG 性格検査（YGPI；矢田部ら，1965）は，「矢田部ギルフォード性格検査」の略称である。この検査は，わが国で作成されて以来，最も広く用いられてきた質問紙法による検査であるといってもよいものである。

　この検査は，南カリフォルニア大学のギルフォード（Guilford, J. P.）の研究に基づいて開発されたものである。ギルフォードは 1930 年代から 50 年代にかけて，パーソナリティ（性格）や知能に関して数多くの研究業績を残した心理学者であり，知能の 3 次元モデル（立方体モデル）の提唱者としても有名な研究者である。

　ギルフォードは次のような考えに基づいて，パーソナリティ検査を開発していった（辻岡，1982 より）。1940 年代当時，向性検査とよばれる「外向性－内向性」を測定する検査が広く用いられていた。しかし当時用いられていた検査は，統計的に分析してみると非常に不十分なものであった。特に，信頼性の指標の一つである内的整合性という観点からいうと問題が多く，向性検査で測定された全体の得点がまとまりをもっているとはいえない，バラバラな方向性をもつものであった。そこでギルフォードは向性検査の質問項目を整理し，よりまとまりをもつ検査を開発した。さらにその後，彼は外向性－内向性という側面だけではなく，パーソナリティのあらゆる側面を網羅するような検査の開発を試みた。それが，ギルフォード・マーチン人格目録（GAMIN; Guilford & Martin, 1943）である。

　1953（昭和 28）年，当時京都大学の心理学教授であった矢田部達郎が，ギルフォードの研究を基礎として，日本においても同様の検査を開発する研究を開始した。京都大学教授の園原太郎と関西大学の辻岡美延が質問項目の選定を行い，辻岡が検査の標準化や最終的な検査の体裁を整えていった。彼らはギルフォードの質問項目をそのまますべて利用するのではなく，信頼性や妥当性が高く，利用しやすいと考えられた項目を選定し，日本人に適したものになるように検査を構成した。しかし辻岡の研究によって，YG 性格検査によって測定されるパーソナリティ特性が，ほぼギルフォードの検査の方向性と同じであることが示されている（辻岡，1982）。

(2) YG 性格検査の構成

　YG 性格検査は，12 のパーソナリティ特性を直接的に測定するように作成されている。各パーソナリティ特性は 10 項目の質問項目，検査全体で 120 の質問項目が用意されている。

　それぞれの質問項目に対して，「はい」「？」「いいえ」のいずれかの選択肢を選ぶことによって回答する。回答は専用の回答用紙に記入するようになっており，すべての質問項目に対する回答は，採点が容易なようにカーボン紙によって転記されるようになっている。

YG性格検査では，測定された12の特性からさらに上位の因子で構成される得点を算出することも，類型を導き出すことも可能であるように構成されている。このように，120項目という適度な数の質問項目を用いていること，また多くの解釈を行うための指標を導き出すことができるように構成されている点に，YG性格検査が広く使用されてきた理由の一つがあるといえるだろう。

(3) 12のパーソナリティ特性
　YG性格検査によって測定される12のパーソナリティ特性は，以下のようなものである（辻岡，1982; 矢田部ら，1965; 八木，1999 より）。これら12の特性に基づいて，上位の因子の解釈やおおまかな類型を用いることで，結果の解釈を行う。類型の導き方については，後に説明する。

　1) D　抑うつ性（Depression）　　たびたび憂うつになる，理由もなく不安になるなどの質問項目で測定される。この特性が高いことは，落ち込んだ気分や悲観的気分，罪悪感が高いことを意味する。しかし，ある程度の高さのD得点は，適度な問題意識をもつことにも関係するとされる。この特性が低いことは，充実感を抱いたり楽天的に物事を考えたりすることに関連する。

　2) C　回帰性傾向（Cyclic Tendency）　　気分の変わりやすさや感情的になること，驚きやすさを意味する特性である。この特性の高さは，情緒不安定で小心であるといった表現で説明されることもある。この特性が低いことは，冷静で理性的であること，また多くの事柄に対して醒めた態度で接することにも関連するとされる。

　3) I　劣等感（Inferiority Feelings）　　劣等感に悩まされること，自信の欠如，自己の過小評価を意味する特性である。この特性の高さは，優柔不断で消極的，また謙虚さに関連するともいわれる。逆にこの特性が低いことは，自信家であることを意味する。極端に低い場合には，自信過剰と解釈されることもある。

　4) N　神経質（Nervousness）　　心配性，神経質であること，不安定でいらいらしやすいといった内容を意味する特性である。感受性の鋭さ，敏感さと解釈される場合もある。この特性の低さは，神経質でなく安定していることを意味する。これまでにパーソナリティ心理学の研究では，人間のパーソナリティを考慮するうえで神経症傾向（Neuroticism）が重要な一つの要素になると考えられてきている。YG性格検査におけるN得点は，神経症傾向に最も意味内容が近いものであると考えられる。

　5) O　客観性の欠如（Lack of Objectivity）　　現実に起こりえないようなことを空想したり，あれこれと考えて寝つくことができなかったりするなど，空想的で主観的な傾向を意味する特性である。この特性の低さは，現実的で客観的，常識的な傾向に関連するとされる。

　6) Co　協調性の欠如（Lack of Cooperativeness）　　不満が多く他者を信用しないなど，対人不信感や警戒心の強さ，閉鎖的な人間関係を意味する特性である。他者に不満をもち，現在置かれた立場を否定する傾向にも関係するとされる。この特性の低さは，人間を信頼することや，開放的な人間関係を営むこと，現状を肯定する傾向に関連するとされる。

　7) Ag　愛想の悪さ（Lack of Agreeableness）　　気の短さや怒りっぽさを意味する特性である。正しいと思ったことは周囲に構わず実行しようとする傾向や，人の意見を聞きたがらないといった傾向にも関連するとされる。この特性の低さは，気が長く受動的，消極的で自己卑下する傾向にも関連するとされる。なお，この特性が情緒不安定性（D, C, I, Nの高さ）と結びつくと社会的不適応を起こしやすくなるとされている。また，情緒安定性（D, C, I, Nの低さ）と結びつくと社会的活動性を意味するようになるともいわれている。

　8) G　一般的活動性（General Activity）　　この特性は，活動性の高さを意味する。仕事

の速さやきびきびした動作，動作の敏捷さ，体を動かすのが好きといった，精神面だけでなく身体面における活動性にも関連するとされる。この特性の低さは，動きの遅さや能率の悪さ，また理屈っぽさや陰気さにも関連するとされる。

9) R のんきさ（Rhathymia） 「のんき」の辞書上の意味は，性格や気分がのんびりとしていることを意味するが，ここでの「のんきさ（R)」はややニュアンスが異なるので注意が必要である。この特性は，人と一緒になってはしゃぐ傾向や，常に何か刺激を求めるといった衝動性や軽率さを意味する。この特性の低さは，慎重さや優柔不断であること，活発でない傾向などを意味する。

10) T 思考的外向（Thinking Extraversion） 小さいことを気にせず，物事を深く考えない傾向を意味する特性である。この特性は明るい見方をすることや，思いきって物事を決断することにも関連する。この特性の低さは，几帳面であれこれと考え込む傾向，計画的であることなどを意味する。

11) A 支配性（Ascendance） 社会的指導性，つまりリーダーシップを発揮する傾向を意味する特性である。集団の先頭に立って活動することを意味する反面，自己顕示性の高さにも関連するとされる。この特性の低さは，従順で他者に追従する傾向，他者の意見に妥協する傾向を意味する。

12) S 社会的外向（Social Introversion） 社会や他者との接触を好む傾向を意味する特性である。誰とでもよく話したり，人と広く付き合うのを好んだりする傾向を意味する。この特性の低さは社交性の低さや人間が好きではない，人柄が地味であることを意味するとされる。

(4) 上位因子

YG性格検査で測定された12のパーソナリティ特性は，さらにその相互の関連から，より大きなグループにまとめることができる。

1) **情緒安定性因子** 12の特性のうち，D（抑うつ性），C（回帰性傾向），I（劣等感），N（神経質）で構成される。この因子の高さは情緒の安定性に関連するとされる。高得点であるほど，情緒が不安定であることを意味する。

2) **社会適応性因子** 12の特性のうち，O（客観性の欠如），Co（協調性の欠如），Ag（愛想の悪さ）で構成される。社会的行動の適応性を意味する因子であり，これらが高得点であるほど不適応な傾向にあるとされる。

3) **活動性因子** 12の特性のうちAg（愛想の悪さ）とG（一般的活動性）で構成される。社会的活動における活発さを意味する因子であり，高得点であるほど活発であると解釈される。

4) **衝動性因子** G（一般的活動性）とR（のんきさ）で構成される因子である。この因子が高得点であるほど，衝動的な傾向が強いと解釈される。

5) **非内省性因子** R（のんきさ）とT（思考的外向）で構成される因子である。どの程度自分自身の行動などを内省し，反省するかを表す因子群であり，高得点であるほど内省が欠如していることを意味する。

6) **主導性因子** A（支配性）とS（社会的外向）で構成される因子である。高得点であるほど主導性が高く，他者に従うよりも他者を指導する傾向が高いと判断される。

2. YG性格検査の実施法

YG性格検査の実施は，それほど難しいものではないが，基本的には検査者が質問項目を読

み上げ，それに答える形で回答を進めていく形式で行われる。YG性格検査の実施手順や注意点は以下の通りである（辻岡，1982；八木，1999）。

(1) 実施の概要

　YG性格検査はもちろん個別で実施することも可能であるが，集団で実施することができる検査である。

　検査用紙を配布し，筆記具として鉛筆やボールペンを用意する。検査用紙はカーボン紙で転記されるようになっているため，筆圧が弱くなる万年筆やサインペン等を使用するのは望ましくない。

　検査の所要時間は，説明に10分程度，回答に20分程度，合計30分程度である。

　検査を実施する際には，1つ1つの質問項目を検査者が読み上げ，それに対して回答者が回答していく形式をとる。質問項目を読み上げる速さに決まりがあるわけではないが，おおよその目安は，読み上げに3秒，回答に必要な沈黙の時間が2～4秒であるとされる。しかし，回答者の様子をよく見て，回答者のペースに合わせていくのが望ましい。

(2) 検査における指示

　まず，鉛筆，シャープペンシル，ボールペンを2本以上持っているかどうかを確かめ，検査用紙を記入欄の面を上向きにして配布する。配布の際には，用紙を開いたり，切り取り線を切り開いたりしないように注意を述べる。

　配布が終わったら，記入欄に姓名，性別，生年月日，調査年月日等の記入を求める。すべての記入が終わったら，用紙の表紙側を上にするように指示を出す。

　表紙を上にしたことを確認したら，表紙に記されている「作者のことば」をはっきりと読み上げる。次に，「れんしゅう」と「答えの書き方」の欄を参照しながら検査の回答方法について説明する。YG性格検査では，一度つけた○印や△印をあとで変える際には，はじめにつけた印をそのままにしておき，後でつけるものを●や▲にするので，特にその点を強調して説明するようにする。説明が終わったら，実際に「れんしゅう」の部分をやってみる。

　ここまでの説明で質問がないかどうかを確認し，表紙の下部だけを上に折り曲げるように，前で実演しながら指示を出す。このような折り曲げ方をすることによって，回答する項目の1番から36番だけが参照できるようになる。検査を実施していく中で，37番以降を表示させたいときには，折り曲げた部分を開くようにすると，すべての質問項目を参照することができるようになる。

　先ほど述べたように，質問項目は検査実施者が一つ一つ読み上げていく。必要に応じて項目内容を参照できるようにしておくことで，回答を安心・安定して行うことができると考えられている。

　YG性格検査では原則として，途中で休憩を挟んだり他の作業を行ったりすることはない。検査実施中に，質問項目について質問があったとしても説明しないことになっている。もしも回答途中で質問があるような場合には，△印をつけるように指示する。

3. 結果の整理と解釈

(1) 粗点の計算

　用紙を切り取り線で開くと，選択した回答がカーボン紙で転写されている。転写された回答者の反応（○，△，●，▲）と，印刷された数字から，12特性の粗点を算出して記入する。なおここで，●と▲は採点しない。この2つは一度得点をつけた後で回答を修正したものであ

るが，修正後の選択は採点しないようにする。これは，第一印象での回答を重視して採点するためである。

(2) 得点プロフィールの作成

算出した粗点から，「YG性格検査プロフィール」の欄に印を記入していき，直線で結ぶことによって得点プロフィールを描く。プロフィールに印刷された数字が粗点であり，その部分に〇をつけることで，簡単に得点プロフィールを描くことができるようになっている。なお，男性の得点は太いゴシック体の数字，女性の数字はその下側のイタリック体（斜体）の数字で表されているので注意すること。図1.1のような形になれば，プロフィールの完成である。

得点プロフィールの上部には「標準点」と「パーセンタイル」という数字が記入されているので，各回答者の得点が集団の中でおよそどのあたりに位置するのかが，すぐにわかるようになっている。たとえば男性の場合，C（回帰性傾向）で17点をとった人は，およそ90パーセンタイルに位置していることから，100人中上位およそ10番目に位置していることになる。また，5段階の標準点は，1がおよそ6.7％，2がおよそ24.2％，3がおよそ38.3％，4がおよそ24.2％，5がおよそ6.7％の人数割合になるように分割されている。

(3) 系統値の算出

図1.1に示したプロフィールを，CoとAgとの間の太い線で上下に分割し，さらに標準点が「1と2」「3」「4と5」の部分で分類すると，図1.2のように6つの領域ができる。プロフィールのこの各部分に記入されている〇の数を数えることで，5つの系統値という数値を導き出す。

1) **A系統値** 図1.2の⑤と⑥の部分にある〇を数えることで算出する。A系統値は，プロフィールの中央部分に位置する得点の数を数えることに相当する。

2) **B系統値** 図1.2の③と④の部分にある〇を数えることで算出する。B系統値は，プ

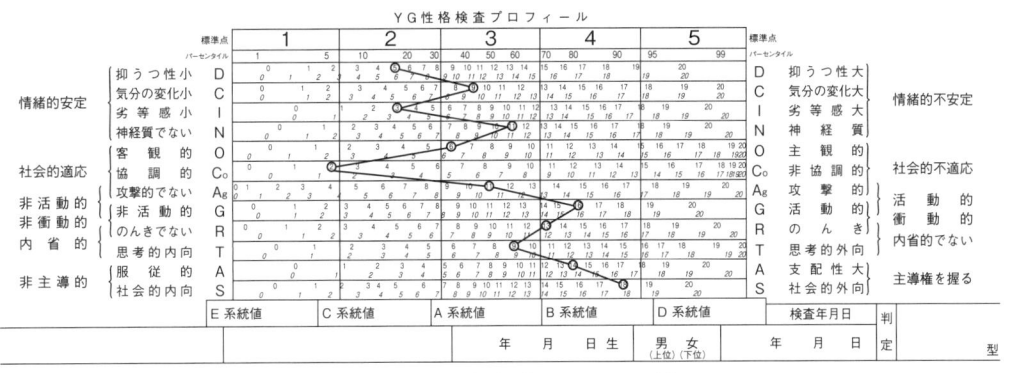

図1.1 YG性格検査プロフィールの例

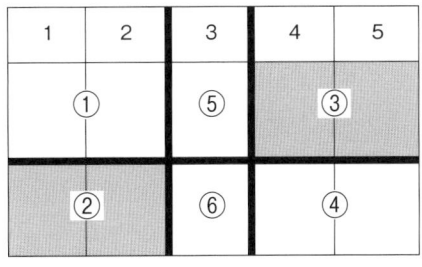

図1.2 プロフィールの分割図

ロフィールの右側部分に位置する得点の数を数えることに相当する。

3) **C 系統値** 図 1.2 の①と②の部分にある○を数えることで算出する。C 系統値は，プロフィールの左側部分に位置する得点の数を数えることに相当する。

4) **D 系統値** 図 1.2 の①と④の部分にある○を数えることで算出する。D 系統値は，プロフィールの左上と右下の部分に位置する得点の個数を数えることになる。

5) **E 系統値** 図 1.2 の③と②の部分にある○を数えることで算出する。E 系統値は，プロフィールの右上と左下の部分に位置する得点の個数を数えることになる。

6) **系統値算出の確認** 系統値が誤りなく算出されているかどうかは，次の数式が成り立っているかどうかを確かめてみればよい。

$$A 系統値 + B 系統値 + C 系統値 = 12 \quad かつ$$
$$A 系統値 + D 系統値 + E 系統値 = 12$$

この数式が成り立っていない場合には，もう一度プロフィールを見て確認するようにしたい。

7) **系統値の算出例** たとえば，図 1.1 に示されているプロフィールから系統値を算出してみよう。すると，図 1.1 のプロフィールに記入された○の位置から，A 系統値は 5，B 系統値は 4，C 系統値は 3，D 系統値は 7，E 系統値は 0 と算出することができる。

(4) 典型の判断

1) **5 つの典型** 算出された系統値から，プロフィールの典型（類型，タイプ）を導き出すことができる。表 1.1 に示されている内容が，5 つの典型である。

2) **準型・亜型** 実際のプロフィールは明確に 5 つの典型に分かれるわけではない。表 1.2 に示すようにそのタイプに準じた形である「準型」や，さらにあいまいな「亜型」に分類されるプロフィールも多い。

3) **プロフィールの分類手順** プロフィールの分類基準は検査用紙にも記載されているが，実際に分類を行うときにはややわかりにくい。そこで，手順をまとめてみたい（辻岡，1982）。以下の手順で①から順に，あてはまるかどうかを確認していく。

表 1.1 YG 性格検査プロフィールの 5 つの典型

典型	英語名	形による名称	因子		
			情緒安定性 D, C, I, N	社会適応性 O, Co, Ag	向性 G, R, T, A, S
A 型	Average Type	平均型	平均（中央）	平均（中央）	平均（中央）
B 型	Blast Type	右寄り型	不安定（右）	不適応（右）	外向（右）
C 型	Calm Type	左寄り型	安定（左）	適応（左）	内向（左）
D 型	Director Type	右下がり型	安定（右）	適応または平均	外向（右）
E 型	Eccentric Type	左下がり型	不安定（左）	不適応または平均	内向（右）

表 1.2 プロフィールの典型・準型・亜型

	平均型	右寄り型	左寄り型	右下がり型	左下がり型	疑問型
典型	A 型	B 型	C 型	D 型	E 型	F 型
準型	A' 型	B' 型	C' 型	D' 型	E' 型	
亜型	A'' 型	AB 型	AC 型	AD 型	AE 型	
総称	A 類	B 類	C 類	D 類	E 類	

① 5つの系統値のうち最も大きな数値を見つける。その系統値が分類の基準となる。
② 最大の系統値が複数ある場合の組み合わせは，次の8通りである。なおBとC，DとEの組み合わせが同数のものはここでは考慮しない。

　　AとB　→　AB型またはB'型
　　AとC　→　AC型またはC'型
　　AとD　→　AD型
　　AとE　→　AE型
　　BとD　→　AB型
　　BとE　→　B'型
　　CとE　→　C'型
　　CとD　→　AC型

これら8種類は，後に矢印の右側の類型として分類されることとなる。
③ 5つの系統値の中で最大の値を見て，典型の基準に合致している場合にはそれぞれの典型として分類する。

　　A系統値が9点以上　→　A型
　　B系統値が8点以上　→　B型
　　C系統値が7点以上　→　C型
　　D系統値が9点以上　→　D型
　　E系統値が9点以上　→　E型

④ 上記にあてはまらない場合で，A系統値以外が最も高い値を示している場合には，それぞれB'型，C'型，D'型，E'型として分類する。
⑤ A系統値が8である場合には，A'型である。
⑥ A系統値が7以下で，A系統値以外がすべて4以下の場合には，A"型である。
⑦ A系統値が7以下で，A系統値以外の中に5がある場合には，その5を示した系統値にしたがって，AB型，AC型，AD型，AE型のいずれかに分類する。もしも5を示した系統値が2つある場合には，BまたはCを優先させ，AB型もしくはAC型とする。
⑧ ②で分類しておいた混合型と，ここまでの分類で残っている混合型を含めて確認する。AとDが同じ得点の場合にはAD型，AとEが同じ得点の場合にはAE型になる。AとBがともに6点の場合にはB'型とし，ともに5点の場合にはAB型とする。AとCがともに6点の場合にはC'型とし，ともに5点の場合にはAC型とする。BとEが同じ得点の場合にはB'型，BとDが同じ得点の場合にはAB型，CとEが同じ得点の場合にはC'型，CとDが同じ得点の場合にはAC型とする。
⑨ ここまでの手続きで分類できないものは，全体的な印象で分類を試みる。その際に，最も多いのはA"型である。主にBACの得点が4-4-4や5-4-3となるケースが多い。
⑩ ここまでの手順を経てまだ分類できていない場合には，F型（疑問型）とする。

ここまでの手順に従って，図1.1の結果を解釈してみよう。先ほど算出したように，図1.1の結果はA系統値=5，B系統値=4，C系統値=3，D系統値=7，E系統値=0である。①の手順にしたがって，これらの系統値を比較すると，D系統値が最も高いことになる。次に③の手順に進む。D系統値が9点以上であればD型となるが7点なのでこの基準を満たさない。次に手順④より，D系統値が最も高い値を示しているので，図1.1の結果は「D'型」であると判断される。

(5) 5つの典型の解釈

YG性格検査プロフィールの5つの類型は，次のような意味をもっている（辻岡，1982）。ただし，これらの分類は非常におおまかなものであり，詳細な解釈は各特性の高低や上位因子の解釈を含めて行うのが望ましい。

1) **A型** この型は，多くの得点が平均近くに位置する場合に分類され，「平均型」（Average Type）ともよばれる。多くの得点が平均近くを示すことから，一般的なパーソナリティ特徴を示す人物であると解釈される。ただし，典型的なA型ではなくA'型やA''型の場合には，全体的には平均的な特徴を示しつつも，一部の特性は平均から外れたその人独自の特徴を示していることになる。

2) **B型** この型は，多くの得点が平均よりも高くなる（プロフィールの右側に位置する）場合に分類されることから「右寄り型」ともよばれる。また，その得点プロフィールの特徴から，情緒不安定，社会的不適応，活動的，外向的なパーソナリティの傾向をもちあわせているとされる。このことから「不安定不適応積極型」ともよばれる。このように，この型は反社会的行動や非行，暴力に至りやすい特徴をもつといわれていることから，Blast Type（暴発型）とも名づけられている。

3) **C型** この型は，多くの得点が平均よりも低くなる（プロフィールの左側に位置する）場合に分類されることから「左寄り型」ともよばれる。この型は情緒的安定，社会的適応，消極的で内向的といった，おとなしく問題を起こさないタイプの人物であるとされることから「安定適応消極型」やCalm Type（鎮静型）とよばれることもある。

4) **D型** この型は，プロフィールの上部が左側に，下部が右側に寄った形状をしている人物が分類されることから，「右下がり型」ともよばれる。そのプロフィールの内容から，情緒的に安定しており，社会的には適応的あるいは平均的で，外向的・積極的な特徴を有しているため「安定積極型」ともよばれる。また，この型の人物は比較的健康的で，調和的，適応的な行動をとり，管理職として成功する人物であると考えられたことからDirector Type（管理者型）と称されることもある。このように，D型は望ましい人物像として描かれるが，回答者が自分自身を望ましい人物に見せようとする構えをもって回答した場合にも，このタイプに分類されることが多いので注意が必要であるとされる。

5) **E型** この型はD型とは逆に，プロフィールの上部が右側に，下部が左側に寄った形状をしていることから「左下がり型」ともよばれる。そのプロフィール内容から，情緒不安定的で社会不適応的，非活動的で消極的，内向的な特徴を有していると考えられ，「不安定不適応消極型」とよばれることもある。情緒的な問題をもつ，少し変わった人物として描かれることからEccentric Typeと称されることもある。

4. 実習課題

自分自身でYG性格検査を実施してみる。そして，得点プロフィールを描き，自分のプロフィールがどの類型にあてはまるかを判定する。自分自身のパーソナリティが判定されたら，その結果が自分自身にあてはまっているかどうかを考えてみる。

また，自分自身の性格がどのようなものであるか，周囲の人々に尋ねてみるとよいだろう。たとえばその際に，YG性格検査を利用して回答を求めてみるのもよい。自分自身で回答した結果と，周囲の人があなた自身について回答した結果がどのように一致しており，どのように異なっているかを考えてみよう。

文 献

Guilford, J. P. & Martin, H. G. (1943). *The Guilford-Martin Inventory of factors GAMIN: Manual of directions and norms*. Beverly Hills: Sheridan Supply.

辻岡美延 (1982). 新性格検査法―Y-G性格検査実施・応用・研究手引― 日本・心理テスト研究所

矢田部達郎・園原太郎・辻岡美延 (1965). YG性格検査（矢田部ギルフォード性格検査） 一般用 日本心理テスト研究所

八木俊夫 (1999). YG性格検査―YGテストの実務応用的診断法― 日本心理技術研究所

2

TEG 東大式エゴグラム

1. TEGとエゴグラム

　本章では東大式エゴグラム（TEG）について学習するが，まず，この章を読み進めるにあたり，TEGとエゴグラムという用語について整理することから始める。東大式エゴグラムという響きから"東京大学で開発されたエゴグラム"と想像した読者は少なくないのではないだろうか。実はこれは厳密には正しくない。もう少し正確にいえばTEGとは"東京大学製エゴグラム測定装置"が正解である。エゴグラム測定装置といわれると，頭に大がかりな機械でもつけてエゴグラムなるものを測る装置を連想するかもしれないが，実際は，大がかりな機械など使わない，紙一枚からなる質問紙である。

　では，エゴグラムとは何だろうか。詳細は3節で詳しく説明するが，簡単に表現するならば，性格傾向である。つまりTEGは紙一枚で人の性格傾向を視覚的に測定することを可能にしたものである。性格検査にはYG性格検査やMMPIもあるが，TEGはその簡易性，理解のしやすさ，臨床場面での応用のしやすさなどにおいて非常に優れた検査である。

　現在ではエゴグラムといったときにTEGのことをいっている，もしくはエゴグラムとTEGの違いを知っていても，それをあえて強調せず，区別しないで使われている場合もある。このようにTEGはエゴグラム界の中では広く市民権を得ている検査ということができる。TEGのマニュアルともいえる「新版TEG　解説とエゴグラム・パターン」（東京大学医学部心療内科TEG研究会編，2002）の中ではTEGについて「他のエゴグラムの追随を許さないのが現状である」と表現されている。

2. 特　徴

　特徴については，よくいわれる質問紙法性格検査の特徴がそのままあてはまる。すなわち，被検者の負担が少なく，経済性に優れ，集団実施が可能で，解釈が客観的であるという長所がある一方で，被検者が結果を操作しやすく，得られる情報は比較的表面的な部分であり，狭い範囲のことしかわからないという短所がある。

　TEGの最大の特徴は，なんといってもその解釈の親しみやすさだろう。TEGの結果は，最終的に視覚化されることもあり，心理学になじみのない人にとっても理解やイメージがしやすく作られている。さらにいえば，やって楽しめる検査ともいえるかもしれない。大学の講義などでさまざまな検査について学生に被検者体験をしてもらい，学生から「おもしろかった」という感想が一番多いのがTEGである。

　一方TEGは妥当性，信頼性ともに十分に最先端の科学的検証が重ねられており，その結果の臨床的応用性も高い検査である。

3. エゴグラムと交流分析

　TEG およびエゴグラムを説明する前に，まずはその理論的背景である交流分析について説明する。

(1) 交流分析の生い立ち

　ここでは簡単に交流分析の歴史について述べよう。交流分析の創始者であるバーン（Berne, E.）は 1910 年にカナダで生まれ，外科医として活動を開始する。しかし 20 代の内にエール大学で精神分析を学び，そのままアメリカ市民権を得てしまう。そして第二次大戦後サンフランシスコに移り，かの有名な新フロイト派のエリクソン（Erikson, E. H.）に師事する。

　当時のバーンは精神分析にかなり傾倒していたことがうかがえ，幼少時の体験と無意識を重視するその考えは交流分析にも大きな影響を与えている。しかし，バーンは必ずしも精神分析にどっぷりはまっていったかというとそうでもなく，独自の理論を築いていく。そして，精神分析系雑誌に論文を投稿しては主流派からは批判されるということを繰り返す。いわゆる学会で異端視されたわけである。その結果精神分析学会を飛び出し，独自の路線を進みはじめる。

(2) 交流分析の基本的な考え方

　では，バーンはどのような理論を展開したのか。その説明をする前にじゃんけんを思い出してほしい。友達とじゃんけんをするとき，あなたがもっている選択肢はグー，チョキ，パーの 3 つである。相手も同じ 3 つの選択肢をもっている。そして，「じゃーんけーんぽん！」のタイミングであなたも相手も自分が選択肢から選んだ手を出す。このとき，相手が出した手と自分が出した手が同じならばその結果はあいこになり，「あーいーこーでしょ！」と言って二回戦に入っていく。このやりとりを延々繰り返し，自分が出したものと違う手を相手が出したときに，どちらかが勝ち，どちらかが負けてじゃんけんは終了となる。

　さて，急にじゃんけんの話が出てきたが，交流分析を理解するうえでじゃんけんの考え方が役に立つ。つまり，じゃんけんの選択肢にグー，チョキ，パーの 3 つがあるように，人間同士がかかわるとき，バーンは 3 種類の自我状態から 1 つを選んでかかわると仮定している。自我状態とは，性格ととらえると理解しやすいが，その人の思考，感情，物事に対する態度，行動パターンなどの総体として理解される。以下に 3 つの自我状態を示す。

　①親の自我状態：P（Parent）──人を育てたり，面倒をみるときの態度。このようなとき，自分の親から受けた態度を知らず知らずのうちに取りこんで再現する。

　②成人の自我状態：A（Adult）──物事を冷静に見つめる態度。問題解決に際して，もてる能力や環境を活用してなんとかしようとする姿勢。

　③子どもの自我状態：C（Child）──子ども心。楽しむ場面や叱られる場面などで，人間は子どもの頃の体験を無意識のうちに想起し，そのときのように感じ，考える。

　この 3 つの自我状態のどの状態で相手と接しているかで，その人間関係が決まるというのが交流分析の基本的な考え方である。

　じゃんけんと違う点は，勝ち負けが必ずしも存在しないことと，あいこになるのが，じゃんけんのように単純ではなく，もっと複雑なルールに基づいていることである。というのもじゃんけんの手に並びは関係ないが，自我状態には図 2.1 のような構造があり，この構造が交流を複雑にするポイントになっているのである。

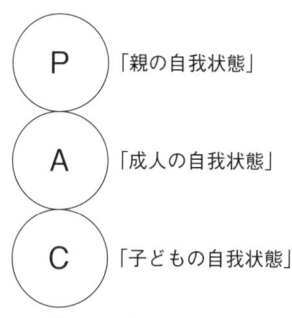

図2.1 自我状態の構造

(3) 交流の種類

交流分析では，人間同士のかかわりである交流の種類を3種類に分けた。それぞれ「相補交流」「交差交流」「裏面交流」とよばれる。

1) 相補交流　タロウとハナコの会話で，タロウ「今何時かわかる？」に対してハナコ「1時半よ」と答えたとする。タロウは特別な感情を含まずに，単に情報を得ようというAの自我状態からハナコのAの自我状態に働きかけ，ハナコもまた同じように情報を伝えようというAからタロウのAに返したとすると，お互いの働きかけの矢印は並行になる。

このように，こちらが働きかけている自我状態と相手の自我状態が一致しており，相手もこちらに働きかけている自我状態とこちらの自我状態が一致している状態を相補交流という。相補交流の種類には図2.2のようなものがある。

先に示したタロウとハナコの会話は情報の交換である。また，恋人同士であれば，お互いに子どものように甘え合っている状態であり，C同士の交流になる。師弟関係においては，弟子はCから師匠のP，師匠はPから弟子のCへの交流になる。いずれも矢印が並行になっているのがポイントで，相補交流は別名並行交流ともよばれる。

2) 交差交流　それぞれの働きかけの矢印が平行にならない（交差）するとき，その交流を交差交流とよぶ（図2.3）。

子どものケンカはどちらも自分は正しくて相手が間違っているという態度であり，その場合，どちらも自我状態はPであり，相手が自分の言うことを聞く子どもであることを期待するので，矢印が交差する。また，親子げんかでは，子どもは親に対して対等であろうとし，大人同士の交流を求める（A→A）が，親にしてみれば相手を子どもとしてしかみることができない（P→C）のため，やはり矢印は交差する。先ほどのタロウがハナコに片思いをしている場合，タロウはハナコと子どものようにお互いに感じたままにふるまいたい（C→C）が，ハナコはそれを退いた目でみているようなとき，上から目線になり（P→C）矢印は平行にならない。このような例も交差交流である。

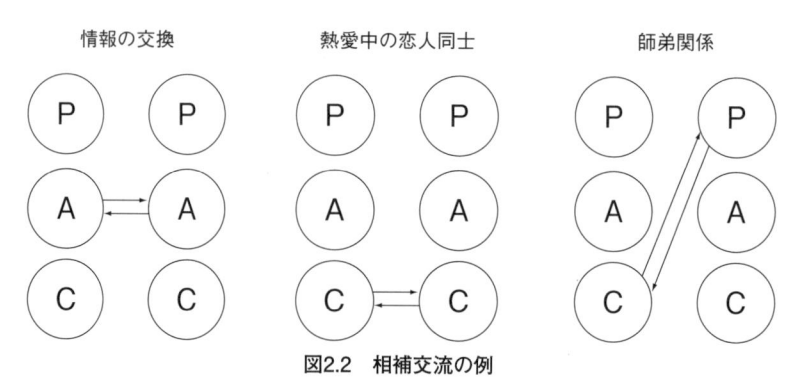

図2.2 相補交流の例

図2.3　交差交流の例

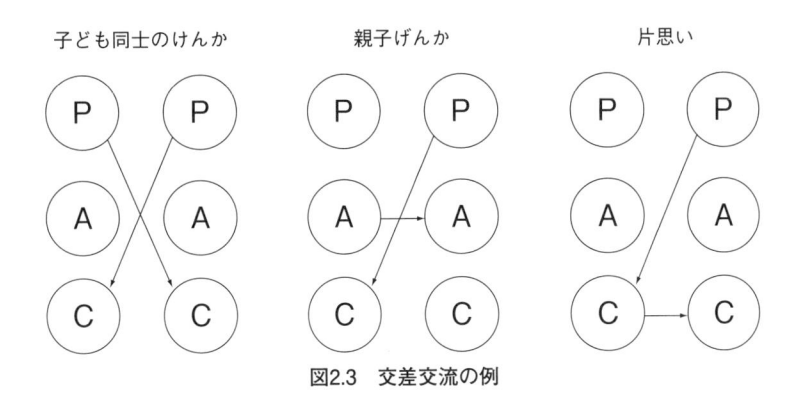

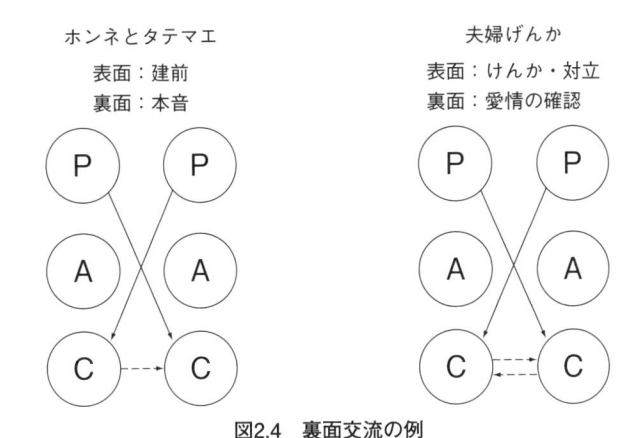

図2.4　裏面交流の例

3）裏面交流　裏面交流とは，表面的に出ている態度（社交レベル）と，その裏に隠された気持ち（心理レベル）が一致していないとき（図2.4）に起こる。

　たとえば，会社の上司と部下の関係を考えてみよう。上司は部下に対し仕事を教えるという名目で，厳しく接していた。部下のミスについては必要以上に怒鳴りつけ叱責する。このような場合，上司は表面上は部下の成長を願ってそのように接しているんだという態度（P→C）をとる。しかし裏側では自分が子どもの頃，いじめられた体験の憂さ晴らし（C→C）をしているというケースは多々ある。こういう上司に限って，部下が何も言わなくても，「いじめたくて言っているわけじゃないんだよ」と自分をフォローする。

　夫婦げんかでも裏面交流が起こる。表面上は交差交流のところで示したお互いにP→Cの交流であるが，裏面では愛されたい気持ちから，相手の愛情を確認するのである（C→C）。

(4) 交流の3原則

　交流分析では対人関係について3つの原則を提示している。順を追って紹介する。
　①第1原則：交流が相補であるとき，やりとりが延々と続く可能性がある。
　　上司「君，この書類はなんだ！　間違いだらけじゃないか！」
　　部下「すみません。昨日徹夜で仕上げたんですが」
　　上司「君はいつもそうだ！　徹夜しようが，どうしようが，結果がこれじゃ話にならないんだよ！」
　　部下「本当にすみません。すぐに作り直します」
　　上司「すぐにって言ったって，昨日徹夜してできないのに，すぐに作り直してできるのか!?」
　　部下「すみません。すみません」

このやりとりは上司と部下の間で起こるP⇔Cの相補交流である。部下にすればうんざりするようなやりとりだが，このままではこの関係はずっと続くことが予想される。何も悪い関係ばかりではない。熱愛中の恋人同士のように良好な関係も同じようにお互いが自我状態を変えない限りその関係は延々と続いていく可能性をもっている。

②第2原則：やりとりが交差した際には結果としてやりとりが中断し，それを再開するためには，片方，または両者が自我状態を移行させる必要がある。

先ほどの上司と部下のやりとりの続きをみてみよう。

上司「まったく，いつもいつもすみませんだけ言っていればことが済むと思ってるのか？」
部下「いえ，そういうわけじゃ……」
上司「じゃあ，どういうつもりなんだ」
部下「ちょっと待ってくださいよ！　こっちだって，一生懸命やってるんだ！　怒鳴り散らせば誰でも言うことを聞くと思ったら大間違いですよ！」
上司「なんだと！　よくも上司に向かってそんな口がきけるな！　お前は首だ！」
部下「上等だよ！　いつまでもこんなところで働いていられるか！」

部下がそれまでCの自我状態だったのが，相手を批判するPの自我状態に移行した瞬間である。そのためお互いにP→Cの交差交流になりやりとりは中断した。2人の関係をやり直すには部下の方からCに戻って詫びを入れるか，上司の方がAの態度で部下の言い分を尊重するなどして自我状態を変化させる必要がある。

③第3原則：裏面交流の結果は社交のレベルではなく，心理レベルで決定される。

図2.4で示した夫婦げんかの例を思い出してほしい。表面的には交差交流である。こんなことを続けていたらその夫婦は疾うの昔に離婚していそうだが，なぜか長く続いているとする。これは裏面で相補交流が行われているからに他ならない。もちろんこの関係を良しとするか悪しとするかは本人たちの問題なので，まわりがとやかくいうことではないかもしれないが，このように裏面交流は心理レベルが相補か交差かで結果が決まる。

(5) 自我状態の機能モデル

あなたの両親はどんな人だっただろうか？　すごく厳しい人だったかもしれないし，優しい人だったかもしれない。それに対してあなたはどんな子どもだっただろうか。聞き分けの良い子だったかもしれないし，きかん坊でわがままだったかもしれない。バーンはこのように親や子どもには2つの側面があることを指摘した。すなわち批判的な親（CP：Critical Parent）と養育的な親（NP：Nurturing Parent）という親の2つの機能，自由な子ども（FC：Free Child）と順応した子ども（AC：Adapted Child）という子どもの2つの機能である。これにAの自我状態を加えて，5つの自我状態を示している。これを自我状態の機能モデルとよぶ（図2.5）。これらの5つの自我状態にはそれぞれいいところもあれば悪いところもある。それぞれ表2.1で確認して欲しい。

さて，エゴグラムとは何かという問いに答えるとき，筆者はよく「5人の家族の力関係のこと」と言う。そして，「私たちの中には5人の家族が住んでいる」と説明する。実はこの5人家族とは表2.1に挙げた5つの自我状態のことである。それぞれの自我状態の長所短所をよく理解し，そのような特徴をもった人を5人想像してみよう。厳しいお父さん，優しいお母さん，ちょっと年上の理系のお兄さん，元気いっぱいの坊や，真面目一辺倒のお姉ちゃんといったところだろうか。この5人があなたの中に家族として住んでいるのである。この5人がどのような力関係で一緒に住んでいるかでその人の物の感じ方，考え方，さまざまな物事に対する態度は変わる。そして，バーンの弟子であるデュセイ（Dusay, J. M.）はこの力関係をグラフ

表2.1　5つの自我状態の長所と短所

批判的な親 （CP）	長所	理想を追求する　道徳的　善悪をわきまえる　責任感がある
	短所	厳しすぎる　支配的　威圧的　ひとを責める　聞く耳をもたない
養育的な親 （NP）	長所	思いやりがある　愛情　あたたかさ　やさしさ　ひとを守る
	短所	甘やかす　過保護　過干渉　世話をやきすぎる
成人 （A）	長所	客観的理解　現実的判断　情報収集と分析　計算や工夫が得意
	短所	冷たい　人情味に欠ける　気持ちより事実を優先
自由な子ども （FC）	長所	明るい　自由奔放　天真爛漫　好奇心
	短所	自己中心的　本能的　衝動的　わがまま
順応した子ども （AC）	長所	素直　協調性　適応性　ひとを信頼できる
	短所	自信がない　自分を責める　依存的　自分の殻にこもる　ひねくれて反抗する

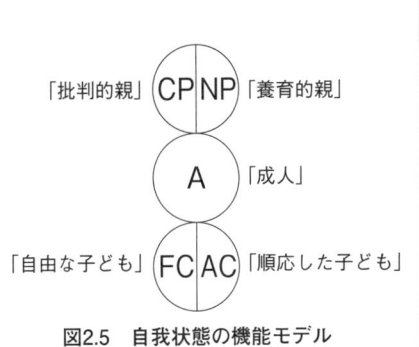

図2.5　自我状態の機能モデル

「批判的親」CP｜NP「養育的親」
A「成人」
「自由な子ども」FC｜AC「順応した子ども」

にして表すことを考案し，そのグラフにエゴグラムと名づけたのである。

4. TEG の実施法

　エゴグラムの基本的な考え方が理解されたところでTEGについての解説に入る。TEGがエゴグラムを測定する道具であることはすでに述べた。デュセイは最初自分の主観でエゴグラムを描くことを考案したが，後に質問紙によりエゴグラムを描き出す方法に移行していった。そしてその手法の日本語版がTEGなのである。
　いよいよ実際にTEGに取りかかるわけだが，実施，採点，エゴグラムの作成までは検査用紙に書いてある通りであり，ここで説明するまでもない。ここでは妥当性尺度（L）と疑問尺度（Q）について，若干の説明をする。
　本章の最初に述べたように，質問紙法の検査においてはどうしても社会的望ましさなどにより回答が影響を受けやすい。これを防ぐためにあるのがL得点とQ得点である。L得点に関しては，普通の人なら選ばないような回答をどのくらい選んでいるのかをみている。これがたくさんある人（4点以上）は，その人のTEGへの取り組み姿勢に疑問があるとして，解釈を保留する。Q得点もまた「どちらでもない」があまりに多い場合に高くなり，やはり真面目に答えていない可能性がある。Q得点について，判断を保留する基準は35点以上である。

5. エゴグラム・パターン

　エゴグラムは結果をいくつかのパターンに分けた類型論的な解釈が初心者にはなじみやすい。パターンは優位型，低位型，混合型，平坦型の4種類に大別される。
　優位型とは，5つの自我状態のうち，1つが目立って高い状態，低位型は逆に1つが目立って低い状態である。2つないし3つの尺度が同程度に高い（低い）状態を混合型，すべて同じくらいの場合を平坦型に分類する。それぞれの型にさらにいくつかの下位分類があるので，それを図2.6に示す。これらの図からあてはまるものを探して，その人のエゴグラムとするが，必ずしも完全にあてはまらない場合も多々ある。そのようなときは，一番近いものを探し，それから，どの部分がどの程度外れているかで解釈する。

優位型

1. CP優位型　2. NP優位型　3. A優位型　4. FC優位型　5. AC優位型

低位型

6. CP低位型　7. NP低位型　8. A低位型　9. FC低位型　10. AC低位型

混合型

11. 台形型　　Ⅰ　Ⅱ　Ⅲ
12. U型　　Ⅰ　Ⅱ　Ⅲ
13. N型　　Ⅰ　Ⅱ　Ⅲ

14. 逆N型　Ⅰ　Ⅱ　Ⅲ
15. M型
16. W型

平坦型

17. 平坦型　Ⅰ　Ⅱ　Ⅲ

P優位型とC優位型

18. P優位型　19. C優位型

図2.6　エゴグラム・パターン

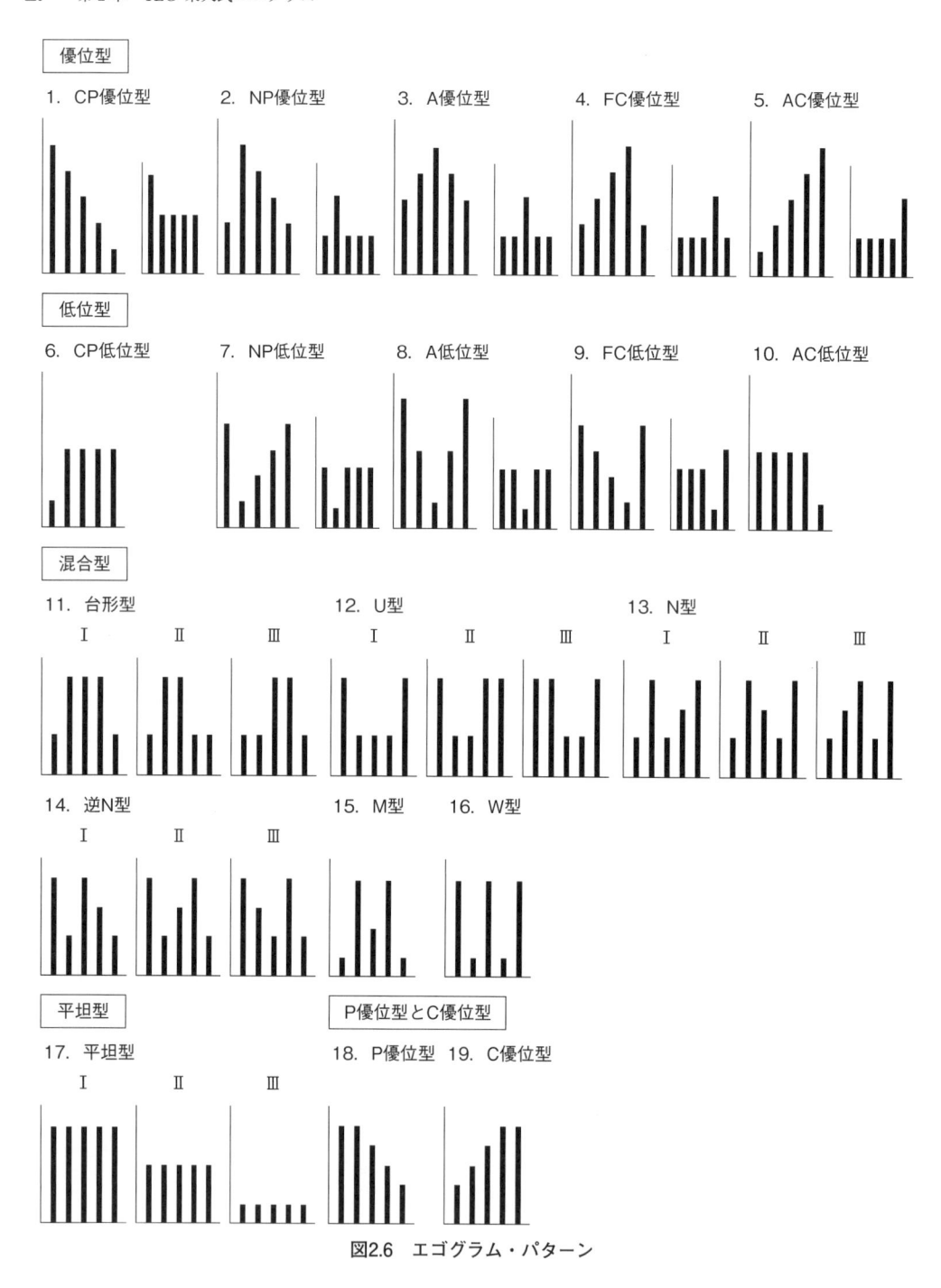

6. パターンの解釈

　ここでは前節で挙げたパターンをすべて紹介するのは紙面の都合上難しい。そこで，代表的なパターンとして，日本人に多いパターンを順に6つ示す。より細かいパターンについて学びたい人は，「新版TEG　解説とエゴグラム・パターン」（東京大学医学部心療内科TEG研究会編，2002）を参照してほしい。

(1) N 型 I

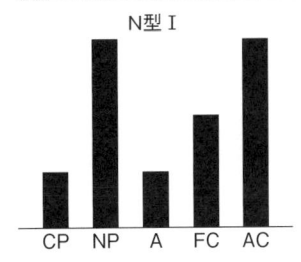

出現率10％。他人に対する温かさや配慮という点ではNP優位と似ているが，ACの高さが特徴である。日本人はNOと言えないと言われて久しいがまさにこのタイプである。日本人には一番多い。頼まれると断れず，相手に利用されたり，要求された以上に相手に応えようとしてしまう。

(2) 逆 N 型 I

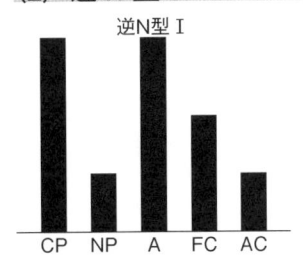

出現率9.3％。自分にも他人にも厳しく，思考も論理的で仕事において完璧を求める。相手に対しては容赦なく厳しい言葉を浴びせたりする。規則を重んじ，融通の利かないところがある。有能だがまわりを疲れさせるタイプ。優しさや思いやりという部分でNPを上げるともう少し楽になれるかもしれない。

(3) AC 低位型

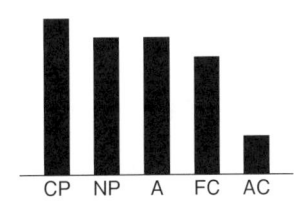

出現率8.2％。ACの低さから，まわりと協調性がなく，思い通りに行動する。裏を返せば行動力があり，ゴーイング・マイ・ウェイである。他人の意見に耳を貸さないが，リーダーシップがあり自分でやり遂げようとする責任感は強い。CPが高すぎると頭痛や高血圧になりがちな可能性がある。

(4) NP 優位型

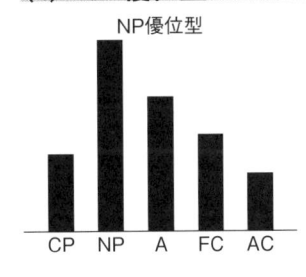

出現率6.7％。このタイプは人に優しく接し，面倒見がよいのが特徴である。対人関係のトラブルも少なく常識人。しかし，人によくみられたいところもあり，親切が押しつけにならないように注意が必要である。

(5) W 型

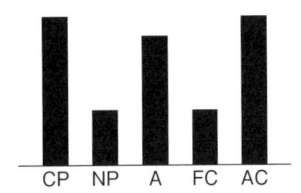

出現率6.7％。高い目標に向けて努力し，それをきちんと達成するタイプ。立派な成功を収めることができるが，それでももっとやらないといけないという思いが強い。自己主張は苦手で自分の中で苦悩するタイプ。あまり他者とのつきあいもうまくないので，自分の殻にこもり，自虐的になる場合もある。

(6) AC優位型

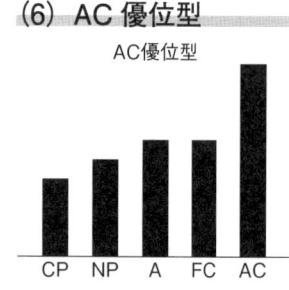

AC優位型

出現率6.3%。依存的であり，与えられたことはしっかりこなすが，自分から何かを考え実行に移す力は弱い。NOと言えない日本人の中でも，従属的で，自分に自信がもてないタイプ。場に流されやすく，N型Iよりも中身がない分葛藤は少ないが健康度は低いかもしれない。

　初心者がエゴグラムを解釈するにあたり，気をつけないといけないのは，エゴグラムは決して良い，悪いを決めるものではないということである。エゴグラムはあくまでもその人の自我状態の力関係を示すものである。確かに5人の力関係によっては対人関係に難しさを覚える人もいるかもしれない。しかし，それは病理というものではなく，気持ちのもち方やちょっとした注意で変化させることが可能なものである。だからこそ，すでに述べたように臨床場面での応用性も高いのである。

7. 事　例

　ここでは交流分析やTEGがどのようにカウンセリング場面で応用されているのか，架空事例を通して紹介する。架空事例ではあるが，実際のカウンセリング場面でもこのような訴えは非常に多い。

> **パート兼業の主婦A子さんの訴え**
> 「旦那は作家なんて言ってますが，実際には仕事はろくにしないで遊び呆けてばかりなんです。私が働かなかったら家はとっくに崩壊してると思います。仕事は辛いですよ。やめたいと思ってばかりです。でも，旦那の稼ぎはあてにならないし。私ががんばらないといけないんです。もう辛いですよ。最近は肩こりが酷くて，眠れないことも多いです。かといって子どもの世話もしないといけないし，もうどうにかなりそうです」

　A子さんの話を聞いて，カウンセリング場面ではどのように対応したらよいだろうか。交流分析の視点をもっていれば，A子さんはN型のエゴグラムを示すパーソナリティということが推測されるだろう。すなわち自己犠牲的に家族のために尽くし，優しく良い母であり妻の役回りを演じているが，ストレスをため込んでパンクしそうな状態なのである。実際にTEGを使って確かめてみて，視覚的にA子さんに性格を説明してもよい。

　さて，ここで3節で学習した交流の3原則を思いだしてほしい。第1原則「交流が相補であるとき，やりとりが延々と続く可能性がある」というものがあった。A子さんが長年ご主人と連れ添ってきたということは，2人の間に相補交流が成立していると推測できる。ということは，ご主人のエゴグラムは逆N型であろう。ご主人はCPが高く，A子さんはACが高い。つまりご主人に命令されたら，それに従ってしまうのである。また，ご主人はFCが高く，A子さんはNPが高い。ご主人がわがままを言えば，それに対して甘やかしてしまうのである。

　ここまで理解できれば，後はA子さんのエゴグラムをいかにして変化させていくかということがカウンセリングの狙いになってくる。いきなりCPを上げてご主人と対抗させようとしてもお互いにP→Cの交差交流になり，それではA子さんの方が押しつぶされてしまうか，即離婚となってしまう可能性が高い。それよりもまずはFCを上げる方向で考えてはどうだろ

うか。N型の人は他人のために自分を犠牲にして尽くし，自分が楽しんではいけないと思いこんでいる場合がある。そういう人にはまずは自分の人生を楽しんでもらうのである。習い事を勧めてみるもよし。友達を誘って映画に出かけてみるもよし。まずは楽しむ心を回復させるのである。そうすることによってFCが上がってくるとA子さんのエゴグラムはN型から，CP低位型に変化する。愛情いっぱいで結婚生活が長続きするタイプである。ご主人がCPからA子さんのACに対して交流を求めてきたときに，ACではなくFCで受けられるようになるのである。ご主人が「風呂はまだか？」と言ったとしたら，今までならA子さんはうつむき加減に「ごめんなさい。すぐ支度するわ」と言っていただろう。FCを上げたA子さんなら明るく「はいはい，ただいま～」と返すのである。もしかしたら，風呂場に向かう途中でオーバーに転んで見せて「私ってドジね。失礼しました～」と笑って見せるかもしれない。そうするとご主人も「仕方のない奴だな。気をつけろよ」と笑顔を見せてくれるだろう。このようなちょっとした対応の違いが夫婦関係を今までとはまったく違ったものにしていくのである。

8. 実習課題

(1) 自分の対人関係のふりかえり

自分の日々の対人関係のもち方をみて，相補交流，交差交流，裏面交流にあてはまる対人関係をそれぞれ書き出してみよう。

(2) エゴグラムの予想

5つの自我状態の特徴をよく理解したら，自分の性格はどのようなエゴグラムによって表されると思うか，図に書いてみよう。これは直感的なものでかまわない。自分の普段の性格で他人を批判する部分が強いと思えばCPが高くなり，感情的であまり論理的な考え方をしないと思えばAが低くなるといった具合である。

(3) エゴグラムの体験

実際にTEGを体験し，自分のエゴグラムのパターンはどのパターンに一番近いか，探し出してみよう。また，(2)で描いた主観的なエゴグラムと，TEGによって描かれたエゴグラムはどのような点で類似，または相違していただろうか。相違していたとしたらどちらが自分としてはしっくりくるのか考えてみよう。

(4) エゴグラムの利用

(1)で挙げた交流について思いだしてほしい。その中にあなたが不快に思っているもの，変えたいと思っている人間関係はなかっただろうか。もしなければ，ここで新たに考えてみてほしい。思いついたら，その人間関係はあなたのエゴグラムをどのように変化させたらよりよいものに変化させることができるか，考えてみよう。

文献

Stewart, I., & Joines, V. (1987). *TA today: A new introduction to transactional analysis*. Nottingham: Lifespace.（深沢道子（監訳）(1991). TA TODAY — A New introduction to Transactional Analysis- 最新・交流分析入門 実務教育出版）

杉田峰康 (2000). 新しい交流分析の実際―TA・ゲシュタルト療法の試み 創元社

東京大学医学部心療内科TEG研究会（編）(2002). 新版TEG 解説とエゴグラム・パターン 金子書房

3

Picture-Frustration (P-F) Study

1. はじめに

　日常生活上のさまざまな場面や状況で，欲求不満に陥ることは，私たちにとってよくあることである。そしてそのような欲求不満場面は，その人の隠された特徴が最も表れやすい場面ともいえる。たとえば，いつもはおとなしい人が，些細なことで過剰に怒りを露わにしたり，逆に，いつもは口数の多い人が，いざとなると黙ってしまったりといった，その人の意外な一面を目の当たりにしたことがある方も多いのではないだろうか。Picture-Frustration Study（P-Fスタディ）は，そのような欲求不満時の反応から，その人のパーソナリティを査定することを目的とした心理検査である。本章では，まずは P-F スタディの歴史にふれ，その理論的背景を論じる。そして P-F スタディの施行方法を述べ，スコアリング，そして一般的な結果の解釈の仕方について説明する。最後に P-F スタディを用いた事例にふれ，実習課題について述べる。

2. P-F スタディとは

　人の欲求不満への対処の仕方に注目し，パーソナリティ研究を行ったのが，P-F スタディの開発者のローゼンツァイク（Rosenzweig, S.）であった。ローゼンツァイクは，抑圧などの精神分析的概念を実験的手法で明確化することに関心をもち，特に，人は欲求不満を感じたときにどのように対処し，アグレッションがどのように表れるのかについての研究を行った。当初は，行動面の検査や質問紙検査などいくつかの手法も用いていたが，漫画風に描かれたイラストの人物がどのように答えるのかを尋ねる投映法の形式が最も有効であるとの結論に達し，その後，この投映法的アプローチのみが単独で使用されるようになった。最初の 1945 年版は，18 歳以上を対象とした成人用であったが，その後，1948 年に 4 歳から 14 歳を対象とした児童用が作成され，また 1976 年に，12 歳から 18 歳を適用年齢とした青年用が作成された。わが国では，1955 年に林勝造によって P-F スタディの解説手引書が刊行されたのにはじまり，1956 年に児童用が，そして 1957 年に成人用が発表されている。

　P-F スタディは，検査刺激が漫画風であるため，子どもから大人まで，どの年齢層にも関心をもってもらいやすい検査である。また検査の所要時間が 20 〜 30 分程度と比較的短時間であり，被検者に大きな負荷を与えることなく施行できる。一般に，投映法は検査者の主観によって，結果の解釈が左右されやすいという欠点が指摘されるが，P-F スタディは，投映法でありながら，数量化された客観的な指標を用いた分析が可能である。パーソナリティを包括的に査定する検査ではないものの，個人の特性が最も表れやすい対人関係と，そこで表出されるアグレッションを査定対象としているため，パーソナリティ検査としての妥当性・有効性が認められ，今日まで，多くの研究が積み重ねられてきている（Rosenzweig, 1978）。

3. 理論的背景

(1) アグレッションの定義

　P-Fスタディでは，フラストレーションへの反応をアグレッションとよび，このアグレッションの査定を目的としている。一般に，アグレッションからイメージされるのは，敵意や暴力といった攻撃性であり，否定的な意味としてとらえられやすい。しかしローゼンツァイクは，アグレッションの本質を主張的行為であるとし，必ずしも否定的な性質を示すものではないとした。またアグレッションは，すべての目標指向行動に含まれる要素であり，行為そのものは中性的で，建設的か破壊的かは，結果として導かれるものであると主張した。相手に何かを要求する場面を例に挙げると，要求することが，問題解決に向けての建設的な結果を導くときもあれば，自分の要求が相手からの要求と相反し，関係性を破壊してしまう結果を導くときもある。また，脅威を与える意図のない建設的な主張行為もある一方で，意図的に他人や他人の持ち物に損傷を与える例もありうる。

　このアグレッションを主張的行為として広範にとらえる視点は，ローゼンツァイクの理論の独自性となっている。フラスレストレーションとその攻撃的反応の関連では，ダラード(Dollard, J.)とミラー(Millar, N. E.)の欲求不満攻撃仮説が知られているが，この仮説は，攻撃行動が起こる背景には必ず欲求不満が存在し，逆に欲求不満が存在すれば必ず攻撃が生じるとする理論である。ローゼンツァイクは，自らのフラストレーションの反応に関する理論は，非敵意的な無罰的反応を含んでおり，さらに建設的なものと破壊的なものの両方を考慮しているとし，ダラードとミラーの理論との相違点を明確に主張している（Rosenzweig, 1978）。

(2) アグレッションの構成

　ローゼンツァイクは，アグレッションの定義だけでなく，その構成に関しても独自な理論を展開している。ローゼンツァイクの理論によれば，アグレッション反応は，アグレッションの向けられる方向とアグレッションの型の二次元から構成される。アグレッションの方向次元としては，他責（アグレッションを環境に向ける），自責（アグレッションを自身に向ける），無責（フラストレーションをうまく繕おうとして，アグレッションをそらす）の3タイプが設定されている。一方，アグレッションの型次元に関しては，障害優位（反応の中で，自我を表明しようとはせず，フラストレーションの原因である障害を強調する），自己防御（率直に自我を強調し，有機体の統合力によって個体の完全な状態を守ろうとする），要求固執（フラストレーションを解決するために，障害を乗り越えて目標を追求しようとする）の3タイプに分けられる。

　P-Fスタディでは，被検者のアグレッション反応は，最終的に，方向と型の組み合わせからなる9種類のどれかに分類され，そしてスコアリングされる（表3.1）。このスコアリング結果をもとに被検者のアグレッション特性が評価される。

(3) アグレッションの投映水準

　P-Fスタディは，検査刺激としてイラストを用いており，また回答方法も自由記述方式をとるなど，投映法検査の特徴を備えている。イラストに描かれている人物の表情は省略され，また人物の特徴を表すものも最低限に抑えられるなど，投映法の色合いを強める工夫がなされている。ただし，刺激場面はフラストレーションの場面に限定されており，ロールシャッハ・テストと比較するとその自由度は低い。したがって，正確には，半投映法として位置づけられるべきであろう（図3.1）。

表3.1 アグレッション反応の分類とその内容 (秦, 2007を一部改変)

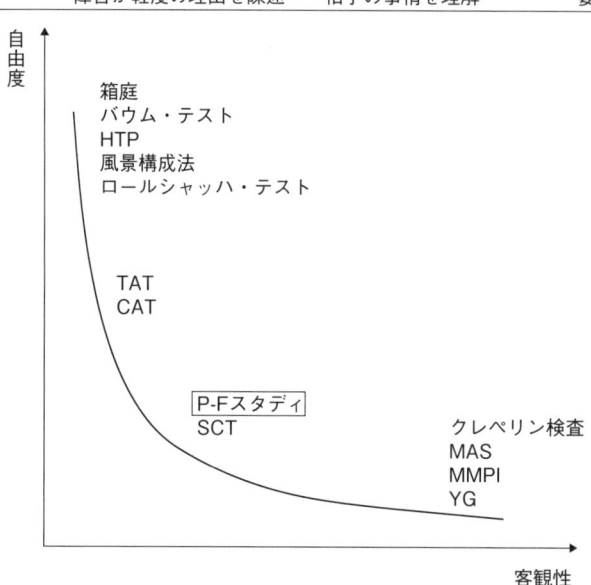

アグレッションの方向	アグレッションの型		
	障害優位	自我防衛	要求固執
他責	他責逡巡 ・不満, 不快の表明 ・要求の阻害を強調 ・不運, 失望の表明	他罰 ・直接的非難, 攻撃 ・第三者への非難, 攻撃 ・拒否, 反抗等の自己主張	他責固執 ・問題解決の要請 ・援助の要請 ・弁償の要求
自責	自責逡巡 ・驚き, 当惑の表明 ・不満, 障害の否定 ・障害の利得を強調	自罰 ・率直な謝罪 ・丁寧な謝罪 ・責任の自認	自責固執 ・自分で解決 ・補償の申し出 ・行為の改善
無責	無責逡巡 ・障害の軽視 ・障害, 不満の弱い表現 ・障害が軽度の理由を陳述	無罰 ・あきらめ, 許容の表明 ・相手の気持ちを緩和 ・相手の事情を理解	無責固執 ・忍耐や規範への同調 ・別の方法による解決 ・要求充足の遅延

図3.1 P-Fスタディの投映水準 (皆藤, 2005, 一部改変)

　ローゼンツァイクは, 検査への投映水準として, 意見水準 (抑制した応答であり, 自己イメージや社会的に適切な規範に沿った反応), 顕在的水準 (自然な日常生活での行為を反映した, 他者評価にとらわれない反応), 暗黙水準 (潜在的, 空想的な水準に対応したもので, 無意識的な態度や感情から生じた反応) の3つを想定している (Rosenzweig, 1978)。P-Fスタディはそのうち, 顕在水準が表れやすい検査とされるが (秦, 2007), 実際の被検者の反応水準を見分けることは難しいと考えられる。投映水準を査定する場合は, 検査終了後に, 「ふだんの自分の反応とどの程度似ているか」など, 被検者の投映水準に関する質問をしてみてもよいであろう。

4. P-Fスタディの実施法

(1) 刺激図面

　検査刺激は, 24個の漫画風のイラスト図面から構成され, それぞれの図面には, 日常の対人関係で経験されうるフラストレーション状況が描かれている。具体的には, 2人の人物が各場面に描かれており, 左側の人の発言が, 右の人に何らかのフラストレーションを起こさせる

図3.2　P-Fスタディに模した刺激図面例

設定となっている（図3.2）。

　24個のフラストレーション状況は，その内容によって，16個の自我阻害場面と8個の超自我阻害場面とに分けられる。自我阻害場面とは，被検者が回答を書き込む側の人物が，直接障害を経験する状況のことである。刺激図面には，人為的または非人為的な障害を受けたり，失望させられたりする状況が描かれている（例：待ち合わせの時間に相手が来ない場面，相手がぶつかってきて転んでしまう場面）。一方，超自我阻害場面とは，回答を書き込む側の人物が何らかの損失を犯し，そのことによって良心の呵責や罪悪感を喚起されやすい状況のことである。刺激図面には，他者から非難されたり，責任を追及されたりする状況が描かれている（例：人の所持品を壊してしまう場面，大事な物をなくしてしまう場面）。

　成人用，児童用，青年用の各検査で，刺激図面の構成自体は変わらないが，被検者が自身を投映しやすいように，年齢層に合わせたフラストレーション場面が選ばれており，また被検者と同年代の人物が登場人物として用いられている。なお場面設定自体は共通したものが多く，成人用と児童用では16場面で似た状況が用いられており，青年用は，成人用をもとに作られているため，刺激図面の内容はほぼ同じである。

(2) 教　示

　一般的には，「右側の人がどんなふうに答えるでしょうか」と教示し，頭に最初に浮かんだ答えを，吹き出し部分に記入するように指示する。日本版には，方法をわかりやすく理解してもらうための例示問題が設定してある。被検者が検査内容を理解していることが確認できたら，あとは被検者が自身で刺激文を読んで回答を記入してもらえばよい。教示文が，「あなたなら，どんなふうに答えるか」となっていないのは，社会的望ましさや自己批判的な気持ちによって，自然な回答が抑制されるのを少なくするためである。もし被検者から「自分ならどう答えるかを書くのか？」などの質問がなされたら，思い浮かんだ答えを書けばよいことを伝え，被検者が実際に日常場面で行っていることとは無関係であることを伝えるとよい。

(3) 個別法と集団法

　P-Fスタディの施行法には，検査者と被検者が一対一で行う個別法と，多くの被検者に同時

に行う集団法がある。ローゼンツァイクは個別法の方が望ましいとしており，その理由としては，検査後に質問を行って，被検者の回答の意図を確認できたり，登場人物への投影水準を見極めたりできる点を挙げている（Rosenzweig, 1978）。一方，集団法にも主にコストパフォーマンスの面での利点がある。したがって集団法を用いる場合は，被検者の検査内容への理解を確実なものとするために教示をしっかりするなどの工夫が必要であろう。なお集団法の際に，スライドを利用した教示法もありうるが，被検者が自分のペースで回答できないといった点があるため，施行法としてはあまり適切でないと考えられる（Rosenzweig, 1978）。

(4) スコアリング

　被検者の各場面に対する回答を，アグレッションの方向と型の組み合わせからなる9種類に分類し，各因子をスコアリングする。たとえば，自分が頼まれていた仕事が，他の人によって終えられていた場合を考えたとしよう（図3.2）。「どういうつもりなんだ」と反応した場合は，相手の非を責めており，またその内容は不満の表明にとどまっていることから，他責逡巡反応とスコアされる。一方，「遅く来すぎてしまったのかもしれません」と反応した場合は，自分の非を認め，かつ謝罪の形式となっていることから，自罰反応とスコアされることとなる。実際のスコアリングでは，P-Fスタディの解説書（林ら，2007，以下マニュアル）に標準的な回答のサンプルが掲載されてあるのでこれを参照していただきたい。各場面に対して1種類の因子をスコアするのが基本だが，反応内容によっては2種類の因子を組み合わせてスコアすることもできる。すべての回答がマニュアルに載っていることはあり得ないので，検査者は，スコアリングの分類に精通し，回答例とそれに対するスコアリングを丹念に検討することが必要である。スコアリングの際は，回答の深読みをしたり，深い解釈をしたりするなど，表面に記載されている言葉以上のものを評価すべきではなく，あくまでも記述的分析のみに基づくよう心がけなければならない。さらにスコアリングの正確性を高めるためには，2人以上による評定を行う方法もある。この方法を用いれば，評定者間の合議によってスコアリングを決めることができるなど，その信頼性をより高めることができる。

5. 分析および解釈

(1) 集団一致度（Group Conformity Rating, GCR）

　GCRとは，被検者の反応と標準的な反応がどの程度一致しているかをパーセンテージで示した値のことである。標準化の際に収集されたデータをもとにして，24場面のうち14場面（児童用は12場面，青年用は13場面）で，標準的な反応が定められている。GCR値によって，個人の社会適応の程度や，協調性の程度を知ることができる。なお実際のGCR値の計算方法は，マニュアルを参照してほしい。著しく低いGCR値は，常識的な反応ができないことを示しており，逆に高すぎるGCR値は，過度に常識的で，融通性の利かないことを意味している。精神発達とGCR値の関連をみた研究では，年齢とともにGCR値が上昇している傾向がみられ（林ら，2007），人間が社会化されていく過程を反映した結果が示されている。

(2) アグレッション反応のプロフィール

　アグレッションの方向および型に関する6個のカテゴリーと，方向と型からなる9個の因子に関して，出現頻度と，全反応数に対する割合を計算し，個人内プロフィールを作成する。これによって，被検者のフラストレーションに対する特徴的な反応様式や攻撃に対する傾向を知ることができる。プロフィールを解釈する際は，まずは基本的な特徴として6個のカテゴリーを評価し，その次に，9個の因子に関する評価を行う。表3.2にアグレッションの方向と型の

表 3.2 アグレッションの方向および型カテゴリーの特性

	内容
アグレッションの方向	
他責	フラストレーションの原因を他人や環境など自分の外部に帰属させる反応である。他者批判や責任転嫁の傾向の強さを示すが，その背景には，他人から非難や攻撃をされるのではないかという恐れを抱いている場合もある。
自責	フラストレーションの原因を，自分自身に帰属させる反応である。自責感の強さや罪悪感の強さを示すが，自信の無さや自尊感情の低さの表れであると考えられる。その一方で，背景に隠れた攻撃性をもっていることもある。
無責	フラストレーションの原因を，どこにも求めないで済ませる反応である。適度な無責反応は，適応の良さを示す指標と考えられる。その一方で，過度な無責反応は，否認や抑圧といった防衛機制が強いことの表れである場合もある。
アグレッションの型	
障害優位	フラストレーションに対して，障害の存在を指摘するにとどまる反応である。自身の内面を率直に表明することなく，また問題解決に向けた行動も起こさない特徴がある。逡巡反応ともよばれ，障害の強さに圧倒されやすい特徴を示している場合もある。
自我防衛	フラストレーションを解決するための，率直な自己の内面の表明を行う反応である。自我の強さとも関連する。
要求固執	フラストレーションの原因となっている問題に対し，何らかの積極的な解決を図る反応である。コーピング能力とも関連する。

各カテゴリーの特性を示した。

　解釈の際は，一義的な解釈にならないように注意する必要がある。たとえば，他罰反応は，否定的な意味でとらえられやすい反応であるが，適度な他罰反応は，社会生活を送るうえで必要な自己主張スキルを示す指標とも考えられる。全般的に，どの指標もバランスよく組み合わされているパターンが，健全な反応プロフィールを示しているといえるだろう。記録用紙には，標準化データをもとに算出された，各スコアの出現頻度および割合の平均値が男女別に記載されている。先の GCR 値とあわせて，一般的な傾向からのズレに関する評価も解釈の際の参考となる。

(3) 反応転移（trends）

　反応転移とは，24個の刺激図面を前半の12場面と後半の12場面に分け，前半と後半でフラストレーションに対する反応がどのように変容したかをみる指標である。実際の計算方法は，マニュアルを参照してほしい。

　反応転移は，被検者の情緒的な安定性を反映した指標と考えることができる。すなわち情緒的な安定を保っている人は，フラストレーションに対して常に安定したパターンで対応していると想定され，反応転移は起きにくいと予想される。その一方，何らかの不安や葛藤を抱えている人は，与えられた刺激によってフラストレーションへの反応が大きく変化し，その結果，反応転移が起きやすくなると予想される。たとえば，罪悪感の強い人の中には，前半は他責的な反応が多かったのに対し，後半は自責的な反応が多くなる場合がある。また抑圧的な人の中には，前半は無責的反応が多かったのに対し，後半はその反動から，他責的な反応が多くなる場合がある。ただし，反応転移の少ないことが，必ずしもパーソナリティの健全さを示しているわけではないことに注意する必要がある。たとえば，自己洞察や内省力の乏しい人は，生来的に反応転移が起きにくいタイプと考えられる。反応転移はあくまでも一つの指標に過ぎず，整合性のある解釈をするためには，GCR 値や他の指標とあわせて考える必要がある。

(4) 治療的観点

　心理検査の主な目的は，被検者の心的活動に関するさまざまな情報を収集することで，被検者が抱えている心理的問題の種類やその程度を把握し，その後の治療方針に役立てることである。時に心理検査の結果と，面接や観察から受ける被検者の印象とが食い違う場合があり，このギャップの認識が治療の足がかりともなる。たとえば，普段はおとなしく人当たりのいい人に，P-Fスタディを行ったところ，他責的な反応の優位性が示されたとする。このようなパターンを示す人は，潜在的な攻撃性をもっており，普段はその攻撃性を自分の内面に抑圧している可能性が考えられる。自分の正直な感情や意見を表現することに対して過度な恐れを抱いている人かもしれない。一方，非行問題を抱えている少年が，自責的反応が多いという検査結果が示される場合もある。普段，他者に向けられている攻撃性が，実は自分の内面にも向けられていたと理解される。罪悪感や自責感が強過ぎるゆえ，それに耐えきれず，他人に攻撃性を向けてしまっているのかもしれない。

　また，心理検査は，その施行自体が治療的効果をもつ場合もある。P-Fスタディの場合は，アグレッションの特性を被検者本人が知ることで，普段は意識しない他者との関係性をあらためて考えるきっかけとなりうる。特に治療者と被検者が結果を共有することで，治療者の受容的態度に助けられながら，被検者の自己理解を促進させることが期待できる。さらにP-Fスタディには，感情的なカタルシス効果をもたらす機能が含まれていると考えられる。普段，社会的価値観から人への攻撃性を抑えている人も，検査という構造化された枠組みの中で，自分の内に留めている攻撃性を安心して表出することが期待できるのである。

6. 事　例

　架空事例を通して結果の解釈の一例について紹介する。被検者は25歳の女性，社会人である。会社の同僚とのトラブルが続き，それが原因で周囲から孤立してしまい，抑うつ的になってしまった方である。本人の訴えによれば，ふだんは問題となることは少ないのだが，グループワークや企画会議など，共同作業などが求められる場になると，周囲と意見が対立し，その結果言い争いになってしまうことが多いという。本人は「自分はその気はないのに言い合いになってしまう」と語っている。

　表3.3はこの女性に施行したP-Fスタディ（成人用）の結果である。アグレッションの方向および型に関する6つのカテゴリーの出現頻度と，集団一致度を示した。なお集団一致度に関しては，自我阻害場面と超自我阻害場面とに分けた算出も行った。結果からは，アグレッションの方向に関しては，他責反応が最も高く，女性の標準的な値と比較して1標準偏差以上高いことがわかる。その半面，自責的反応は，標準的な値と比較して1標準偏差以上低い結果となっている。一方アグレッションの型に関しては，自我防衛が最も高く，標準的な値と比較して1標準偏差以上高い結果となっている。集団一致度をみてみると，25.3%と低く，特に自我

表3.3　事例のプロフィール分析結果

アグレッションの方向		アグレッションの型		集団一致度	
他責	60.4%	障害優位	20.8%	全体	25.3%
（平均36　標準偏差13）		（平均24　標準偏差9）		（平均58　標準偏差12）	
自責	14.6%	自我防衛	66.7%	自我阻害場面	12.5%
（平均31　標準偏差7）		（平均55　標準偏差10）			
無責	25.0%	要求固執	12.5%	超自我阻害場面	41.7%
（平均33　標準偏差9）		（平均22　標準偏差11）			

※（　）内は一般女性の平均値および標準偏差

阻害場面でその数値が低くなっている。なお統計的に有意な反応転移は確認されなかった。

この結果から，この女性はフラストレーション状況では，通常求められる反応が全般的に少なく，特に他者に非がある場面では，アグレッションの矛先を他者に向ける傾向が強いことがうかがえる。自己主張が単なる自分の感情の吐露に終わっており，主張行動が建設的な問題解決に向けたものとなっていないことも特徴である。また反応転移がまったくみられないことから，フラストレーション場面では常に同じパターンをとっており，自己の言動への省察がなされていない可能性も高い。本人のコメントからも，他者への攻撃性について自覚していない様子がうかがえ，潜在水準での反応であることがうかがえる。したがって，P-Fスタディの結果をもとに，まずは被検者自らのアグレッション反応特性への認識を促し，治療者とともに建設的な主張行動のあり方について考えていくことが課題となると考えられる。

7. 実習課題

(1) 反応の分類

P-Fスタディを行った後，特定の場面（たとえば，場面1）の回答を受講生全体でもち寄り，それらの回答群がどのような種類に分けられるか，グルーピング作業をしてみるとよい。さらに，自らが行った分類と，ローゼンツァイクのアグレッション理論による分類とを比較をしてみることで，P-Fスタディの構成についての理解をより深めることができると思われる。

(2) テスト場面と実際場面の比較

P-Fスタディを施行後，各場面に対して普段の自分の対応と，どの程度一致しているのかについて評価してみる。場面への同一視の程度を考えることで，P-Fスタディの投映の水準について考えることができるであろう。

文　献

秦　一士 (2007)．P-Fスタディの理論と実際　北大路書房

林　勝造・住田勝美・一谷　彊・中田義朗・秦　一士・津田浩一・西尾　博・西川　満 (2007)．P-Fスタディ解説 2006年版　三京書房

皆藤　章 (2005)．風景構成法　氏原寛・亀口憲治・成田善弘・東山紘久・山中康裕（共編）　心理臨床大辞典 改訂版　培風館　pp. 573-579.

小林哲郎・竹内健児 (2004)．イメージをことばにする技法　皆藤　章（編）　臨床心理学全書7 臨床心理査定技法2　誠信書房　pp. 101-135.

Rosenzweig, S. (1978). *Aggressive behavior and the Rosenzweig Picture-Frustration (P-F) Study*. New York: Preager.（秦　一士（訳）(2006)．攻撃行動とP-Fスタディ　北大路書房）

竹内健児 (1998)．P-Fスタディ（絵画−欲求不満テスト）　山中康裕・山下一夫（編）　臨床心理テスト入門 3版　東山書房　pp. 158-165.

コラム6 心理検査を用いた卒業論文 その3
タイプ行動の認知的防衛―大学生を対象としたP-Fスタディを用いての検討― [1]

問題および目的

近年，心理学や医学領域において，生活習慣や行動医学の立場から心理・行動特性と身体疾患の関連が注目されている。その中でも，冠動脈疾患（Coronary Heart Disease：CHD）や癌（Cancer）の発症ならびに進行と関連するパーソナリティとして，要求水準が高く，自分の行動に対する妨害や自我の脅威に対して防御的な強い攻撃性をもつといった行動特徴が認められているA型行動パターン（以下Type A）や，物事に対して譲歩や抑圧によって対処し，自己犠牲的で受動的傾向を示すC型行動パターン（以下Type C）が存在している。Temoshok & Dreher（1992）はType AとType Cを対処行動によって分類する「対処行動スケール」を考案しており，これによるとType AとType Cは1次元軸上の両極端にあると考えられる。

これまでType行動と認知的防衛の関連を扱った研究は，間接的に主張性を表現することができ，客観的数量化が可能なP-Fスタディを用いて行われており，Type Aは他責反応や自我防衛的反応が高い値を示すことが明らかにされている（黒田・松永，1990；山崎ら，1993）。これらの研究では，Type Aの認知的防衛について検討されているが，Type AとType Cが同じ1次元軸の対極に存在することを考えると，Type AのみならずType Cを含めた比較検討が必要になるのではないだろうか。また山崎ら（1993）は，Type A女性の主張性はP-Fスタディによって測定することが困難であることを示唆しているが，P-Fスタディに対して12のカテゴリーによる検討しか行っておらず，欲求不満場面における応答内容そのものについては検討していない。このことから，P-Fスタディに対して数量的な検討のみならず，応答内容についても新たに検討する必要があると考えられる。以上より本研究では，Type AとType Cが欲求不満場面においてどのように対処するのか，量的および質的分析を行い検討する。

方　法

大学生151名（女性64名，男性87名）を対象に以下の調査を行った。

①SIRI33：Type AとType C傾向を測定する尺度として，熊野ら（2000）によって作成されたShort Interpersonal Reactions Inventory日本語短縮版（SIRI33）を用いた（33項目，4件法）。

②P-Fスタディ：成人用P-Fスタディを集団実施した（全24場面）。なおP-Fスタディの反応評価は，心理学の研究に携わる大学院生1名と筆者の2名で別々に行い，評価が一致しない反応に対しては，両者が納得するまで話し合って決定した。

結果と考察
因子分析および内的整合性の検討

SIRI33に関して，熊野ら（2000）と同様同じ因子構造が得られるか確認するために因子分析を行った（主因子法，プロマックス回転）。その結果，5因子解が採用され，ほぼ同様の因子構造がみられることが確認された。熊野ら（2000, 2001）に従い，Type Cの下位因子である社会的同調性を測定している「タイプ1（$\alpha = .69$）」，同じくType Cの下位因子である感情抑圧を測定している「タイプ5（$\alpha = .70$）」，Type Aを測定している「タイプ2（$\alpha = .79$）」と命名した。

タイプ行動とP-Fスタディの関連

SIRI33（タイプ1，タイプ2，タイプ5）とP-Fスタディとの関連について相関関係を求めた。結果を表1に示す。

表1　各タイプ行動とP-Fスタディの相関係数

		SIRI 33				
		タイプ1		タイプ2		タイプ5
全体						
他責(E-A)		−.07		.18*		.03
自責(I-A)		.06		−.19		−.14
無責(M-A)		.06		−.10		.09
障害優位(O-D)		−.07		−.17*		−.09
自我防衛(E-D)		.01		.14		.10
要求固執(N-P)		.05		−.03		−.04
攻撃的否認(E)		−.02		−.07		.09
自己保身(I)		.18		−.06		−.05
GCR		.01		−.06		.04
性別	女性	男性	女性	男性	女性	男性
他責(E-A)	.20	−.22*	.19	.13	−.08	.03
自責(I-A)	−.17	.13	−.12	−.21	.13	−.23*
無責(M-A)	−.18	.20	−.21	.00	.03	.17
障害優位(O-D)	−.19	−.02	.00	−.25*	−.05	−.09
自我防衛(E-D)	.03	.01	.06	.19	.06	.10
要求固執(N-P)	.11	.00	−.06	−.01	−.02	−.05
攻撃的否認(E)	−.03	.03	.13	−.22*	−.10	.11
自己保身(I)	.01	.26*	−.08	.00	.11	−.08
GCR	−.03	.01	−.10	.01	.22†	−.04

† $p < .1$　* $p < .05$

内容分析

　調査対象者151名を対象に，SIRI33の下位尺度で5つのタイプ行動に識別できるかどうか検討するため，標準得点を算出し，5つのタイプの中で最高得点を示す下位尺度によって，個々人のタイプを特定した。その後Type AおよびType C（タイプ1，タイプ2，タイプ5）と特定された女性32名を対象に，内容分析を行った。

　山崎ら（1993）は，各Type女性（Type A・Type B）の主張性の差異はP-Fスタディによって測定することが困難であることについて，女性の主張性が社会的に抑圧されやすいことが関連していることを指摘している。そこで本研究では，比較的抑圧されにくいと考えられる場面における主張性に注目し，各Type女性の主張性に差異が認められるのか内容分析を行った。本研究では，相手に責任がある状況において主張をすることが望ましい状況である場面10について内容分析を行った（表2）。

表2　女性のP-Fスタディの内容分析

	反応内容
タイプ1	なぜそう思うんだ。ありのままを述べただけじゃないか そんなことはない！！なにを根拠にそんなことを・・・ おれはウソなんかついてない そんなことないよ！どうして決め付けるの？ 私は嘘をついてません
タイプ5	はい，すみません。でもこうするしかなかったんです いや，そんなことはない。誤解だよ そんなことはない すみません うそついてないよ。本当にわからないのだ
タイプ2	わかっているよ。だからなんだというのだ うるさいなぁ 知らんぜよ！ 一体，何のことですか？ なんのこと？

総合的考察

　結果から，SIRI33 によって測定された3つの Type 行動のうち，Type A 者は男性のみではあるが，欲求不満場面において他責反応との間に有意な正の相関が認められた。また Type A の女性においても，他者を責める方が望ましい場面で他責反応を用いる傾向が認められた。これらのことから，Type A 者は欲求不満場面において他者に責任を求める反応をする傾向があることが明らかにされた。したがって，Type A 者はストレスや不安を生じさせる状況に陥ったときに，男女を問わず他者に責任の方向を向けることによって自己の責任を回避しようとする傾向をもつと考えられる。一方の Type C 者は，自己保身反応との間に有意な正の相関がみられた。また Type C の女性においても，他者を責めるのが望ましい場面において自己保身反応を用いる傾向が認められた。これらのことから，欲求不満場面において責任の方向を自己に向けているようにみえるものの，本心では自己の保身を図ろうとする反応を用いる傾向があることが明らかになった。したがって，Type C 者はストレスフルな環境や不安を生じさせる状況において，自分を守ろうとする反応を用いると考えられる。以上のことから，各 Type 行動に対して性差の検討を行う場合，量的データによる分析のみならず，質的データの分析も必要になることが示唆される。

（橋本　崇）

1）本コラムは，中部大学人文学部心理学科平成20年度提出の筆者の卒業研究をもとに作成したものである。

文　献

熊野宏明・織井優貴子・山内裕一・瀬戸正弘・上里一郎・坂野雄治・宗像正徳・吉永　馨・佐々木直（2000）. Short Interpersonal Reactions Inventory 日本語短縮版作成の試み（第2）―33項目版への改訂―　心身医学, **40**, 447-454.

黒田聖一・松永一郎（1990）. タイプAの人格特性と認知的防衛　心身医学, **30**, 494-499.

Temoshok, L., & Dreher, H.（1992）. *The Type C connection: The behavioral links to cancer and your health.*（岩坂　彰・木郷豊子（訳）（1997）. がん性格：タイプC症候群　創元社）

山崎勝之・呉　佩玲・田中雄治・宮田　洋（1993）. タイプA者の攻撃性―P-Fスタディを用いて―　タイプA, **60**, 60-66.

4

SCT（Sentence Completion Test 精研式文章完成法テスト）

1. はじめに

　本節で学ぶ「精研式文章完成法テスト」（以下 SCT とよぶ）は，心理検査尺度の一つであり，その目的は被検者のパーソナリティ理解にある。しかし，パーソナリティ理解と一言でいっても，心理学的にその言葉を発する場合，私たちが日常の会話の中で使う場合に比べると，幾分ニュアンスに深みがあると筆者は考える。すなわち心理学をいくばくかでもかじっている者がパーソナリティについて言及する場合，観察される人間の表面に表れているその人固有の対人行動パターンから，表面上観察されにくい個人の内面の思考や感情のパターン，さらには観察される本人すらも気づいていない無意識にいたるレベルまで，さまざまなレベルを想定していると考えてよい。

　パーソナリティを測定する心理検査はさまざまなものがあるが，内田クレペリン精神検査を除く多くの検査は質問紙法と投映法に分類される。質問紙法と投映法では，測定しようとするパーソナリティの側面が微妙にずれており，前者は比較的表面的な本人にも知覚されやすい部分をターゲットにして測定しているものが多い。また MMPI などの質問紙法を除けば，その多くは一定の狭い範囲の側面（不安の高さ・自分に自信があるかないか・性格が外向きか内向きかなど）をピンポイントで測定しようとしている。

　後者の投映法の中には，日頃は理性によって蓋をされている（これを抑圧とよぶ）個人の無意識に近い内面に迫るものもある。投映法はあいまいな刺激に対する被検者の反応から，その個人のパーソナリティを理解しようとするものであるが，刺激に対する反応は多岐にわたり，それだけに，その解釈には検査者の熟練が求められる。

　では，SCT はどちらに分類されるのかというと，投映法と質問紙法の両方の意味合いをあわせもつテストということができる。投映法的な側面をいえば，刺激に対しての反応がただちにその人のパーソナリティ解釈につながるほど容易なものではなく，字面から表れる以上のものを読み取る力がその解釈に必要な検査といえる。しかし，本テストで特徴的なのは，被検者に与える負担がロールシャッハ・テストなどに比べて少ない分，読み取れる内容は比較的表面的なものにとどまっている点である。また，テストの結果が被検者に予想されうるため，「この問題にこんなふうに回答したら，どう思われるだろうか」という不安を被検者に喚起し回答に影響を与えるという，いわゆる社会的望ましさの影響も他の投映法検査に比べて受けやすい。この点は質問紙法に近い部分であろう。SCT は，文章の書き出し（「子どもの頃，私は……」など）に続く文章を被検者が書き足すという形式を取るため，もっとあいまいな刺激に対して回答するロールシャッハ・テストや TAT に比べると，刺激に対する被検者の自由度が低い。自由度の低さは被検者の自己表出を抑制し，本人の意識していない内面までもが溢れ出てしまうのを防ぐ意味がある。また，この書き出し部分のことを刺激文とよぶが，刺激文は多岐にわたる内容で始められており，その結果，広い側面にわたる情報を私たちに提供してくれ

る。質問紙法では比較的狭い分野の情報が得られることは前に述べた。すなわち，投映法よりも浅く，質問紙法よりも広い情報収集を得意分野とする検査ということができる。

　各々の検査はそれぞれ長所短所をもちあわせているため，実施に際しては，その目的や被検者の特性にあわせて適切なテスト・バッテリーが組まれる必要がある。

2. SCTの成り立ち

　SCTは精研式文章完成法テストを便宜的に表す略語として本書では使っているが，一般に「SCT」という場合，文章完成法による検査全般を指す場合もある。文章完成法は，未完成の刺激文に対して，それに続く文章を被検者が自由に連想して書き足し文章を完成させるという検査である。この形式の検査を最初に取り入れたのはエビングハウス（Ebbinghaus, H.）という記憶の研究者であった。彼は1897年，文章完成法を知能測定の尺度として取り入れた研究を行った。その後，個人のもつ怒りや悲しみ，愛情といった情動，精神病者がどのように考えているのかという思考過程を，大勢の研究者が文章完成法を用いて研究を行っている。特定のパーソナリティ特性に焦点をあてたもの，刺激文を長くしたもの，短くしたもの，刺激文を一人称にしたもの，三人称にしたものなど，さまざまな試行錯誤がなされてきた。

　このように文章完成法は世界でも多くの研究者の関心を集め，深められてきた研究分野である。文章完成法を用いたテストで有名なものの一つは20答法であろう。「私は，」という刺激文に対しての反応を20個答えるものである。「私は，」に続く文章を考えようと思うと，最初は名前や年齢，身分など，表面的な情報が簡単に出てくるが，それだけではあまり多くの文章は書きにくい。そのうち内面的な内容（自分の性格や，理想，願望など）が出てくることになるだろう。このようにして，自分について言語化することで自己概念を確認する方法である。比較的平易に実施できるため，現在では大学の心理学の授業などで自己理解の目的で行われることも多い。20答法はルーツをたどると1950年代にアメリカでクーン（Kuhn, M. H.）らによって開発されたTwenty Statement TestもしくはWho am I? 法とよばれるものである。一方，わが国でSCTとして開発されたのは1950年代のことで，慶應義塾大学の佐野勝男，槇田仁両氏によるものである。

　数ある文章完成法による検査の中でも，SCTの特徴としては，以下の3点が挙げられる。

　①パーソナリティの特定の側面に焦点をあてたものではなく，むしろ全般的なパーソナリティについて測定しようとしている。

　文章完成法においては，長い刺激文はパーソナリティのかなり狭い領域について測定するのに適しており，同じように短い刺激文は広い領域について測定するのに適している。SCTではどれも比較的短い刺激文が採用されている。

　②評価にあたり，文章完成法ではどの側面の反応がどの程度出やすいかという，いわゆる反応の量をみる場合と，どのような内容の反応が出ているのかという，いわゆる内容をみる場合がある。SCTでは量よりも内容を重視する。

　③刺激文が一人称になっている。

　文章完成法では一人称の刺激文は三人称の刺激文に比べ，より豊かな情報を与えてくれる。そのためSCTでは，一人称の刺激文を用いている。すなわち，「彼は〜」という書き出しよりも，「私は〜」という具合である。

3. SCTの実施法

　SCTの施行は比較的簡単で，集団でも個別でも施行することができる。小学生用から成人

用まで用意されており，若干の制限はあるものの，最低限の教示の理解能力と筆記能力を有するほぼすべての対象に実施されうる。

また，Part ⅠとPart Ⅱの二部構成になっており，これは便宜的に分けられてはいるが二つ合わせて一つのテストである。被検者に与える負担を配慮し，Part Ⅰのみを実施する場合もあるが，これはあくまでも特例である。

用具はテスト用紙，ならびに筆記用具。テスト所要時間は被検者の年齢・知能・性格等によって相違するが，大体40分〜1時間ぐらいである。静かで妨害されない環境で施行する。

教示については以下の点に気をつける。

 i) なんでもよいから頭に浮かんだ最初の事柄を記入して文章をつくること（特に学校の試験等と異なり，どう書くのが正解であるということはないということ）。
 ii) 時間の制限はないこと。
 iii) しかし，できるだけ早く問題番号の（1）から順に回答すること。
 iv) すぐ浮かばないものは後回しにしてもよいが，後から確実に記入すること。

Part Ⅰが終了後，5分間の休憩をとるのが一般的であるが，状況により，休憩をとらずにPart Ⅱに移ってもかまわない。

集団テストの場合は予め30分くらいでPart Ⅰを書くように教示し，25分くらいで時間を告げ，書き終わった人には筆記用具を置かせる。それによって全体の進行状況をみて，30分前後で適当に休憩を入れ，その間にある程度遅れを取り戻させる。このようにしてPart Ⅱにとりかかるのが全体の進行をスムースに進めるのに具合がよい。ただし，制限時間のないテストであるから遅れたものをやめさせてしまう必要はない。

4. SCTの評価項目

ここでは比較的初学者に目を向けてほしいSCTが得意とする評価項目をおおまかに2つの測定領域に分けて述べる。

1つ目は，被検者のパーソナリティの側面，そしてもう1つは，そのパーソナリティがどのようにして形成されていったのかという，いわゆるパーソナリティの決定要因の側面である。下位項目として，パーソナリティが4つ，決定要因が3つある。しかし，SCTは刺激文に対する被検者の自由度が高い検査であるがゆえに，必ずしも上記の7つの側面に限定することはできないし，限定することを目的ともしていない。また，7つの側面すべてがSCTによって測定できるというわけでもないことも付記しておきたい。というのも，被検者によっては，出してくる反応は非常に多彩であり，広い側面について言及される場合がある一方で，1つまたは数少ない側面に偏りのある反応を見せる被検者がいることも考えられるからである。このような場合には，7つの側面のうち，限られた側面（情意的側面のみなど）しか解釈することができない。

(1) パーソナリティに関する側面

 1) **知的側面**　　知的側面とは一般的にいわれる知能と同義ではない。SCTでは環境適応に必要な能力を知的側面として測定しているのである。ここでは，精神的分化，時間や場面の見通し，評価の客観性等が評価される。

精神的分化では，精神的な発達レベルをみているといえる。平易な言葉で表現するならば，「どのくらい大人であるか」をみているといっても差し支えない。論理的な考え方や，現実に即した考え方ができるか否かなどが評価される。

時間的または場面的見通しは適応能力を測定するうえで重要な要素である。すなわち，この

先どんなことが起こるのか，この場面はどうなっていくのか等についてどの程度先を見通す能力を備えているのかが測定される。

評価の客観性は，ある事象をどの程度客観的にとらえることができるかを指し示す指標である。人間はいつも主観で物事を判断する生き物であるが，その主観が客観的事実とかけ離れていては適応的な生活を送ることは難しい。主観と客観にどの程度整合性があるのかをみることは，被検者の社会適応を考えるうえで重要な指標となる。

2）情意的側面 情意的側面は被検者の性格の特徴をみるうえで重要な側面である。いわゆる，その個人がどんな性格であるかをみるのはこの側面にあたる。パーソナリティ把握には，一般に類型論と特性論[1]があるが，SCTは類型論の色合いが強い検査である。

SCTがどのような性格類型を採用しているかというと，クレッチマー（Kretschmer, E.）で有名な分裂気質（S），循環気質（Z），粘着気質（E）の3つのタイプに，ヒステリー気質（H），神経質（N）を加え，5つの精神医学的性格類型を取り入れている。精神医学的性格類型というだけあって，初めて聞く人には，どの言葉も精神病の一種かと思わされるような言葉が並べられている。SCTでは，これらの言葉で表される性格類型にそれぞれの被検者を割り振っていく。もしあなたが，上記の類型に割り振られたからといって，自分は病気なのかと不安がる必要はない。SCTを受ける人みんなが，5つのうちどれかのラベルをつけられるのである。評価に際してはそれぞれの類型ごとに，S，Z，E，H，Nと表記する。つまり，分裂気質が強くみられる場合には「S」，循環気質が強くみられる場合には「Z」といった具合に評価シートに記入していく。表4.1に各類型の特徴を記した。

ただし，人間は類型論だけですべてのパーソナリティが理解できるわけではなく，いろいろな類型が大なり小なり併存している。すなわち特性論の立場からみると，たとえば，大まかに分類するとSだが，Eの要素も少なからずもっているといった場合もある。このとうなときは，「Se」と表記することになる。またSとEが両方同じくらいと判断される場合には「SE」を表記する。

また，さらにここに挙げたS，Z，E，H，N以外にも特徴がみられるとき，そのことも無視することはできないので，評価の対象になる。代表的なものを示すと，geltung（自己顕示欲が強い），immature（未成熟），security（内面が安定している。精神的に落ち着いている），

表4.1 SCTの性格類型とその特徴

S：分裂気質	孤独を愛しているかのように物静かで引きこもりがち。非社交的な人物像がうかがえる。意図的でないにしろ周囲の人に近寄るなというオーラを出している場合もある。特定の分野で凝り性だったり，空想の世界に偏っていたりといった特徴がある。他に内閉的，鈍感，空想性，無関心，冷淡，利己的，辛辣などの性格で特徴づけられる。
Z：循環気質	分裂気質とは対照的に，社交的で，誰とでも親しみやすく，気軽に付き合えるのが特徴。明るく活発だが，ささいなことで落ち込んだりもする。また，頼まれると断れずにストレスをかかえるような人もこのタイプに多い。世話好き，同情的，不注意，おひとよし，行動性，活発的なども循環気質の特徴である。
E：粘着気質	粘着というだけあって，粘り強く頑固なのが特徴的。思考に柔軟性がなく，融通が利かない側面がある。完全主義で，何かを始めると，際限なく没頭する。几帳面，徹底性，興奮性，易怒性，執拗，熱中性，視野狭小，堅苦しさなど。
H：ヒステリー気質	負けず嫌いで，見栄っ張り。知ったかぶりも得意。自己中心の甘えん坊など，子どもっぽい特徴が多分に備わっている。勝気，被暗示性，虚栄，好き嫌い，責任転嫁，無反省，依存性など。
N：神経質	心配性で，物事を悪い方に考えがち。自分に自信がなく，不都合な状況では自分を責める傾向がある。物事に対して粘り強くなく，簡単に諦める。そのくせ，うまくいかないことに対して愚痴っぽい。心気性，劣等感，取り越し苦労，非永続性，焦燥感，自責性，気兼ね，意識過剰など。

---

[1] 類型論とは，それぞれのタイプに対象を分類しパーソナリティを理解しようとするやり方で，血液型診断などがこれにあたる。一方，特性論とは個人がそれぞれの特性（短気，優しいなど）をどの程度もっているかでパーソナリティを理解しようとするやり方である。

complex（劣等感が強い），frustration（欲求不満が強い）などがある。

3）指向的側面　ここでは，被検者がどちらの方向を向いているのかをみる。生活態度，価値観，人生観，好きなこと，嫌いなことなどである。

4）力動的側面　被検者の心の安定を測る側面である。不安や緊張，攻撃性，劣等感など，適応上問題となりそうな心理的な傾向をみている。

(2) パーソナリティの決定要因に関する側面

1）身体的要因　容姿，体力，健康の3つの観点から測定する。容姿を測定するといっても，検査者が被検者の容姿を直接見て評価するわけではなく，検査結果に表れる内容から読み取るのである。たとえば「私の顔」（Part I, 項目27）という刺激文に続く反応から解釈するのである。またそこになんらかの評価が与えられる場合には，それが被検者のパーソナリティにどのように影響しているのかも読み取ろうとする。これは体力や健康についても同様である。

2）家庭的要因　SCT では被検者の家族構成や，どんな生い立ちで育ったのかという生育歴の他に，その家庭の経済状況や社会的地位などが結果に表れやすい項目が用意されている。

3）社会的要因　被検者の人間関係のもち方，どんな人とつきあいがあるか，社会的地位はどの程度か，それらに満足しているか否かなどが測定される。

5. 評価方法

実際に上記の項目がどのように評価されるのかという点について，この節では述べる。

SCT ではどの刺激文が，どの側面についての反応を引き出しやすいかということが，その創始者である佐野と槇田によって，整理されている（表 4.2）。どのようにしてこれらの項目がそれぞれの側面を評価する指標として抽出されたかは精研式文章完成法テスト解説（佐野・槇田，1960）を参照していただきたい。

表 4.2 を参照にしながら，それぞれの側面について，関連のありそうな反応を拾っていき，それらを総合して，各側面について評価する。

表 4.2 それぞれの側面の反応を引き出しやすい刺激文一覧

パーソナリティに関する側面

知的側面	情意的側面		指向的側面	力動的側面
私の頭脳	私はよく人から	私の不平は	私が心をひかれるのは	時々私は
世の中は	私の失敗	死	私が好きなのは	私の不平は
人々	私の出来ないことは	どうして私は	私がきらいなのは	女
今までは	仕事	大部分の時間を	将来	私が残念なのは
女	調子のよい時	私の頭脳	私が努力しているのは	男
争い	私が得意になるのは	子供の頃私は	私が知りたいことは	私の気持ち
結婚	私の気持ち	私の野心	私が羨ましいのは	どうしても私は
自殺	私はよく	友達	もう一度やり直せるなら	もし私が
妻	争い	時々私は	世の中	私が羨ましいのは
金	私の服	私が好きなのは	年をとった時	私を不安にするのは
死	自殺	私が努力しているのは	金	大部分の時間を
夫	私がきらいなのは	今までは	妻	私の頭脳
恋愛	家の人は私を	もう一度やり直せるなら	私の野心	私はよく
男	運動	私が残念なのは	結婚	夫
			恋愛	金

パーソナリティの決定要因に関する側面

身体的要因	家庭的要因	社会的要因
私の健康	私の兄弟（姉妹）	友達
私の顔	私の父	学校では
私の眠り	私の母	職場では
子供の頃私は	家では	私を不安にするのは
私はよく人から	私が思い出すのは	私が忘れられないのは
	家の暮らし	大部分の時間を
	家の人は私を	私がひそかに
	もし私の母が	私が残念なのは
	私が忘れられないのは	
	子どもの頃私は	
	もし私の父が	

6. 事 例

30代男性会社員Aの事例である[2]。Aは教示を聞くと特別戸惑う様子もなく，淡々と刺激文に対する反応を出していった。Part Ⅰ，Part Ⅱどちらも20分弱で終わらせ，合計33分で完成させた。

まずは反応をざっと見渡して，どのような人なのか想像し，それから各側面について，考えていきたい（表4.3参照）。

(1) 知的側面

「（私の頭脳は）そこそこだと思う」（Part Ⅱ，15）

頭脳はそこそこということだが，それは客観的に事実なのだろうか。誇張のない表現に受け取れ，全体の中で自分はこのくらいという自分の立ち位置を表現しているようだ。

「（世の中）はこんなものと諦めてしまうのは簡単だが，それでは事態は好転しない」（Part Ⅰ，20）

どちらかといえば情意的な側面も感じ取れる反応だが，未来について，好転させるためにど

---

[2] 本事例は本書を書くことを前提で，筆者の知人Aにお願いして協力してもらった。

表 4.3 事例 A

Part I

	刺激文	回答
1	子どもの頃，私は	たくさん怪我をした
2	私はよく人から	甘やかされる
3	家の暮らし	はだんだん上向いてきている
4	私の失敗	を人に責められると，反論したくなるが，なかなかできない
5	家の人は私を	愛してはいるが，思い通りに動かそうとする
6	私が得意になるのは	よくあることだが，いつも後から考えると後悔する
7	争い	はなくならない
8	私が知りたいことは	たくさんある
9	私の父	は小さい人間であるが，一生懸命な人でもある
10	私がきらいなのは	努力している人をバカにする人だ
11	私の服	は年を追うごとに，こだわりがなくなっていく
12	死	は誰にでも平等に訪れるものだ
13	人々	はもっと勉強しなくてはならない
14	私のできないことは	自分を律することだ
15	運動	は得意そうに見えるが実はそうでもない
16	将来	はどうなっているんだろう？
17	もしも私の母が	父に先立たれたら，面倒見てやろう
18	仕事	は手を抜いてはいけない
19	私がひそかに	悩んでいることを，周りは気付いていない
20	世の中	はこんなものと諦めてしまうのは簡単だが，それでは事態は好転しない
21	夫	は家庭を支えなくてはならない
22	時々私は	自己矛盾にさいなまれ，いたたまれなくなる
23	私が心をひかれるのは	燃費が良くたくさん荷物が詰める車だ
24	私の不平は	仕事がいつまでたってもこなせない自分自身に対してだ
25	私の兄弟（姉妹）	はみんな優しい。本当に感謝している
26	職場では	普段の自分が出せない
27	私の顔	はまずまずだと思う
28	今までは	それなりに人生を踏み外さずに来れている
29	女	の人でも，頑張ってる人は応援したくなる
30	私が思い出すのは	子供のころよく友達と無邪気に遊んでいた光景だ

Part II

	刺激文	回答
1	家では	落ち着いて過ごせる
2	私を不安にするのは	仕事がうまくいかないことだ
3	友達	のことを本当に大切にしたいものだ
4	私はよく	空想にふける
5	もし私が	成功を手に入れたら，友達はどう思うだろうか
6	私の母	は穏やかな人だ
7	もう一度やり直せるなら	という考えをしたくなることは多いが，今の自分も悪くない
8	男	は基本アホだと思う
9	私の眠りは	全くと言っていいほどコントロールできていない
10	学校では	いじめがなくなって欲しい
11	恋愛	っていいな
12	もし私の父が	いなかったら今の自分はないと思うと，それはそれで悔しい
13	自殺	するほどの勇気があれば，他のことはなんでもできそうなのに，そうでもないのかな
14	私が好きなのは	穏やかな幸せ
15	私の頭脳は	そこそこだと思う
16	金	は欲しいけど，あればあるほど人間は不幸になるという側面もあると思う
17	私の野心は	今は大分枯れ果ててしまった
18	妻	を尊敬している
19	私の気持	はすぐに変わる
20	私の健康	はいつまでもつだろうか
21	私が残念なのは	青春時代に中身が子供過ぎたことだ
22	大部分の時間を	費やしてきたものが自分にとって大切なものになっていくが，それを失ったとき，そのショックは大きいだろう
23	結婚	は人生の墓場と言う人がいるが，そうでない人もいる
24	調子のよい時	悪い時と言うのは言い訳に過ぎない
25	どうしても私は	ニコニコしているようで，他人に対して批判的な面もある
26	家の人は	私にとっては，誰もみんなが大切な人だ
27	私が羨ましいのは	持って生まれた才能だ
28	年をとった時	自分が幸せだったと感じられる人生って素敵
29	私が努力しているのは	皆からはそんなにわからないと思う
30	私が忘れられないのは	青春時代の淡い思い出だ

うすべきかという，客観的な見通しという側面も見受けられる。
　「（人々）はもっと勉強しなくてはならない」（PartⅠ，13）
　もしかしたら，自分以外の他者は不勉強であるということを主張したいのかもしれない。やや主観的な反応であり，客観性には欠けるところがあるかもしれない。
　「（今までは）それなりに人生を踏み外さずに来れている」（PartⅠ，28）
　過去について，自分なりに落としどころを見つけているようにみてとれる。また，自分の人生を冷静に評価しているようにもみえる。

　このように，評価しようとする側面に関係のありそうな反応を一つ一つみながら評価していくのである。Aの場合，自分の人生について言及されている反応がいくつかみられ，そこに本人なりに一定の納得を得ているようである。30代の会社員ということを鑑みると，精神的分化という点では，年齢相応といえるだろう。見通しという側面でみると，若干出ているものの，時間的にも場的にもあまり言及されているも項目は少ない。さらに佐野と槇田の整理項目には入っていないが，PartⅠ，16「（将来）はどうなっているんだろう？」という反応からも，さほど見通しをしっかりもっている印象は受けない。精神的分化のところでもふれたが，自分の人生に対しては冷静で客観的に評価しているようである。しかし，他者に対しては，自分の意見を主観的に押しつける様子もみられる。

(2) 情意的側面

　Aの特徴として，わかりやすいのは以下の3つではないだろうか。
　「（私のできないことは）自分を律することだ」（PartⅠ，14）
　「（仕事）は手を抜いてはいけない」（PartⅠ，18）
　「（調子のよい時），悪い時というのは言い訳に過ぎない」（PartⅡ，24）
　また，下の2つも同一の内容を表しており，Aの側面としては大きな要素のようである。
　「（私の不平は）仕事がいつまでたってもこなせない自分自身に対してだ」（PartⅠ，24）
　「（私を不安にするのは）仕事がうまくいかないことだ」（PartⅡ，2）
　これらの反応は，自分がこうあらねばならないという理想を述べていたり，その理想と現実との葛藤を述べていたりというのが特徴といえる。これは完全主義傾向の一部で，E（粘着気質）の傾向といえるだろう。

(3) 指向的側面

　「（私が心をひかれるのは）燃費が良くたくさん荷物が積める車だ」（PartⅠ，23）
　全項目の中で唯一，車好きらしいというAの個人的な趣味がうかがわれる項目であるが，その指向もどの程度強いのかはわからない。ほかにまったく表れていないところをみるとむしろそこまで強くないのかもしれない。
　「（私が好きなのは）穏やかな幸せ」（PartⅡ，14）
　「（私がきらいなのは）努力している人をバカにする人だ」（PartⅠ，10）
　「（私が努力しているのは）皆からはそんなにわからないと思う」（PartⅡ，29）
　これらは指向に関する反応が出やすい項目だが，Aはむしろ対人関係に言及した反応が多い。
　「（将来）はどうなっているんだろう？」（PartⅠ，16）
　ここからは，将来的にこうなりたいというビジョンにも言及されておらず，あまり個人的な指向をもたない人間像がうかがわれる。しかし，情意的側面の項でも述べたが，仕事に関する言葉がたびたびみられ，努力することを至上の美徳としている様子はみられることから，Aの仕事人間的な人間像が想像される。

(4) 力動的側面

「(時々私は) 自己矛盾にさいなまれいたたまれなくなる」(PartⅠ, 22)
「(私の不平は) 仕事がいつまでたってもこなせない自分自身に対してだ」(PartⅠ, 24)
「(私が残念なのは) 青春時代に中身が子供過ぎたことだ」(PartⅡ, 21)

これらは，自分に対して葛藤を抱えている部分，認めたくない部分，もしくは攻撃的な部分ととることもできる。このような状態のため，今ひとつ精神的に安定しているとは言い難い側面を抱えているようである。

(5) 家族的要因

父，母，兄弟（姉妹）についての項目では，一生懸命な父親，穏やかな母親，優しい兄弟（姉妹）の様子がうかがわれる。比較的恵まれた家庭環境で育ったのだろうか。

特にAの父親との関係が特徴的である。

「(もし私の父が) いなかったら今の自分はないと思うと，それはそれで悔しい」(PartⅡ, 12)
「(私の父) は小さい人間であるが，一生懸命な人である」(PartⅠ, 9)

これらの反応から，Aは父親を認めつつも，素直に受け入れたり，感謝という形で表現することができない葛藤を抱えているようである。また，

「(私が忘れられないのは) 青春時代の淡い思い出だ」(PartⅡ, 30)
「(私が思い出すのは) 子供のころよく友だちと無邪気に遊んでいた光景だ」(PartⅠ, 30)

など，自分の生育歴については，よいイメージをもっており，望郷の念を引きずり現実から逃避したい気持ちがあるのかもしれない。しかし，Aの救いは

「(もう一度やり直せるなら) という考えをしたくなることは多いが，今の自分も悪くない」(PartⅡ, 7)

という反応を出せているところだろう。この反応を出せる力がAの適応をぐんと引き上げていると想像できる。

(6) 身体的要因

健康，容姿ともにある程度の満足を得ている様子がうかがわれる。

(7) 社会的要因

人間関係を大切にする様子で，経済的な要因では，不安を抱えながらも平凡に暮らしていくことに満足を見いだしている様子がうかがわれる。

(8) 総合的解釈

高い理想をもちつつもそれが達成できないところに葛藤をもち，自己否定的になって不安定になっている様子。しかし，不安になってばかりではなく，ある程度現実の中で理想との折りあいをつけていく力も備えている。その背景には，一生懸命な父親と穏やかな母親のもと，比較的幸せに育てられたという生育歴がありそうである。

7. 実習課題

(1) 被検者体験

実際にSCTの被検者体験をしてみよう。PartⅠ, PartⅡをあわせると60項目の刺激文がある。大学生ならば，早い人で30分程度，時間のかかる人では1時間以上かかる人もいる。

実際には演習時間によって，Part I だけの体験になってしまうのもやむをえないが，できるだけ全項目通して体験してほしいものである。

(2) 評価と解釈
（1）で完成させた SCT について，評価し記録化してみよう。ただ，自分自身のデータを解釈するにはどうしても主観が入りすぎるので，できるならば友人同士で交換しあい，お互いの反応について，「なるほど納得できる回答である」とか，「こんなふうに答えるのは意外である」とか，確認しながらすること。それにより，お互いの印象を再確認し，新たな発見をする一助になるだろう。

文　献
槇田　仁（編著）（1999）．精研式文章完成法テスト（SCT）新・事例集　金子書房
佐野勝男・槇田　仁（共著）（1960）．精研式文章完成法テスト解説―成人用―　金子書房

5

内田クレペリン精神検査

1. はじめに

　内田クレペリン精神検査とは，一桁の連続加算という作業を通してその人の性格傾向の把握を目指した，作業検査法形式の心理検査である。知能検査を除けば最も使用頻度が高い心理検査であり，産業界，教育界，矯正などの司法界などあらゆる領域で盛んに利用されている。おそらくこれまで中学校や高校において体験したことがある人も多く，腕や手が非常に疲れ，「どうしてこんなに繰り返し一桁の足し算をさせられるのだろう。こんなことをして，何がわかるのだろう」と思ったことがあるのではないだろうか。

　ところで，作業検査法形式の心理検査とは，一定の作業を被検者に課し，その作業結果や作業態度によって被検者の性格や行動の特徴を把握しようとするものである。質問紙法とは異なり単純な作業を被検者が行う課題であることから，検査者が何を測定しようとしているのかという検査の目的がわかりづらいため，被検者が意識的に回答を操作することが少ないという利点がある。また，多数の人を集団で検査することができ，採点も機械的で容易であることから，スクリーニング検査として有効である。しかし，課題の性質からして性格の全体的な構造をとらえることには限界がある検査法である。

2. 内田クレペリン精神検査の概要

(1) 検査の成り立ち

　内田クレペリン精神検査はその名の通り，日本の臨床心理学者内田勇三郎が，ドイツの精神科医クレペリン（Kraepelin, E.）による連続加算という方法を導入して考案した，日本独自の作業検査法による心理検査である。クレペリンは精神病を早発性痴呆と躁うつ病に分類し，現代の精神医学体系の基礎を確立した精神医学者であるが，彼は多くの研究の中の一つとして，一桁の数字の「連続加算法」を用いて作業心理の実験的な研究を行った。1902年，単位時間あたりの作業量の変化を曲線で表し，これを作業曲線と命名し，この作業曲線に影響を与える精神的因子として「意志緊張」「興奮」「慣れ」「練習」「疲労」という5つの因子を想定した。「意志緊張」とは，連続加算というような精神作業を行う際にみられる意志の緊張のことで，作業中は緊張と弛緩が繰り返され，作業曲線には適度な動揺（ギザギザ）がみられる。「興奮」は，作業が進行するにつれて，その作業に気分が乗ってくることを表す。「慣れ」とは，作業の継続に伴って，その作業の遂行に都合がよいように，それに関与する精神諸機能が統合される状態を指す。慣れが作業終了とともに消失するような時間的に短い慣れであるのに対して，「練習」はその効果が比較的長時間にわたって続くような慣れのことをいう。最後の「疲労」は，作業の進行に伴い，作業量を低下させるように働く。クレペリンは，これらの5つの因子が複雑に，しかしかなり法則的な形で働きあっていることを見いだしたのである。

クレペリンの連続加算法にヒントを得て，新しい心理検査法を作り上げ，日本に定着させたのが内田勇三郎である。1923年，内田は連続加算作業の単位作業時間を1分間とし，前期15分の作業，5分間の休憩をはさんで後期10分の作業という「25分法」（1950年に，25分法よりも精神的特徴を知るうえで優っているという理由から後半も15分の作業となり「30分法」に改定）を導入した。この25分法を被検者に実施し，1回の検査でクレペリンの想定した5つの因子がはっきりとした形で作業曲線に表れることを検証した。さらにこの方法を多くの精神病者と健常者に実施し，両者の作業曲線には大きな隔たりがあることを明らかにし，統合失調症などにみられる意志障害の判別に有効であることを確認した。以後，心的活動の調和・均衡が保たれていて，種々の行動場面でその場にふさわしい適切な行動を示すことのできる人が検査で示す「定型曲線」をもとに，個々の作業曲線の判定を行い，人間の精神活動の健康・不健康や性格特徴の予測が可能な心理検査としての体裁が整っていくことになった。現在では，検査結果がより詳細に検討され，人柄判定・力動判定・性格3特性判定などの新しい見方も発表され，さらにはコンピュータを利用した数量的評価法など新しい手法の開発も進んできている。

(2) 検査の特性

　内田クレペリン精神検査においては，「作業量」「作業曲線の型」「誤り」の3点が結果を判定する際の重要なポイントになる。これらの点は，連続加算作業という特殊な単純作業場面に限定した心的・行動特徴を表すのみならず，日常種々の行動場面で現れる比較的変化しにくい「その人らしさ」を表している。詳細は後述するが，作業量の高低からは，知能・仕事の処理能力・積極性・活動のテンポ・意欲・気働き（ことに応じてすばやく対応する能力）の高低が，曲線の型や誤りからは，性格・行動ぶり・仕事ぶりといった面の特徴や偏り，異常，障害の程度や内容が明らかになるとされている。

　内田クレペリン精神検査は，検査に際して特別な器具などを必要とせず，検査用紙が1枚あれば実施可能な利便性の高い検査である。検査内容は簡単な足し算で，誰にでもできる課題であり，被検者に不用な警戒心や不安感を抱かせることがきわめて少ない。検査の実施も簡単で特別な訓練を必要とせず，検査にかかる時間は説明を含めて1時間あれば充分実施が可能である。検査者が注意すれば作為もほとんど防ぐことができる。さらには，非言語的な検査であるので，外国人にも実施が可能である。以上，内田クレペリン精神検査には多くの長所があり，能力や性格・行動面の偏りや問題性の程度を予測するために，さまざまな領域，場面で多用されている。たとえば，会社や官庁の採用試験，人材配置や安全管理を検討する際に，医療機関においては診断や治療効果の測定に，学校においては入学試験やクラス編成，個別指導の際の資料を得るために，さらには刑務所や鑑別所では収容者の鑑別や分類の手がかりの材料として，さまざまに利用されている。最もポピュラーな心理検査といわれる所以である。

3. 内田クレペリン精神検査の実施法

　既述したように内田クレペリン精神検査はきわめて簡単で，特別な訓練を必要としない検査であるが，以下に，実施手順や注意点を述べる（外岡，2007）。

(1) 実施の概要

　内田クレペリン精神検査には，図5.1のような検査用紙を使用する。たくさんの数字が並んでいるので，はじめて検査用紙を前にすると，若干のとまどいが生じるかもしれない。被検者は，この横に並んでいる数字を検査者の号令に従って第1行目から，一番左の1字目と2字目，2字目と3字目というように，隣り合う数字を順番に加算し，その答えを数字の間に書き

```
サキ 5 7 8 6 5 4 9 6 8 5 3 4 8 9 4 7 3 5 8 7 6 9 3 6 7 4 8 7 5 4 6 9 3 5 7 6 3 8 9 4 8 3 6 7 8 6
    6 5 4 7 8 6 3 8 4 9 7 4 6 8 7 6 5 3 9 8 3 6 7 8 5 6 3 8 4 9 7 6 5 4 8 7 4 3 9 6 8 4 6 5 8 7
    9 7 6 8 4 5 7 9 3 8 4 7 6 5 3 8 6 9 4 6 8 5 4 7 8 6 5 9 7 5 3 8 7 4 6 7 9 6 3 7 5 8 7 6 4 8
    8 3 4 7 6 9 3 5 4 7 6 5 4 8 9 4 8 6 7 5 3 6 8 7 6 3 8 4 5 9 7 6 4 8 7 5 6 8 3 5 7 8 4 9
    8 7 5 9 4 3 5 7 8 6 5 7 3 8 6 9 5 6 4 7 6 5 3 8 4 9 7 3 6 8 7 6 5 8 4 6 7 9 3 7 5 8 7 6 4 9
    7 4 8 9 5 4 7 8 6 3 8 5 9 6 4 8 7 5 8 3 7 6 9 3 4 7 8 5 7 3 9 7 4 8 3 5 6 8 7 6 3 8 9 4 6 7
    9 6 8 5 3 8 4 9 7 5 4 8 9 3 6 7 8 6 5 7 6 3 8 7 4 3 9 8 6 5 8 3 6 9 4 7 6 8 5 3 9 6 4 8 7 5 6
    5 9 6 3 8 4 8 6 5 7 5 9 6 8 5 4 7 3 9 8 7 6 4 7 8 6 3 7 8 6 5 3 8 4 7 9 3 6 7 8 5 6 4 7 4 9 7 5 3 8
    3 5 8 7 6 8 9 4 6 7 4 3 8 5 7 9 6 4 7 6 8 3 7 8 6 5 3 8 4 7 9 3 6 7 8 5 6 9 7 4 8 7 3 8 5 9
    6 3 8 6 9 5 4 7 8 3 6 8 4 9 7 5 3 8 7 4 3 9 6 5 7 6 8 3 7 9 3 5 7 8 5 4 6 8 9 4 8 3 5 9 8 4
    4 9 3 8 7 3 5 9 6 4 8 5 6 7 8 6 7 4 9 3 5 6 8 7 6 3 9 5 8 3 4 7 5 6 4 8 9 5 8 6 7 6 4 3 9 6 9 4 7
    7 6 8 7 3 8 5 6 9 3 4 7 8 6 4 8 7 5 8 9 4 8 6 4 7 4 9 8 5 9 6 3 8 5 6 7 6 4 3 9 7 6 4 8
    8 7 5 3 8 6 9 3 6 8 5 6 4 9 6 7 5 4 8 3 7 9 4 5 7 8 4 8 4 3 9 6 7 4 8 7 5 6 8 5 3 9 5 7 8 3 6
    8 4 9 7 6 4 8 7 5 4 7 8 6 5 7 3 6 8 9 3 5 8 7 6 4 9 7 4 3 8 5 8 3 7 8 3 7 8 9 5 6 4 5 8 7 3 9
    3 7 5 8 9 6 3 6 7 4 9 8 5 7 3 9 6 4 7 5 9 3 6 8 4 9 7 3 8 6 7 9 5 3 4 8 7 6 9 3 5 6 8 4 3 8 6 9 5
    5 6 8 7 5 3 8 4 9 6 7 8 6 5 4 9 3 8 7 4 6 3 8 5 9 7 4 3 9 8 4 7 6 5 4 9 8 7 7 8 9 4 6 8 5 7 8 4 5
    7 3 8 6 7 4 9 8 5 7 3 8 9 4 6 8 3 5 9 7 4 3 8 6 7 9 5 3 4 7 8 5 9 4 5 6 8 7 6 3 8 4 9 8 3 6
```

━━━

```
アト 3 5 7 8 3 9 8 6 7 4 5 9 6 4 8 3 7 8 5 9 3 6 7 3 8 6 5 7 8 4 6 7 9 5 4 8 7 6 8 3 6 9 3 7 5 8
    7 8 3 6 7 4 9 8 5 7 3 8 9 4 6 8 3 5 9 7 4 3 8 6 7 9 5 3 4 7 8 5 9 4 5 6 8 7 6 3 8 4 9 8 3 6
    8 4 5 6 8 9 6 5 7 4 3 9 4 6 7 5 3 8 6 9 3 4 8 5 7 6 4 7 6 4 8 7 5 3 7 8 6 9 7 6 4 7 8 3
    5 3 9 6 7 5 8 4 3 9 4 6 7 5 3 8 6 9 5 4 8 7 6 7 4 9 3 7 4 8 6 5 8 4 7 6 5 7 3 6 9 4 7 6 4 8 3 6
    8 4 3 8 7 6 9 5 4 8 3 7 8 5 7 4 5 9 4 7 8 6 3 9 8 3 9 5 7 6 8 4 5 8 6 9 4 6 7 8 5 7 3 9 7 6
```

図5.1　内田クレペリン精神検査標準型検査用紙（日本・精神技術研究所）

込んでいく。答えが10以上になるときは，10の位は省略し，1の位の数字のみを記入する。1分経過するごとに検査者より「行をかえて」という号令が出され，その号令にしたがって次の行に移って，また左端の数字より連続加算作業を続けていくことになる。15分経過したところ（15行行ったところ）で「やめ」という号令があり，5分間の休憩となる。その後さらに15分間（15行），前期と同様の作業が繰り返されることになる。

(2) 実施の手順

　明るくて，騒音の少ない静かな部屋に，凹凸がなく検査用紙が広げられるくらいの机（1人につき横幅70センチ以上）を用意する。

　検査用紙は，現在，幼児用，児童用，標準Ⅰ型，Ⅱ型の4種類の検査用紙があるが，一般的に用いられるのは標準Ⅰ型である（図5.1）。一桁の数字が横に115字並んでおり，それが「サキ」と書かれた前期作業用に17行，「アト」と書かれた後期作業に17行，計34行印刷されている。あとはストップウォッチとHB程度の鉛筆を1人につき2～3本用意する。シャープペンシルやボールペン，下敷きの使用は認めない。

　検査の実施に際しては，説明などを含めて1時間程度の時間をとっておきたい。早朝や深夜，激しい運動をした直後などはできるだけ避けるようにする。また，他の検査を同時に実施するような場合には，疲労などの影響を受けないようにするために，一番最初にこの検査を実施するようにする。なお，被検者数が多い場合は，助手を配置することが望ましい。

4. 結果の整理

(1) 作業曲線を引く

　内田クレペリン精神検査の結果を判定する際には，各行における加算作業の最終到達点を線で結んだ作業曲線のプロフィールを中心にして結果をみていくことになるので，作業曲線を正確に引くことが大変重要になる。作業曲線を正しく引くためには，図5.2のように前後期ともに各行の答えを書き終わった右側の印刷数字を1行目から15行目まで，定規を用いて赤鉛筆できちんと結ばなければならない。前期の最終行と後期の第1行目は結ぶ必要はない。また，

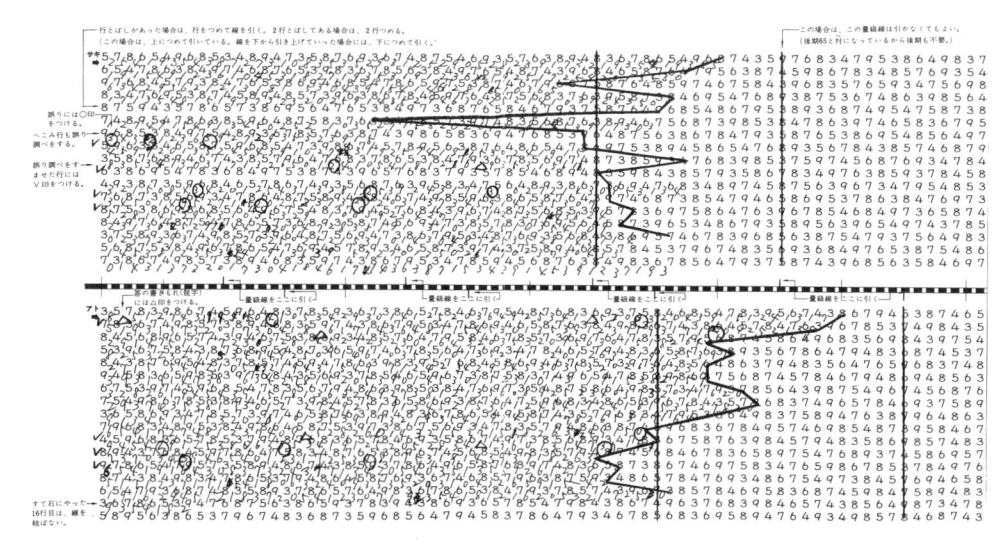

図5.2　作業曲線 (日本・精神技術研究所, 2007)

後期は15行目で止め，捨て石として行った16行目まで作業曲線を延長しない。

行とばしがある場合は，図5.2のように行をつめて作業曲線を引く。答えが全部ひとつおきに記入されている場合は，作業量を2分の1に修正して線を引く。ところどころ答えが抜けている場合は，普通に終点を結べばよい。

ストップウォッチの時刻を見落とし，時間を超過してしまった場合は，次のような計算式に数字を入れて，作業量を減らして作業曲線を引く。

$$\text{時間超過行の減らすべき作業量} = \text{時間超過行の作業量} \times \frac{\text{超過秒数}}{60秒 + \text{超過秒数}}$$

（小数点第1位で四捨五入）

1分間の作業量が1行をオーバーしている場合は，毎分の作業量を数え，その数を用紙の作業記入欄に記録し，必要なだけ用紙を継ぎ足して各行の終点をうち，それを結ぶようにする。

(2) 量級線を引く

検査用紙を横に置いた場合，用紙の中央の仕切り線には，上方，あるいは下方に向かってのみ（どちらか一方にのみ）太くなっている3ミリ程度の長さの太線が印刷されている。この線は，10（上向き）と15（下向き），25と30，40と45，55と65がそれぞれ1組になっており，この部分が太くなっている方向に，青鉛筆で線を引く。この線のことを量級線といい，作業量の量級段階を判定する際に用いる。したがって，判定にまったく関係がない青線は省略してもかまわないが，必ず図5.2のように1組を対にして引くようにする。

(3) 答の正誤と脱字のチェックを行う

全行をチェックするのは大変な作業になるので，まず最初に，前後期ともに，11行目（前後期ともに4の数字で始まっている）の正誤を調べる。誤答があった場合はその誤答を赤鉛筆でまるく囲む。11行目で3個以上誤答がある場合は，その前後の第10行目，第12行目をチェックし，それらの行でも誤答が頻発する場合は，全行にわたってチェックすることになる。時間的余裕のあるときには，11行目の他に，後期の第1行目と2行目のチェックをして

おくとよい。また，顕著な突出やへこみがある行がある場合には，その行のチェックも行っておく。誤りを調べた行は，その行の先頭部分に∨印を入れ，チェックを完了したことがわかるようにし，その行の誤答記入欄に誤答数を記入しておく。

なお，「加算した答えの下1桁と次の印刷数字を順に加える」「加算して10未満になる場合，答を記入しない」「加算してちょうど10になる場合，答えを記入しない」など，計算方法の間違いによって，ほとんどすべてが誤答になってしまう被検者がときどきみられる。そのような計算方法の間違いによる誤答の場合は，正答と見なすこととする。

脱字（記入漏れ）がある場合は，その箇所に△印をつける。

5. 結果の判定

結果の判定は，量的指標である作業量と質的特徴を示す作業曲線という，2つの異なる側面からの評価を総合して行う。

(1) 量級段階の決め方

まずはじめに，作業量がどの量級段階に位置するかを決定する。作業量は，「知能」「作業の処理能力」「課題に取り組む積極的態度」「活動のテンポ」「意欲」「ことに応じてすばやく対応する能力」の指標とされている。作業量はⒶからDまでの5段階に区分されており，それぞれの量級段階がもつ意味は表5.1に示すとおりである。同じ量級段階であっても，前期と後期の対応する作業量が異なっているのは，一般的に後半の方が慣れや練習効果により作業量が増加するためである。曲線の位置が前期と後期とで異なった段階にあったり，2段階にまたがっているなど，量級段階の決定に迷う場合には，高い方の量級段階に決定する。ただし，少なくとも前期，あるいは後期のいずれか一方において，曲線がその高い方の段階で大半を占めている必要がある。

表5.1 量級段階と作業量が示す意味（日本・精神技術研究所，2007）

量級段階	前期作業量	後期作業量	ものごとの処理能力や速度（テンポ）などの傾向
Ⓐ段階	55以上	65以上	水準が高い
A段階	40～55	45～65	不足はない
B段階	25～40	30～45	いくらか不足
C段階	10～25	15～30	かなり不足
D段階	10以下	15以下	はなはだしく不足

(2) 作業曲線の特徴の見分け方

作業曲線の判定をする際は，必ず，図5.3のように，縦位置でみる。心的活動が調和し，均衡が保たれていて，性格や行動面に問題がない人が示す作業曲線の型のことを「定型」といい，日本・精神技術研究所の基準によれば，次のような特徴をもつ曲線となる（図5.3参照）。

①前期の作業曲線が全体的傾向としてU字型もしくはV字型を示す。第1行目は他の行に比べて強い意志緊張が表れやすい（初頭努力）。

②後期の作業曲線は全体的傾向として右下がりになる。

③前期より後期の方が作業量が増加しており，後期の第1行目が前後期を通じて最高位である（休憩効果）。

④作業曲線に適度な動揺（ギザギザ）がみられる。

⑤誤答がほとんどない。

⑥作業量が極端に少なくない。

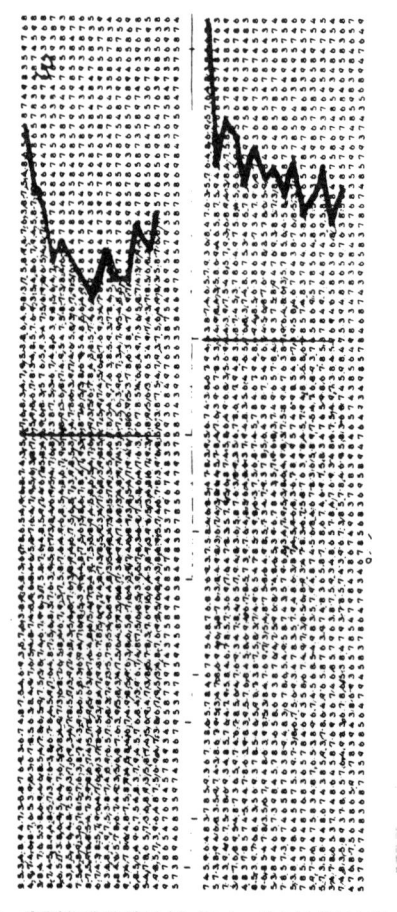

図 5.3　定型作業曲線の例（日本・精神技術研究所，2007）

　一方，上記のような定型曲線の特徴を示さず，以下に示すような特徴をもつ曲線を「非定型」という。非定型特徴を強くもった作業曲線を示す人は，性格や行動面でその人なりの独自性を強くもっていたり，変調・異常・障害がみられたりする場合が少なくないことが明らかにされている。
　①誤答の多発
　②V字落ち込み
　③大きい突出
　④激しい動揺（振幅が平均作業量の3分の1以上になる）
　⑤動揺の欠如
　⑥後期作業量の低下
　⑦休憩効果がみられず，後期初頭の著しい不足
　⑧作業量の著しい不足
　定型・非定型曲線の特徴をそれぞれ示したが，定型・非定型を見分けるポイントは，①初頭努力の有無，②休憩効果（後期作業量の増加）の有無，③動揺率，④V字落ち込みの有無，⑤平均誤答数という5つの基準に集約される。

(3) 曲線の類型判定

既述したような基準で内田クレペリン精神検査は作業量から 5 段階に分類され, この 5 つの段階の中で曲線が定型であるか・非定型であるかに区分されたうえでさらに, 定型・非定型の特徴をどの程度備えているかによって図 5.4 のように 24 の類型に分類される。図 5.4 の中には, 定型特徴からのくずれが「わずか」「明らか」「著しい」という表現がなされているが, 判定の基準が明確になっておらず, 今ひとつ客観性に欠けるものとなっている。このため正確な判定をするためにはかなりの習熟が必要とされている。横田 (1965) は判定の客観性を保つために, 曲線の特徴を表す 5 つの基準について, 定型特徴からの逸脱の程度を＋（プラスの符号）の数で表し, 最後にその数を合計して, ＋マークの数が多いほど定型からのズレが大きくなるとする判定法を提唱している。

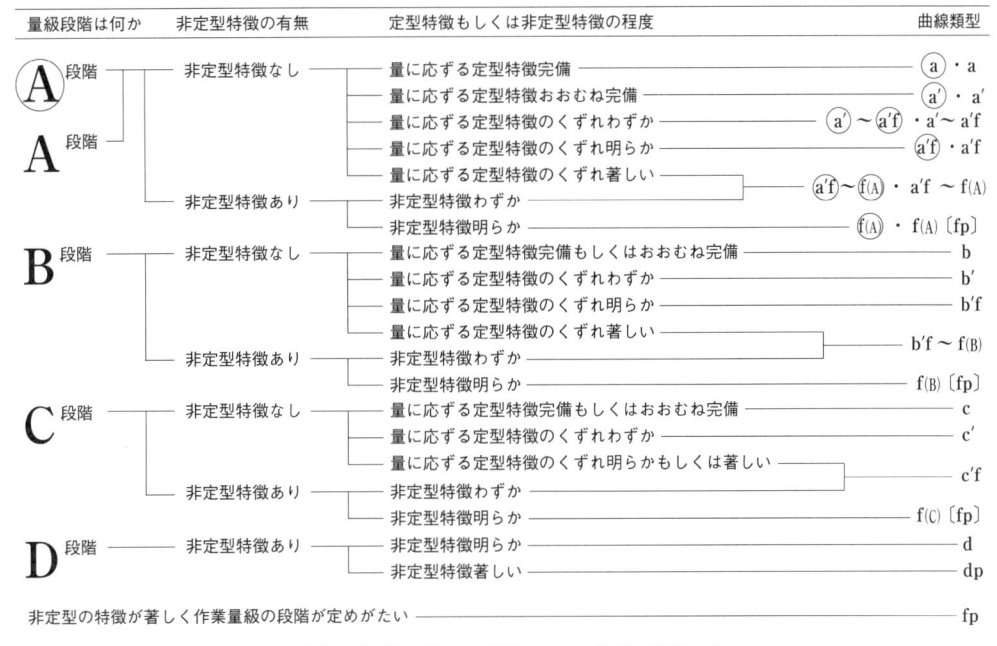

量級段階は何か	非定型特徴の有無	定型特徴もしくは非定型特徴の程度	曲線類型
Ⓐ段階	非定型特徴なし	量に応ずる定型特徴完備	ⓐ・a
		量に応ずる定型特徴おおむね完備	ⓐ'・a'
		量に応ずる定型特徴のくずれわずか	ⓐ'〜ⓐ'f・a'〜a'f
A段階		量に応ずる定型特徴のくずれ明らか	ⓐ'f・a'f
		量に応ずる定型特徴のくずれ著しい	ⓐ'f〜f(A)・a'f〜f(A)
	非定型特徴あり	非定型特徴わずか	
		非定型特徴明らか	f(A)・f(A)〔fp〕
B段階	非定型特徴なし	量に応ずる定型特徴完備もしくはおおむね完備	b
		量に応ずる定型特徴のくずれわずか	b'
		量に応ずる定型特徴のくずれ明らか	b'f
		量に応ずる定型特徴のくずれ著しい	b'f〜f(B)
	非定型特徴あり	非定型特徴わずか	
		非定型特徴明らか	f(B)〔fp〕
C段階	非定型特徴なし	量に応ずる定型特徴完備もしくはおおむね完備	c
		量に応ずる定型特徴のくずれわずか	c'
		量に応ずる定型特徴のくずれ明らかもしくは著しい	c'f
	非定型特徴あり	非定型特徴わずか	
		非定型特徴明らか	f(C)〔fp〕
D段階	非定型特徴あり	非定型特徴明らか	d
		非定型特徴著しい	dp
非定型の特徴が著しく作業量級の段階が定めがたい			fp

図 5.4 曲線の類型と判定の手順（日本・精神技術研究所, 2007）

6. 結果の解釈

定型曲線は, いろいろな集団において平均的にみられる結果ではなく, 既述したように性格や行動面で問題がない, 極言すれば理想的な性格をもつと考えられる人が作業遂行時に示す曲線である。したがって, このような典型的な定型曲線を示す人の数は実際には少なく, 定型特徴のわずかなくずれを含んでいたり, あるいは定型特徴に明らかなくずれが認められる曲線の出現頻度の方がはるかに高いのである。ところで, 定型曲線を示す人の性格, 行動特性について, 内田 (1951) は次のように述べている。

・仕事へのとっつきがよく, すぐに全力で仕事に没頭することができる。
・長時間同じ作業に従事していてもムラがなく, 適度な緊張を保ちながら楽な気持ちでいられる。
・仕事にすぐ慣れ, 上達が早い。興味をもち, 疲れにくい。
・外からの妨害にも影響されにくい。
・外界の変化に適切に対応可能。

・事故や災害，不慮の事故や過ちを引き起こすことが少ない。
・人柄も円満で素直，しかも確固たるところがある。

一方，既述したような非定型の特徴を示す人の性格，行動特性を以下に述べる。

①誤答の多発

自己をコントロールする力が劣っており，自らの欲求のままに行動してしまったり，刺激を受けるとすぐにそれに反応してしまう傾向があると考えられる。誤答が散在している場合は，焦燥感を抱きやすく落ち着いて行動ができない状態であることを意味し，誤答が特定の数字においてのみみられる場合は，ある固定観念に固執しやすい傾向を示している。また，作業量がC段階以下で，誤答が多い場合は知的能力の低さによるものと理解される。

②V字落ち込み・大きい突出

V字落ち込みは，気持ちや動作が一時的に停滞しやすい傾向を示す。何かしている最中に時折ぼんやりしたり，関係のないことを空想する，忘れ物をしやすい，急に考えが止まるなど一時的に放心状態に陥る場合と，緊張しすぎて頭が真っ白になりとっさに答えがうかばなくなるなど一時的な機能の硬直状態に陥って落ち込みが発生する場合がある。落ち込みの程度が軽い場合は，気力や意欲不足，抑うつ傾向との関連が示唆されている。

反対に大きく突出しており，かつ誤答がみられる場合は，気持ちや動作が一時的に高ぶりやすく，衝動的な行動が生じやすい傾向を示す。

③激しい動揺・動揺の欠如

動揺は気分や行動の変わりやすさを示す可変性の指標である。激しい動揺がある場合は，気分や感情が変わりやすく，行動や仕事ぶりにムラがあることを示す。小さい動揺が多発する場合は，内心の緊張が強すぎたり，細かいことを気にしやすい傾向があると考えられる。また動揺が欠如している場合は，物事に対して冷ややかな態度をとりやすく，興味関心の幅が狭くなりやすい。活気がみられず，表情も乏しくなりがちである。欠如の程度が軽い場合は，地味で労をいとわず粘り強い反面，積極性や融通性，即応性に欠ける傾向がうかがえる。

④後期作業量の低下

意志や気力が衰弱，すなわち著しく亢進性が低下しており，目的的な行動の遂行が難しい状態にあると考えられる。

⑤後期初頭の著しい不足

気重，億劫感，やる気のおきにくさが示され，発動性に問題があると考えられる。仕事への取りかかりの悪さ，新しいことに慣れにくい傾向があり，また，自発的な社交性の乏しさ，意固地などがみられるため対人関係も不活発になりやすいと考えられる。

⑥作業量の著しい不足

一般的な精神諸能力が低位にあり，理解力も乏しく，習熟や順応に時間がかかる傾向を示す。

その他，最大作業量と最小作業量の差が著しい場合は過度の被影響性や持久力の不足，文字の判読困難な場合は背後に何らかの健常とは言い難い心的問題が推定される。また，途中で作業を放棄した場合は，一時的な身体的不調によるものか，内的な緊張に耐えられないことによるものか，検査に対する拒否的な態度によるものか，識別の必要がある。

7. 事　例

ここでは，特徴の明らかな作業曲線をいくつか示し，性格，行動特性との関連をみていくことにする。ここで取り上げる事例は，外岡（1978），日本・精神技術研究所（2004）の事例研

(1) 事例1（中学生　女子　A子）

　激しい動揺という非定型特徴が明らかである。前期も後期も最初の1行目の作業量が過度に突出しており，その後は大きく動揺（振幅）しながら下降し，加えて終末の作業水準の不足が認められる。文字も非常に乱雑に書かれている。$f_{(A)}$ と判定される。

　A子の性格は，気分のむらが激しく，朗らかなときはよくはしゃぐものの，すぐに気分が変わりうつ的な状態に陥ってしまうことが一番の特徴として挙げられる。行動のとりかかりは早く，外的環境にすぐに順応しやすいが，それが長続きしない。辛抱強さに欠け，あきらめや見切りが早く，すぐに他の新しいことに関心が移ってしまう。ともすると放縦，なげやりな態度につながっていってしまう傾向があると考えられる。

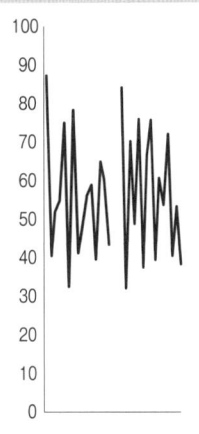

図5.5　A子の作業曲線

(2) 事例2（中学生　女子　B子）

　事例1とは反対に，動揺の欠如が認められる事例であり，$a'f$〜$f_{(A)}$と判定される。前期も後期も曲線が横ばい傾向を示し，動揺（振幅）の範囲が非常に狭くなっている。全体的な作業量は多いものの，後期において作業量の増加はみられていない。

　このような曲線を示したB子には，地味で粘り強い反面，積極性に乏しく，臨機応変，融通性に欠ける傾向が認められる。成績はよいが，とかくものごとに対して冷ややかでよそよそしく傍観者的な態度をとりやすい。クラスの仕事や役割を積極的にやろうしないため，友人関係は希薄になりがちである。一見落ち着いているようにもみえるが，生き生きとした感情表出にも欠けるため，若々しさが感じられない。

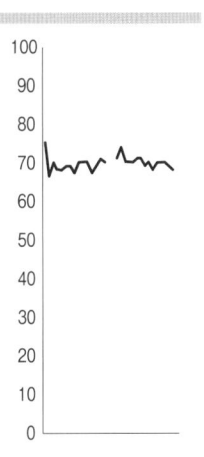

図5.6　B子の作業曲線

(3) 事例3（高校生　男子　C男）

　平坦な傾向のある曲線に大きなV字落ち込みが多発しており，非定型の特徴が著しく表れている事例である。$f_{(A)}$ と判定される。

　C男には，人と話している最中や授業中などに，ぼーっとして訳がわからなくなったり，自分の空想の世界に入ってしまうという，V字落ち込みの特徴として挙げられた一時的放心状態に陥ることがときどきみられている。こうした一時的放心状態の影響のせいもあり，C男は忘れ物の常習であり，骨折などの怪我をすることも度々である。C男のように，V字型の落ち込みを示す人は，放心状態に陥ると事故災害につながる危険性があり，十分に配慮する必要がある。なおこの場合，我知らずしてぼんやりしたり仕事の手をゆるめてしまうのであり，もっと注意をするように叱責しても効果はない。非難をせず，やさしく肩でもたたいて我に返すというような扱いをした方が効果的である。職場であれば，他の安全な部署への配置転換を考えた方がよい場合もあると考えられる。

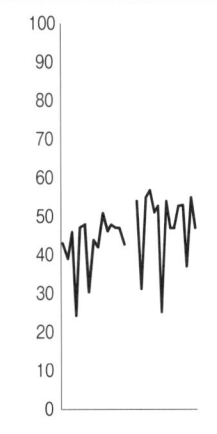

図5.7　C男の作業曲線

8. 実習課題

受講生にどのような作業曲線になるかを予想してもらった後に，実際に検査を施行する。検査結果を自身で判定してもらい，内田クレペリン精神検査からみた自分自身の性格・行動特性を明らかにする。予想と実際の結果を比較し，自分自身について新たに気づいた点などを明確にしてもらう。

文　献

日本・精神技術研究所（編）（2004）．内田クレペリン精神検査　曲線型図例集改訂版　日本・精神技術研究所
日本・精神技術研究所（編）　外岡豊彦（監修）（2007）．内田クレペリン精神検査・基礎テキスト　日本・精神技術研究所
外岡豊彦（1978）．内田クレペリン曲線　臨床詳解　清水弘文堂
内田勇三郎（1951）．内田クレペリン精神検査法手引　日本・精神技術研究所
横田象一郎（1965）．クレペリン精神作業検査解説新訂増補　金子書房

コラム7　心理検査の信頼性と妥当性

　何かを測るためには，測ろうとしているものを「正しく」測れるような方法を用いる必要がある。ものの長さを測るためには定規や巻き尺を使うし，温度を測ろうとするならば温度計を使う。その場合には，「測ろうとしているもの」を「正確に」測ることのできる方法を使わなくてはならない。温度計で長さは測れないし，目盛りが等間隔でない定規では正確な長さはわからない。性格や知能のような心理的特性を測定するには，心理検査や知能検査を用いる。この場合にも，その検査が「測ろうとしているもの」を「正確に」測ることができているのかを考える必要がある。このような測定の正しさを考えるうえで用いられるのが，信頼性と妥当性という概念である。

　信頼性とは，測定結果に誤差がどの程度含まれているかということである。何かを測定しようとすると，常にある程度の誤差はふくまれてしまう。しかし，可能な限り誤差を取り除いて，測定しようとしている特徴の本質をとらえられる方が望ましい。言い換えれば，信頼性とは測ろうとしているものをどの程度正確に測ることができているかを示す。たとえば，心理学的特性の中でも性格や知能などは，感情や気分などとは違って，短期間ではそれほど大きく変化しないと考えられる。つまりある被検者に心理検査をし，しばらく後（数週間から数ヵ月後）に同じ検査をもう一度実施すれば，同じような結果が得られるはずである。このような場合に一回目と二回目の結果が大きく変わるようであれば，その検査の信頼性は低いといえる。これに対して，信頼性の高い検査であれば結果に含まれる誤差が少ないので，二回の結果には一貫した結果が得られるだろう。

　一方，妥当性とは測定しようとしているものを意図どおりに測定できているかという概念である。たとえば，2つの知能検査があり，両者が同じような知能を測定しようとしているとしよう。その場合，2つの知能検査の結果はそれほど違わないものになるだろう。2つの結果が大きく異なるならば，どちらかの知能検査が（場合によっては両方の検査ともが）測定しようとした知能を測定できていないということになる。すなわち，検査の妥当性が低いのである。妥当性の高い検査での結果であれば，他の検査や概念との関係が理論的に考えられるものになる。知能検査の結果であれば，別の知能検査の結果とは似たようなものになるであろう。また，知能の高さは学業達成と関連があり，知能が高いほど高い学業達成が予測される。入学時の知能検査の結果とその後の成績との関連をみたときに，予想されるような関係がみられるようであれば，その知能検査は妥当性が高いと考えられる。

　心理検査や知能検査などでは，多くが標準化されており，その標準化過程の中で信頼性や妥当性の確認も行われている。そのため，利用者が個々の検査の信頼性や妥当性を考える必要はない。しかし，多くの心理検査の中からどの検査を実施するかは，利用者がその目的や検査対象の特徴などを考慮して決めることになる。したがって，ある検査を実施することがその場面において妥当であるかという視点を常にもっておくことが重要である。

　また，標準化の中で確認された検査の信頼性や妥当性は，標準化された実施手続きや採点方法が前提となっていることを忘れてはならない。標準化された検査では，実施方法や記録・採点の手続きなどが詳細に決められている。検査の信頼性・妥当性の検証はそれらの手続きにのっとって行われたものであり，誤った方法や自己流のやり方で得られた結果についての信頼性や妥当性を保証するものではない。そのため，検査者には標準的な検査手続きを厳格に守ることが求められる。

　このように，すでに信頼性や妥当性が確認されている検査を利用する場合であっても，適切に利用しなければその結果も適切に用いることはできない。検査の利用者は信頼性・妥当性という概念について十分理解するとともに，自身の検査の利用法がその目的に照らして適切なものであるかを常に検証する姿勢を保つことが求められる。

（安藤史高）

第5部　臨床現場における心理検査の実際

1

発達障害の子どもの事例

1. はじめに

(1) 最近よく耳にする「発達障害」

　近年,「発達障害」という言葉はテレビやインターネット,書籍の中で頻繁に取り上げられるようになった。このため,一度でもこの言葉を見聞きしたことがある人は少なくないだろう。とりわけインターネットには発達障害に関する情報が多く掲載されており,発達障害の子どもをもつ家族に役立つ情報を得られることもあれば,"わが子は発達障害ではないか"と心配した家族が教育機関や医療機関を訪れることも多い。

　こうした近年の状況は,発達障害に対する関心の高まり,そして発達障害の子どもを教育や医療の現場でいかに支援するかに注目が集まっていることを物語っている。発達障害の子どもにおいては,心理検査による総合的なアセスメントが非常に重要であることは,どの領域の支援者にとっても共通した認識である。本章では,発達障害の理解,近年の発達障害支援の動向を概観するとともに,事例を通して発達障害の子どものアセスメントの実際を紹介する。

(2) 発達障害とは

　1) 定　　義　「発達障害」という言葉は,もともと知的障害(精神遅滞)を中心とした幅広い発達の障害を包含する言葉として使用され,歴史的に定義を変更しつつ定着してきた(加我,2008)。一方,発達障害者支援法(厚生労働省,2005)では,「自閉症,アスペルガー症候群その他の広汎性発達障害,学習障害,注意欠陥多動性障害その他これに類する脳機能の障害であってその症状が通常低年齢において発現するものとして政令で定めるもの」とされている。このため近年では,知的障害を含まず,広汎性発達障害,学習障害,注意欠陥／多動性障害(注意欠如／多動性障害)の3つに限って使われる場面も多い。本章では,通常学級において困難をもつ幅広い子どもたちを念頭に置くために,知的障害を含めた概念として発達障害を考え,以下で説明する。

　2) 各種の発達障害　それぞれの発達障害は,表1.1のように定義されている。

　これらの障害は,その症状の特徴や知能水準の程度により重なり合う部分も大きく,連続性が重視され「自閉症スペクトラム」ともよばれている。これらの境界線を明確に引くことは難しく,発達の中で症状が変化することもあるため,確定診断の難しさが指摘されている(上野ら,2005)。知的障害の子どもにおける心理検査では,算出された知能指数が総合的な判断のための一情報として用いられている。自閉症や学習障害の子どもにおいては,発達に関する心理アセスメントが,子どもの状態の判断だけでなく,学力面における対応や今後の指導,進路に重要な手がかりを与えうる(上野ら,2005)。

表 1.1　発達障害の定義

知的障害（上野ら，2005）
1. 知的発達の遅滞があり，他人との意志の疎通が困難で日常生活を営むのに頻繁に援助を必要とする程度のもの
2. 知的障害の程度が前号にあげる程度に達しないもののうち，社会生活への適応が著しく困難なもの

自閉症の定義（文部科学省，2003）
　自閉症とは，3歳位までに現れ，①他人との社会的関係の形成の困難さ，②言葉の発達の遅れ，③興味や関心が狭く特定のものにこだわることを特徴とする行動の障害であり，中枢神経系に何らかの要因による機能不全があると推定される。

高機能自閉症の定義（文部科学省（2003）を参考に作成）
　高機能自閉症とは，上記自閉症のうち，知的発達の遅れを伴わないものをいう。

学習障害（LD）の定義（文部科学省，1999）
　学習障害とは，基本的には全般的な知的発達に遅れはないが，聞く，話す，読む，書く，計算する又は推論する能力のうち特定のものの習得と使用に著しい困難を示す様々な状態を指すものである。学習障害は，その原因として中枢神経系に何らかの機能障害があると推定されるが，視覚障害，聴覚障害，知的障害，情緒障害などの障害や，環境的な要因が直接的な原因となるものではない。

注意欠陥／多動性障害（ADHD）の定義（文部科学省，2003）
　ADHDとは，年齢あるいは発達に不釣り合いな注意力，及び／又は衝動性，多動性を特徴とする行動の障害で，社会的な活動や学業の機能に支障をきたすものである。また，7歳以前に現れ，その状態が継続し，中枢神経系に何らかの要因による機能不全があると推定される。

＊アスペルガー障害とは，知的発達の遅れを伴わず，かつ，自閉症の特徴のうち言葉の発達の遅れを伴わないものである。なお，高機能自閉症やアスペルガー症候群は，広汎性発達障害に分類されるものである。

(3) わが国における，発達障害の子どもを取り巻く現状

　「通常学級に在籍する特別な教育的支援を必要とする児童生徒に関する全国実態調査」（文部科学省，2002）では，全国の通常学級に通う小中学生4万人以上のうち，学習面でLD様の著しい困難を示すものは4.5％，行動面においてADHDもしくは高機能自閉症様の著しい困難を示すものは2.9％おり，重複を考慮すると，特別な教育的支援を必要とする児童生徒は全体の6.3％だとされている。すなわち，30人学級1クラスのうち，2名弱の子どもが何らかの学習・行動上の困難さを有していることになる（図1.1）。

　こうしたことから，発達障害の子どもの理解および支援の必要性に対する意識が近年急速に高まり，平成19年には特別支援教育が開始された。「特別支援教育」とは，「障害のある幼児児童生徒の自立や社会参加に向けた主体的な取り組みを支援するという視点に立ち，幼児児童生徒一人一人の教育的ニーズを把握し，その持てる力を高め，生活や学習上の困難を改善また

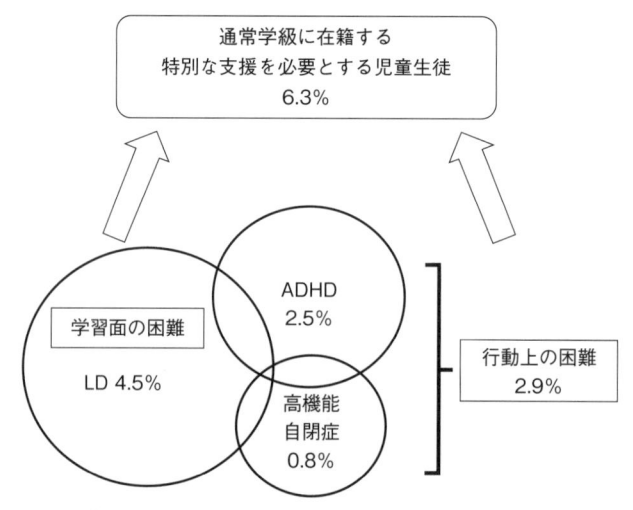

図1.1　学習，行動上の困難を有する児童生徒の割合（上野ら，2005）

は克服するため，適切な指導及び必要な支援を行う」ものであると定義されている（文部科学省，2005）。特別支援教育においては，発達障害の子どもを早期に発見し，支援していくことが必要である。その際に大切なのは，ただ単に発達障害をスクリーニングしたり診断するだけでなく，いかに一人一人の子どもを適切にアセスメントし，その子どもに合った支援を計画，実行していくかということになるだろう。

2. 発達障害の子どもにおける心理検査の意義

(1) 発達障害の子どもに対する心理検査の目的

玉井（2008）は，発達障害者支援における心理検査の活用について，「その子どもがどのようにして躓きを体験するのか」をモデル化することの重要性を指摘している。「落ち着きがない」とか「友達とのトラブルが絶えない」，「何度言っても同じ失敗をくり返す」といった主訴に対して，失敗の過程を説明するのである。この過程は，両親や教師による日常生活の行動観察だけから検討することは難しい。というのは，発達障害の子どもは，知的側面や情報処理過程におけるアンバランスさを大きな特徴としているからである。このため心理検査によって子どもの知的活動のアンバランスさ，得意不得意を同定し，それに即した支援計画を立てることは非常に意義の大きいことである。

心理検査によって仮定された困難のモデルは，学校や家庭における日常的な行動傾向や生活状況と照らし合わせられる。すると，心理検査にみられる困難さがありながらも，それが不適応に結びつかずに済んでいるような教師や級友のサポート，対象児を前向きにさせている要因もみえてくる。この「補い」のメカニズムにこそ，対象児の生活の質を支える重大な手がかりが存在している可能性があると玉井（2008）は指摘している。また青山（2007）は，当初知能の遅れや障害を判定するだけの機能しかもたなかった知能検査が，その長い歴史を経て，弱い部分には配慮し強い部分を活用していくという視点を含むようになったこと，それこそが発達障害児支援における心理検査のありようであるとしている。これらが発達障害の子どもにおける心理検査の大きな目的であるといえるが，さらに，子どもの知的・精神的発達と情緒的発達の両方を多面的にアセスメントすることが重要であるといえる。

(2) 知的・精神的発達の側面を検討すること

発達障害の子どもは，たとえ知的水準が平均またはそれ以上であっても，学習における特定の教科や課題に著しい困難を感じていることが多い（たとえば，書字，音読，計算の困難，手先を使う課題の苦手さ，同時に複数の作業をするのが苦手など）。また生活面においては，人の表情を正しく認識する，相手の気持ちを汲み取る，状況を正しく理解するなど，対人関係や集団生活に大切な力の発達が未熟であったり，言葉で気持ちを表現する，状況を説明するといったコミュニケーション能力の発達が未熟であることが多い。逆に，特定の課題は非常によくできることもある（物の名前，年号を覚えるのは非常に得意，目で見た絵や図の理解は非常に得意など）。こうした得意不得意のアンバランスさは，それぞれの子どもによって文字通り十人十色であるため，その子どもにとっての「躓き感」と「資質」や，よりよく適応していく可能性を見いだすためには，心理検査によるアセスメントが有効となってくる。

(3) 情緒的側面を検討すること

発達障害の子どもは，発達のアンバランスさやコミュニケーションの苦手さのために困難感を強くもち，ストレスを感じていたり，自信を失い落ち込んでいることが多い。こうしたストレスに適切に対処することができない場合，自傷や他害といった形で行動化する子どもも少な

くない。また，学校生活や友達関係から引きこもることでストレスを避ける子どもの場合，登校しぶりや不登校という形をとることもある。近年では，不登校児童のうち発達障害の子どもがかなりの割合を占めることが指摘されている。これらは，発達障害を有することによる二次障害ということができる。こうした子どもたちが現在どのようなことに悩み，どの点においてストレスを感じたり自信を失っているのか，子どもたちの気持ちを支えていくには何が必要かを検討することも，発達障害の子どもにおける心理アセスメントの重要な側面であるといえる。

3．発達障害の子どもにおける心理検査の実際

(1) 検査の選択，テスト・バッテリー

　対象となる子どもに実施される検査の選択は，子どもの年齢，大まかな発達水準の見立て，現在の問題点に即して行う。たとえば，乳幼児期における発達障害のスクリーニングには，乳幼児健診を行う各機関ごとにさまざまな項目が設けられている（宮本，2008）。また乳幼児期自閉症チェックリスト修正版（Modified Checklist for Autism in Toddlers: M-CHAT）の有用性が示唆されている（稲田・神尾，2008）。乳幼児期の発達指数の算定には新版K式発達検査の有効性が示唆されている（中田，2008）。児童期の子どもに最もよく用いられる知能検査は田中ビネー知能検査ⅤとWISC-Ⅲ知能検査である。田中ビネーⅤは，子どもが年齢相当の発達をしているかどうかのアセスメントや，知的な遅れの有無の弁別に適している。心理臨床の現場の実際としては，乳幼児や知的な遅れが明らかに認められるケースにおいては，全体的な知的機能の水準をとらえるために田中ビネーⅤを使用し，必要があればWISC-Ⅲを実施することが多い（玉井，2008）。

　発達障害の子どものアセスメントでは，全体的な知的水準を把握するだけでは十分でない。知的水準だけでは把握しきれない認知活動の特性を把握できるという点で，WISC-Ⅲの有用性が指摘されている（玉井，2008）。特に，子どもがどのようにして躓きを体験しているのかを，3つの知能指数（言語性・動作性・全検査）の差，4つの群指数（言語理解・知覚統合・注意記憶・処理速度）のばらつき，下位検査のプロフィールによってアセスメントすることにより，子どもの支援計画の立案に役立てることができる。すでに知能検査の実施されている子どもに対して，さらに学習面での支援を考える場合にはK-ABC心理・教育アセスメントバッテリーが有用である。

　テスト・バッテリーとして最もよく用いられるのは，グッドイナフ人物画知能検査やバウム・テストなどの描画検査である。グットイナフ人物画検査は，人物画によって大まかな知能水準を把握する一助になるとともに，子どもの構成能力や，セルフイメージの発達を把握することも可能である。バウム・テストは樹木画による人格検査であり，描画空間の配置，樹木の各部分の構成，筆圧やタッチから，子どもの発達・情緒の状態を解釈することが可能である。

　筆者は，就学後から中学生の児童生徒に対してはWISC-Ⅲと描画検査をバッテリーとして行うことが最も多いが，検査の選択は実施機関によっても異なるだろう。また，子どもの集中力によって一度の検査にかけられる時間も異なることが予想される。概ね，1時間から1時間半以内で検査を終わらせることが望ましい。

(2) 実施に際しての注意点

　検査を実施する前に，以下の点について把握しておく。
　1) 対象児の問題の把握，検査目的の同定　対象児がどのような問題のために検査を受けることになったのか，大まかな情報を把握し，検査によって何を明らかにするべきか目的を同

定しておく。
　例：学習面の苦手さ，友だちとのトラブルを主訴とした子どもの場合
　①全体的な知的水準の把握。
　②課題ごとの得意不得意を明らかにし，得意な面を伸ばし不得意な面を補う方法を探る。
　③検査結果および検査時の行動観察から，対人面の困難および対処法について検討する。
　2）検査環境の整備　　検査室は，できるだけ刺激の少ない環境にしておく。対象児に発達障害が疑われる場合，刺激の多さはストレスとなるばかりでなく，検査結果にも負の影響を与えかねない。また，検査中の立ち歩きや検査中断の原因ともなりうる。子どもの気が散りそうなものがある場合は片付けたり，布で覆うなどする。
　検査用具は検査者の実施しやすいように整理しておく。検査時間は短ければ短いほどよいため，できるかぎりスムーズに行える準備をする。
　3）配　　　置　　対面法，または90度法にて行う。

(3) 子どもと出会う

　検査場面における子どもとのはじめの出会いは，検査に対する子どもの動機づけを高めたり，リラックスして検査を行える雰囲気を作る機会になる。このため，以下の点に注意しつつ慎重に場がもたれることが望ましい。
　1）あいさつと誘導　　子どもがリラックスできるような言葉かけをし，検査者の自己紹介，これからどのお部屋に行くのか，その間お母さんはどこで待っていてくれるかなどを明確に説明する。同時に，初めての場面で子どもがどう対応するか，どう挨拶するかを観察する。
　2）検査時間の見通しを伝える　　どの程度で検査が終わるかの見通しを伝える。途中で子どもの集中力が切れてきた場合には，あと何題あるかを説明し，子どもと一緒にカウントダウンするなどが有効である。
　3）簡単な質問　　名前や年齢，学年，今日どのようにしてここまで来たかなどを尋ね，応答の様子を観察する。
　4）検査目的の説明　　はじめに子ども自身がなんと聞かされてやって来たかを確認する。「クイズやパズルをする」といった説明をされている子どもから，単に「買い物に行く」と言われて半ばだまされて来た子どもまでさまざまであるため，緊張や驚きなど子どもの心情をしっかり受けとめる。
　その後，あらためて「今日は，○○ちゃんが，おうちや学校で今よりも過ごしやすくなるにはどうしたらいいかを考えるために，○○ちゃんのことを理解させてもらいたいと思っているよ。質問に答えてもらったり，パズルや迷路をしたりしようと思うけど，どうかな？」など，それぞれの子どもにわかる言葉で説明し，同意をとったうえで開始する。

4．事　　例

　以下に，学習，対人関係上の困難によって登校しぶりを示すようになった小学3年生男児の事例を紹介する。なお，事例は匿名性が守られるようにいくらかの修正が加えられている。

(1) 概　　要
　1）クライエント　　Aくん男児，8歳5ヵ月（小学3年生）
　2）検査に至った経緯　　2年生に入った頃から勉強についていけなくなり，学校に行くのをしぶるようになった。また，気の強い友だちや先生が怖いという。同年代の友だちとどう接したらよいかわからず学校へ行きづらい。先生が他の子を叱っているのを見てその先生のこと

が怖くなってしまった。心配した両親が相談機関にかかり，検査実施に至った。

3） 生育に関する情報　出生時，新生児期の問題は特になかった。首のすわり4ヵ月，おすわり8ヵ月，始歩1歳1ヵ月，始語11ヵ月，2語文2歳1ヵ月，排泄自律3歳2ヵ月。小さい頃から癇の強い，育てにくい子どもだった。好き嫌いが強く，ぱさぱさした食感の食べ物はまったく食べなかった。人見知りはあまりなく，よく動き，1人でも平気で走って行くため迷子になることがしばしばあった。友だちはいたが並行遊びが多く，一緒にごっこ遊びをするようなことはなかった。

4） 相談歴　1歳6ヵ月健診で特に指摘はされなかった。3歳児健診で落ち着きのなさを指摘されていたが特別なフォローは受けていなかった。小学校は通常学級に在籍したが，3年生になってから登校しぶりが出現し，教育相談機関を受診，教育相談が開始された。

5） 心理検査の目的とアセスメント・バッテリー　Aくんの訴えから，Aくんが学習面において何らかの問題を抱えていること，教師や友だちとの関係に何らかの問題があること，その結果として，学校へ行くことの怖さ，学校へ行きたくないという情緒的な反応が生じ，登校しぶりにつながっていることが推測された。このため，Aくんの知的水準および，現在どのような側面で躓きを感じているか，能力のアンバランスさの同定のためにWISC-Ⅲ知能検査を実施することとした。さらに，Aくんが情緒面においても困難を感じていると推測されたため，バウム・テストを実施し，この2つの検査から現在のAくんの状態をアセスメントすることとした。

(2) 検査時の行動観察

物静かで，初対面の検査者に対して挨拶も難しい様子だったが，こちらの質問にぽつりぽつりと正確に答え，疎通は良好であった。その後比較的早く場に慣れ，慣れてくるとむしろ過度に愛想がよくなる印象であった。検査では，わからない問題はすぐに「わからない」とあきらめることが多い他，下位検査の合間に集中が途切れると，検査とは関係のない話を多くしていた。また，こちらの質問に答える前に自分の言いたいことを先に話し始めるなど，検査場面であることを意識しない言動がたびたびみられた。それでも検査には一生懸命取り組み，休憩をはさみながらも最後までやりぬいた。

(3) WISC-Ⅲの結果

検査結果は表1.2，図1.2，図1.3のとおりであった。

1） 全般的な知的発達水準　全体知能は76であり，平均と遅れとの「境界線」の域である。

2） 言語性知能と動作性知能　言語性知能は75で「境界線」の域，動作性知能は83で「平均の下」の域であった。言語性知能と動作性知能の差は8であり，有意な差はみとめられなかった。

3） 群指数　言語理解は73でパーセンタイル順位は4，知覚統合は84でパーセンタイル順位は14，注意記憶は88でパーセンタイル順位は21，処理速度は97でパーセンタイル順位は42であった。言語理解は注意記憶および処理速度との間に5％水準で有意な差がみとめられた。また，言語理解と知覚統合，知覚統合と処理速度との間に15％水準で有意な差がみとめられた。

4） 下位検査　言語性検査においては，「単語」および「理解」以外の課題では平均水準に達しないもののある程度の力を発揮できている。中でも「知識」「算数」のように形式的，具体的で，問いに対して答えが1つである課題の得点が高かった。一方，「単語」は5点とやや低く，「理解」は2点と著しく低かった。特に，「友達のボールをなくしたときはどうしたらよ

表1.2 各下位検査評価点・IQおよび群指数の結果

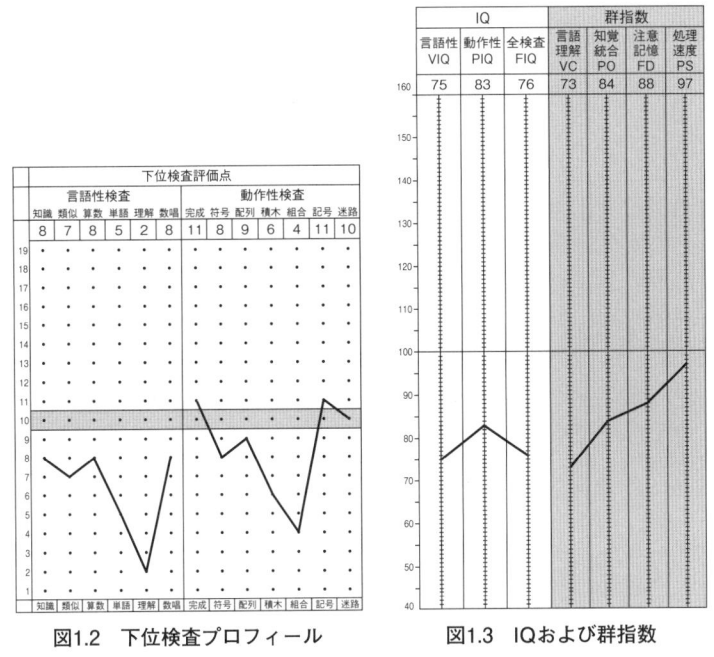

言語性検査		動作性検査		IQ/群指数		パーセンタイル	90%信頼区間
知識	8	絵画完成	11	言語性	75	5	71-93
類似	7	符号	8	動作性	83	13	78-92
算数	8	絵画配列	9	全体検査	76	5	72-83
単語	5	積木模様	6	言語理解	73	4	69-86
理解	2	組合せ	4	知覚統合	84	14	78-93
数唱	8	記号探し	11	注意記憶	88	21	82-97
		迷路	10	処理速度	97	42	88-107

図1.2 下位検査プロフィール　　図1.3 IQおよび群指数

いか」や「小さな子どもがけんかをしかけてきたらどうしたらよいか」といった対人場面に関する問いで正答できていなかった。動作性検査においては，「絵画完成」「絵画配列」「記号」「迷路」は9～11点と，平均的な力を発揮することができた。一方「積木模様」および「組合せ」における得点の低さが認められた。

(4) バウム・テストの結果

　ひょろっと細長く，幹の途中から直角の短い枝の生えた，樹冠の小さな木が描かれた（図1.4）。描線は安定せず，所々ゆがんだり薄くなるなどしていた。創造性を発揮させ，生き生きと表現することの苦手さ，幼さや不器用さがうかがえるとともに，自信のなさも推測された。枝は短くぎこちなく伸びていることから，周囲とのかかわりにおける困難を抱えているかもしれない。幹にはたくさんの傷がついており，これまでの生活の中でのつまずきや傷つきを抱えている可能性が考えられた。一方，実はたくさんつけられており，成果を出そうとする欲求やがんばりたい気持ちが伝わってきた。しかし，小さな樹冠にたくさん実がついていることからは，がんばらねばという気ばかりが焦って窮屈になっているようにも感じられた。

(5) 検査結果の解釈および，日常生活におけるAくんの状態像との関連

　Aくんの知的水準は平均と遅れとの「境界線」の域にあり，通常の授業の内容やペースにつ

図1.4　描かれたバウム

いていくことには難しさも多いと推測された。Aくんの「勉強についていけない」との訴えは，知的水準との関連が示唆される。言語性知能と動作性知能に差は認められなかったが，群指数における言語理解の値が最も低く，言葉の理解や操作には苦手さが推測される。特に，意味のある複雑な言葉の理解や抽象概念の理解における躓きが推測された。これと関連してか，検査時には，長文で質問されたり，逆に長い言葉で答えなければならない課題でははじめからあきらめる姿がみられた。また，「理解」の得点の低さからは，日常生活の中で問題が起きたときにどうするべきか，友だち関係の中でどう振る舞えばよいかに関する理解やスキルの乏しさがうかがえた。こうしたことは，Aくんが日常生活で感じている教師や友人との関係の困難さに関連しているだろう。もともと友人との相互遊びが少なく，ひとり遊びを好んできたAくんにとって，学年が上がるにつれて複雑になる友人関係に適応することは大きな課題となったのではないだろうか。また，長く抽象的な言葉の理解が苦手であるため，教師の話していることが理解できていない場面が多いことが予想され，ある場面で教師がどんな指示を出しているのか，また誰がどんなことで叱られているかわからず，教師の存在が脅威に思えることもあったかもしれない。

一方，「絵画完成」「絵画配列」においては平均的な力を発揮しており，具体的な絵などを目で見て理解することは得意であるといえる。Aくんは言葉による指示を理解してというよりも，周りの状況を目で見ながら集団活動に参加している可能性が大きいだろう。ただし，空間把握，立体的な刺激の操作や，部分を全体にまとめ上げる作業は苦手であると考えられる。完成図やモデルが示されていると取り組みやすいが，完成図が示されない場合，自分で完成像を予測したり，試行錯誤しながら細かな部分を組み立てていくことは難しいかもしれない。

Aくんの得意な面としては，記号など意味のない抽象的な視覚刺激を正確に把握したり処理することが挙げられる。また，「知識」や「算数」の得点が高く，長期記憶，短期記憶の得意さ，記憶しながら作業するという作業記憶の得意さもうかがえた。これまでの学習で身につけてくるべき知識は年齢相応に身についており，短く具体的な言葉の理解も良好である。「符号」や「記号探し」の得点の高さから，課題の明確な作業に関して，目と手を素早く協応させて取り組むことができるといえる。

(6) 検査結果を活かした今後の支援計画

以上の結果を踏まえ，今後の支援計画としては次のようなことが考えられる。

①「境界域」の知的水準，授業についていくことの難しさに対して

必要に応じて個別指導，Aくんに合った教材の選択，宿題等に対する配慮が必要だろう。易しい課題，少ない量であっても，"できた" という感覚をもてることを優先させることが大切

である。

②抽象的／複雑な言語理解の苦手さ，具体的な視覚刺激理解の得意さに対して

指示は簡潔にはっきり行うこと，誰に対しての指示や注意であるかを明確にし，Aくんの混乱を防ぐことが必要であると考えられた。そのために，集団への指示の後個別の声かけをしたり，絵や図など目で見てわかる説明や掲示物の工夫が望ましいだろう。

③全体の見通しをもち完成像を想像して一から取り組むことの苦手さ，やることや課題量がはっきり決められている作業への取り組みやすさに対して

課題の目的，結果，見通しをあらかじめ説明しておく，たとえば「○○しましょう」のみの指示よりも，「これから○○をするよ。そうすると○○になるよ」という説明や，できあがりのモデルを見せておくこと，予定の変更をできるだけ早く告げるといった対応が必要であると考えられた。内容や量がはっきりしている課題のときは積極的に参加を促したり，Aくんが自分で調整できるようになるまで，課題の量やゴールをこちらが設定するなどの支援が望まれる。

④記号や形式的，具体的刺激の把握，記憶の得意さに対して

記号や具体的な図を用いて理解・記憶しやすくする，生活科のように具体的で知識を積み上げる教科に力を入れるなどが望まれる。

⑤社会的常識の理解の乏しさ，生活，友人関係におけるとっさの出来事への対処のしにくさに対して

生活上のルールを身につけることが必要であると考えられた。困ったときや友だちとのトラブルが起きたときには，はじめは周囲の大人が付き添いながら一緒に解決をし，その後，「どうすればよかったか」と考える機会をもつことが望ましい。

(7) まとめ

Aくんの登校しぶりには，学習についていけていないことや，学校生活に困難を感じていることが影響していると考えられる。現在，自信が低下し，日常生活を生き生きと過ごせていないことが推測される。検査で得られた情報や，それに基づく支援計画を実行し，それによるAくんの変化を観察し，適宜支援計画を変更，実施していく必要がある。こうした支援によって，Aくんの中に何かが"できた"という経験が積み重なることや，家族や教師，友人に助けられた体験をもてることは，Aくんの情緒面の支援にもなるだろう。これとともに，Aくんを取り巻く家庭や友人関係についての情報も収集し，多面的な支援をしていくことが望ましい。

5. 結果のフィードバックについて

フィードバックに際しては，結果を子どもの理解，支援，指導に役立てられるよう報告することが大切である。検査結果を保護者に伝える際には，まず実施した検査の目的や概要をわかりやすく説明する。そして，検査時の子どもの様子，得られた検査結果（数値）の説明，さらに，検査結果が日頃の家庭や学校での子どもの様子とどのように関連していると考えられるか，今後の有効な支援，手だてについてこちらの考えを伝える。学校に伝える際には，上述の点に加えて，特に学校での配慮点，課題などを伝えられるとよい。

結果の解釈は，あくまで検査実施時点でのものであり，保護者や学校とのやりとりの中で当初の解釈との矛盾がみられた場合には，その矛盾がどこからくるのか，より妥当な解釈はどのようなものであるかを考え続ける姿勢が大切である。

6. おわりに

小野寺（2006）は，障害児教育における心理検査の必要性についてカウフマン（Kaufman, A.）の言葉を引用し，「知能テストは，子どもの学力を予想し安楽椅子に座って，その予想があたるのを待つためにあるのではない。……知能テストは単なる武器であり，それを"かしこく使って（Intelligent Testing）"子どもを正しく理解するのは，サイコロジストや養育者の責任である」と述べている。

また上野ら（2005）は，「子どもや人をアセスメントによって理解しようとする場合，検査の技術も解釈の力も，これで十分ということはない。その限界を知っている検査者こそが，検査を最も活用する可能性の高い検査者であり，解釈者であり，真の心理臨床家である」と述べている。検査結果の解釈をすべてとせず，常に実際の子どもの様子を観察したり周囲からの情報を収集し，子どもにとって最も適した支援のあり方を模索し続ける姿勢が必要であろう。

文　献

青山真二（2007）．発達障害児支援における K-ABC の有用性と課題—シンポジウムからの考察—　発達障害研究，**29**，9-16．

藤田和弘・上野一彦・前川久男・石隈利紀・大六一志（編）（2005）．WISC-Ⅲアセスメント事例集—理論と実際—　日本文化科学社

加我牧子（2008）．最近注目されている発達障害　小児科臨床，**61**，2335-2336．

稲田尚子・神尾陽子（2008）．自閉症スペクトラム障害の早期診断への M-CHAT の活用　小児科臨床，**61**，2435-2439．

稲垣真澄（2008）．発達障害の最近の考え方　小児科臨床，**61**，2337-2341．

小坂礼美・生天目聖子・久米紗織・白井聖子・中村美乃里・中川清和・十一元三（2007）．不登校相談機関に来談した広汎性発達障害の児童生徒における描画特徴—バウムと人物像の検査所見について—　第48回日本児童青年精神医学会総会抄録集，125．

厚生労働省（2005）．発達障害者支援施策について　http://www.mhlw.go.jp/topics/2005/04/tp0412-1a.html

宮本信也（2008）．乳幼児健診システムにおける発達障害児のスクリーニング　小児科臨床，**61**，2630-2637．

文部科学省（2002）．通常学級に在籍する特別な教育的支援を必要とする児童生徒に関する全国実態調査　特別支援教育の在り方に関する調査協力者会議

文部科学省（2003）．学習障害児に対する指導について（報告）　学習障害及びこれに類する学習上の困難を有する児童生徒の指導方法に関する調査研究協力者会議

文部科学省（2003）．今後の特別支援教育の在り方について（最終報告）　特別支援教育の在り方に関する調査研究協力者会議

中田洋二郎（2008）．心理検査　精神科治療学，**23**（増），25-32．

小野寺基史（2006）．なぜ心理検査は必要なのか　シンポジウム「発達障害児の支援における心理検査の役割　日本発達障害学会第41回研究大会発表論文集

玉井邦夫（2008）．発達障害支援における WISC-Ⅲの活用　小児科臨床，**61**，2592-2595．

上野一彦・海津亜希子・服部美佳子（編）（2005）．軽度発達障害の心理アセスメント　WISC-Ⅲの上手な利用と事例　日本文化科学社

Wechsler, D.（著）日本版 WISC-Ⅲ刊行委員会（訳編著）（1998）．日本版 WISC-Ⅲ知能検査法　日本文化科学社

2

情緒障害の子どもの事例

1. 児童相談所での心理検査

　行政機関である児童相談所においては，子どもの心理検査を必要に応じて活用する。ここでは児童相談の一片にふれながら，相談経過において心理検査を用いた一例を紹介したい。

(1) 児童相談所における相談業務について
　まず，児童相談所（以下児相と記す）やその携わる相談の一端にふれておきたい。
　児相は，児童福祉法に基づいて各都道府県と政令指定都市に設置されており，18歳未満の子どもについての相談を，家庭やその他諸々のところから受ける施設である。子どもの福祉を図り，その権利を守ることを主な目的として，受付相談員，児童福祉司，児童心理司，医師などの専門スタッフが相談に応じて調査・判定・診断を行い，適切な助言・指導・治療などの援助を行う。また必要に応じて子どもを保護することや，児童福祉施設への入所措置や里親に委託することなどの業務も行っている。
　児相にかかる相談内容は，多岐にわたるが，養護相談，保健相談，障害相談，非行相談，育成相談，その他といった内容である。実際には個々の相談に複数の要因が絡み合っており，分類しきれるわけでもない。たとえば，相談の主訴は子どもの「非行」であっても，行動化する子ども自身の問題だけでなく，背景に家庭の養育力の弱さや親の非行文化への親和性の要因があることや，表面化しにくい虐待の問題などが潜んでいることが多い。そしてさらに家庭環境の背景には，社会のさまざまな矛盾や深刻な課題でありながら手つかずの問題が大きく横たわっている。大人の目にはさまざまに改善を要する事柄として映るそういった子どもの諸問題は，子どもから社会に対してその本質を問うのっぴきならない訴えでもありSOSのサインでもある。そういう意味で，子どもの問題は，個々人の中にすべて帰属できるものではなく，私たちが生きている時代，文化，社会を映す鏡でもある。
　近年，何かと取り上げられることの多い虐待相談も然りで，児相で受ける養護相談の一つである。児相が対応した児童虐待件数は，1990年度には全国で1100件余りであったのに比して，2000年に児童虐待防止法が制定される前後からは通告件数も急増し，現在までの十数年で相談は40000件以上に増加している（厚生労働省，2007）。児相がかかわる相談の中では，件数としても，またそこに携わる現実的心的エネルギーとしても大きなウェイトを占めている。
　虐待については，そもそも何をもって虐待と定義するか，現場からすると，実は相当に難しい問題であるが，児童虐待防止法（2000年，および2004年改正時）では次のように定義されている。まず，保護者が子どもに対して行う行為であり，「身体的虐待」「性的虐待」「ネグレクト」「心理的虐待」の4つに分類される。さらに虐待は「人権侵害」であることも謳われている。この中で件数として最も多いのは身体的虐待であるが，筆者が実際に虐待を受けた子どもたちにかかわって強く感じるのは，子どものその後の成長に及ぼすダメージを考えれば，長

期のネグレクト状況の方がより深刻だということである。こういった虐待の問題も，世間でいわれるように直接の加害者である親や保護者の側の問題として片づけられるものではなく，やはり急速に変化し続ける社会のあり方とその歪みを映し出しているといえる。最終的には，その歪みのしわ寄せは最も余力のないところ，つまり子ども本人にいくのである。

　厚生労働省の「子ども虐待対応の手引き」（厚生省児童家庭局，1999）には，「子ども虐待が生じる家族は，保護者の性格，経済，就労，夫婦関係，住居，近隣関係，医療的課題，子どもの特性等々，実に多様な問題が複合，連鎖的に作用し，構造的背景を伴っているという理解が大切である。したがって，単なる一時的な助言，注意，あるいは経過観察だけでは改善が望みにくいということを常に意識しておかなければならない。放置すれば循環的に事態が悪化・膠着化するのが通常であり，積極的介入型の援助を展開していくことが重要との認識が必要である」と述べられている。さらにその構造および要因として，児童虐待の研究から「虐待では，(1) 多くの親は子ども時代に大人から愛情を受けていなかったこと，(2) 生活にストレス（経済不安や夫婦不和や育児負担など）が積み重なって危機的状況にあること，(3) 社会的に孤立化し，援助者がいないこと，(4) 親にとって意に沿わない子（望まぬ妊娠・愛着形成阻害・育てにくい子など）であること，の四つの要素が揃っている」と説明している。

　児相における相談事例は，虐待事例ばかりということではないが，他の事例においても，前述のような虐待事例がもっている要素や構造を含んだものが多い。このような構造的問題を抱えた事例において，子どもたちのより健全な成長を目指して，児相で働く児童福祉司や児童心理司たちは日々奮闘努力をしているのである。

　さまざまな問題を抱え，社会とつながることが困難な家族の援助にあたっては，児相を含めたさまざまな援助者側も，諸々の矛盾を抱えつつも，関係者，関係機関同士の信頼と連携というつながりを築き強めることが求められている。

　次に，児相の業務と密接に連携する児童福祉施設についても簡潔に説明しておく。なお後で紹介する検査事例は，施設で生活していた子どもの事例であるので参考にしてほしい。児童の施設は，虐待のみならず，さまざまな理由によって家庭で生活することができない子どもたちが生活する場であり，乳児院，養護施設，情緒障害児短期治療施設，自立支援施設がある。乳児院は，生後2歳くらいまでの子どもが生活し，その年齢を超えた18歳までの子どもは養護施設で生活する。子どもたちは施設で集団生活を送りながら地元の幼稚園や学校に通う。施設への入所理由は親の死亡が第一位だった時代から推移して，親の離婚・行方不明・長期入院が主流を占めてきたが，現在では，さらに親の就労・虐待・酷使・放任・怠惰などが確実に増えている。養護施設の職員には配置基準があり，3歳未満児概ね2人に1人，3歳以上の幼児4人に1人，学齢以上6人に1人となっており，その基準人員で夜間も含め24時間のローテーションを組んで子どもの処遇にあたっている。昼間でさえ幼児全体を1〜2人の職員が見ているのが実情である。そのような状況で，大人との一対一の関係が育つ前に施設にくる子どもも多い。本来は家庭で育つのと同様に，あるいはそれ以上に手をかけて育てたいが，大人との関係をしっかり築いて安心した生活を送るには養護施設が非常に厳しい環境であることは，もっと広く知られてよいことだと思う。

(2) 児童相談所での検査事例について

　児相における心理検査については，さまざまな相談を受ける経過の中で，児童心理司（子ども，保護者，関係者などに心理療法，カウンセリングなどを担当する職員）が，必要に応じて実施している。また，知的障害児，身体障害児の福祉の政策に関するところで，諸手当を受けるための手帳取得の可否の判定の際に知能検査を実施している。実施数としては，障害相談で用いる数が相当多い。

また，児相は継続的な外来相談の他に，諸々の事情により家庭で生活することができない子どもを上記のような養護施設などで預かる機能ももっているが，その際に家族状況や生育歴などの社会調査と並んで心理所見が必要となる。その所見の一部として知能検査や性格検査の内容が織り込まれるので，子どもを施設で預かる場合には必ず使われる。

　児相においては，検査を実施すること自体が第一の相談目的であるケースもあるが，多くは相談の流れの中で必要に応じて用いられるので，必ずしも全ケースで検査を実施するわけではない。また使用する検査の種類や回数が決まっているわけでもない。

　つまり，子どもの言動を見聞きするだけでは子どもの全体像がつかめないときや，子どもの反応が何を表しているのか周囲には理解しがたいときに検査が実施される。また，学習内容の習得に目立った偏りがあるとき，話された内容をどの程度どのように理解しているのか疑問がもたれるときなど，対象児について理解を深めるために客観的なデータが必要になった時点で検査を行うことによって有効な情報を得ようと考え，実施している。

2. 児相における「知能検査」の流れ

　児相における知能検査を実施する際には，具体的には以下のような事柄が含まれる。すなわち，①検査実施について保護者の同意を得ること，②子ども本人の動機づけをしたうえで本人から同意を得ること，③検査の準備，④検査の実施，⑤結果のまとめと解釈，⑥本人への検査結果のフィードバック，⑦保護者へのフィードバック，⑧職員へのフィードバックという流れである。つまり，実施前の諸々の準備から結果のフィードバックまでが，検査の過程だと考えている。そして，子どもの能力が十分発揮され反映された結果を出すことと，その結果を活用することが検査の目的であるので，検査実施前後も大切な過程であることは他の機関で検査を用いるときと同様である。以下，検査の過程を順に解説する。

(1) 保護者の同意を得ること

　児童福祉司や児童心理司が，子どもの検査について保護者に，その目的と意義を説明して了解をとる必要がある。ただし保護者が，過大な期待や，反対に大きな不安をもつことがあるので，検査ですべてがわかるわけではないことも伝え，子どもの理解や対応の仕方についてのひとつのヒントとして考えてもらえるように話す。

(2) 子ども本人の動機づけをして本人の同意を得ること

　子どもは，検査やテストにあまり良い印象をもっていないことが多い。子どもは，何か自分に問題があるからとか，自分が良くない事態にあるから検査が実施されると考えがちである。そもそも検査が子ども本人の内面に触れる侵入的なものであるので，否定的な気持ちを抱くのも当然である。したがって，そのようなことをしっかりと踏まえたうえで，検査の必要性や目的を子どもにわかるように伝え，不要な不安はできるだけ取り除いておく。子どもが検査をどうとらえて取り組むかは，検査結果に影響するので，検査者側の姿勢はことさら重要である。

　実際の検査場面では，年齢の小さい子であれば，緊張感を和らげるために，少し遊んだり，子どもが話しやすい話題で気持ちをほぐしてから始める。中学生くらいの年齢になれば，自分のことを知りたいと思う気持ちや，家庭や学校，友だちなどの中で自分がどのように思われているかという視点，自分のマイナス面の認識や不全感を抱えていることもあるので，対象児の心の動きに沿って，検査者と一緒に考えていくような態度のもとで動機づけをする。

　子ども本人に同意を取りつける過程のやりとりは，すでに検査の一部分である。本人の動機づけを行うと同時に，結果を必ずフィードバックすることも約束する。子どもが納得して検査

に臨むと，結果のフィードバックも子どもに残りやすい。

このように検査への動機づけがあれば，子どもの本来の能力が発揮されることが期待できる。そのようにして実施された検査は有効であり，その結果は信頼できるものになる。検査は決められた手順で実施することで信頼性が高まるが，その前に，お互いの関係性によっても信頼性に影響が出るものである。児相では，検査の実施も，人間同士のコミュニケーションを踏まえた営みの一つなのである。

(3) 検査の準備

実施の際の子どもの状態を性格に把握するためにいくつかの準備を行う。たとえば生育歴などの書類の確認，保護者からの聞き取りでわかる生活面の情報収集，検査前に子ども本人と一緒に遊んだり話したりすることから直接得られる情報などを参考にして，どの検査を使うかを決める。一般的には，知能検査と描画などの性格検査との組み合わせを考える。ただし，児相に係属する子どもは多数の検査を嫌がることが多いし，検査のための時間をそれほど取れないという現実的な条件があるので，数多くはやらない。また知能検査の選択にあたっては，以前に同じ検査を受けている場合もあるので，そういうケースでは学習効果の要因を避けるため，前回の検査から一定期間が経っていない限り使わないことにしている。

学齢児においては知能検査は，主に「田中ビネー知能検査（現在は，田中ビネー知能検査Ⅴ）」と「WISC-Ⅲ」を用いることが多い。特にWISC-Ⅲは問題数が多いが，これに耐えられる子どもであれば，下位検査のばらつきから特徴がみやすいので，中学生以上の子どもの場合はこちらをよく使う。

(4) 検査の実施

検査場面は，リラックスして集中して子どもが力を発揮できる場づくりを心がける。気が散らないように余分なものがない部屋を選んで実施する。

検査は，決められた手順どおりに実施する。それによって信頼性のある結果が得られるわけであるが，検査から得られる情報は結果の数値だけではない。検査の場での行動や対人距離のとり方などにもその子どもの特徴が現れるので，子どもの表現の仕方や答え方，検査者への態度にも注意を払う。たとえば，一問答える度に「あってる？」「まちがってる？」と聞いてきて正誤をとても気にする子どもがいるが，その態度から，失敗を過剰に恐れたり，周囲からのプレッシャーを常に感じているのかもしれないなど，そのような行動が子どもを理解するヒントになる。このような検査場面の様子は，検査者だけが知りうる情報であるし，他の性格検査のときの様子と照らし合わせることもできる。相談を進めていくうえで，いろいろな意味で役に立つ情報であるので，子どもの様子を観察しておくことも大切である。

(5) 結果のまとめと解釈

検査のデータは基準にしたがって算出する。結果の解釈は，数値そのものや数値間の有意差などから行うが，数値には表れてこない特徴も活用する。たとえば，採点基準上では同じ点数になっても，答え方が単語で終わる子どももいれば，正解にたどり着くまでに周辺の内容から始まって長い表現になる子どももいて，それぞれの表現の仕方の中に，子どもがどんなところに視点を置いているかが示唆される。一例として，WISC-Ⅲの下位検査「絵画配列」で，時系列順にカードを並べる課題があるが，ある子どもは話の始まりと終わりのカードは正しく選べるのに，その間の順番を間違えるというパターンを繰り返した。一見全体の流れは理解しているようにみえるが，その子どもは事柄の過程がどうなっているのか理解していなかったのである。周りの大人たちは，その子どもは普段いろいろな状況がわかっているようなのに，どうし

て途中の過程の説明がうまくできないのかわからず悩んでいた。検査の中でそういう特徴をつかんでいると，物事を表面的に取り繕うことはできても，これまで中身の過程を大切にすることを学習しないままきたかもしれないという推察もできる。すなわち，一見わかっていそうでも肝心な側面が習得されていないとわかれば，大人が働きかける観点もおのずと違ってくるのである。また，その子への気持ちのあり方も，「わかっているのに動かない子ども」ととらえれば否定的な感情をもちやすくなってしまうが，「実はわかっていなかったのだ」となれば，その子への気持ちのもち方もおのずと変わってくるものである。知的なレベルそのものよりも，そういうことの方が有用な情報である場合もある。

(6) 子どもへの検査結果のフィードバック

フィードバックは，検査結果のすべてを伝えるわけではない。また，子どもに返す内容は，保護者に返す内容とは必ずしも同じではない。検査は，児相での相談の流れの中で活用する一手段であるから，同意を取る過程と同様それぞれへのフィードバックも「面接」である。

子ども自身には，検査の中で特徴的だったところ，子ども自身が気づいている内容にかかわるところ，気づいていなくて気づいてほしいところ等に焦点を絞ってフィードバックを投げかける。ある部分についてどう思ったか，子どもに先に尋ねることもする。すなわち，フィードバックの内容は，今後の相談の進め方を踏まえながら，何をねらって伝えるか，子どもにうまく理解されるよう考えながら伝える。同時に，フィードバック後の相手の反応，そこでのやりとりによって共有される内容，さらにその深まり方なども考慮し，結果データを正確に伝えることよりも，子どもに伝わって残るものや，子どもとつながりができることを考えてフィードバックをする。

親との関係がうまくいかず，自分の思いを受け取ってもらえない寂しさを「寂しさ」として出せずに非行に走っていたある女児は，児童心理司が描画課題についてフィードバックをした一言をよく覚えていて，「絵を描いたときに，心のなかにすごく優しい気持ちをもってるって言ってたよね」と，別の面接の機会に確認してきた。これは，担当の児童心理司はわかってくれているよねという確認であり，それは自分で自分を慈しむような一言であった。フィードバックは，結果データを単に事務的に伝えるだけの作業ではないということである。

(7) 保護者への検査結果のフィードバック

検査結果を保護者にフィードバックする場合，まずは，子どもの能力の伸び方には凸凹があるのが当然であることを説明する。それを前提として，プラス面をわかりやすく説明に織り込む。それまでの保護者の子育ての営みが子どもに根をおろしているところが何かしらあるので，それを見つけて伝える。それから，今の時点ではまだ育っていないところ，そのために状況を大人と異なる見方をしている可能性が高いことなども伝えていく。保護者の方で思い当たることがあれば，結構反応が返ってくるものである。そうして保護者が内容に関与して認識を共有できたところで，今後のかかわりについて，子どもの苦手克服に偏らないで，むしろ今育っている部分を大切に伸ばすことで苦手な部分の底上げができることを付け加える。保護者へのフィードバック内容も，その保護者からさらに別の保護者に伝えられたり，施設職員間で他の職員に伝えられたりする場合もあるから，そういう意味で何をフィードバックするか焦点を絞ることは重要である。

(8) 施設職員へのフィードバック

施設で生活している子どもの場合は，施設職員がその子どもの処遇に困ったり悩んだりして児相担当者に相談してくることが多い。子どもの普段の行動と内面に起こっていることとがつ

ながるように，職員が感じている事柄と客観的なデータとをすり合わせることを通して，子どもへの理解を深める一材料とする。

検査実施の希望が周囲の大人から出てくるときというのは，往々にして子どもへの評価が低くなっている。子どもの言動が理解できず対応に苦慮し疲弊してくると，「こんなにしてあげているのにどうして？」とか「この子はわかっていてわざと悪いことをする」とか，陰性感情が生まれてしまう。そういうときに，検査によって客観的なデータに基づいた子どもへの知見が示され，それまでと違う視点がプラスされると，子どもへの見方に変化が出てくる。小さい変化でも関係性において動きが起こるのは大きい。また，人手が足りないなかで職員が懸命に子どもにかかわっていることがプラスに作用している点をしっかり意識的に伝えることは，保護者に対するフィードバックと同様である。

ところで，検査で子どものいろいろな特徴が映し出されるが，当然その子どものすべてがわかるわけではない。個々の検査は，その時点での一側面を反映したものに過ぎない。しかし知能検査のように数値として結果が出ると，その数字だけが一人歩きしやすいので，そうなると一側面のはずが全体像を作ってしまうことになる。特に施設職員へのフィードバックでは，対象職員が複数であり，子どもの担当が退職などで替わることもあるので，結果の扱いには一層の注意が必要である。子どもは，発達の途上にあって，その変化も早いし大きい。情緒が安定していったり，自己評価が高まったりすることで，本来もっている力が発揮されるようになれば，知的な能力が著しく伸びることもある。一度の検査で数値として出てきた結果で，子どもに固定的な評価が下されたり，不当に低く見なすものになることは極力避けたい。検査は，それを受けた子どもに何らかのメリットがあるものでありたい。

3. 事　例

児童相談所で，実際にどのような流れのなかで検査が用いられているのか，一つの事例に沿ってみていきたい。なお，個人が特定できないよう実際の事例内容からある程度の変更が加えてある点は了承いただきたい。

乳児院，養護施設で育った女の子（A子）の事例

1）**家族構成と経緯**　実父母，姉，本児の4人の世帯であったが，父母はA子が1歳のときに離婚，母は姉を連れて家を出る。父は就労しながら残されたA子を育てられず，他に養育できる親族もなく，A子は乳児院に入所する。

2歳で，それまで過ごした乳児院から養護施設に移る。養護施設から学区の幼稚園，小学校，中学校に通う。この時点でも，母親は音信不通のままでかかわりはない。したがってA子に母親や姉の記憶はない。父親も徐々に疎遠になっていく。

A子にとっては，事実上，施設が生活の場である。児相は，上記の状況から，施設入所前の乳幼児期のことは不明のままで把握していない。母子手帳も保護者の手による記載はほとんどなかった。安定した家庭環境ではなかったことや，人との信頼関係の基盤を育ててもらえる環境ではなかったことが推察される。

A子は，幼児期は特に施設職員の手を煩わせるような子どもではなかったが，小学校入学前に，一度田中ビネー知能検査を実施している（このときA子は6歳5ヵ月）。これは，施設と当該の児相との間で慣例的に行われているもので，小学校入学を控えた施設の子どもと児童心理司とが面接をして，施設職員に対して，子どもの見立てや特徴，子どもの内面で起こっていると思われることなどをフィードバックして，日々のかかわりの参考にしてもらうものである。

実際にやっていると，子どもの伸びもきちんと伝えることで，日々奮闘している施設職員に

3. 事　例　175

表2.1　A子の田中ビネー知能検査結果（6歳5ヵ月時）

年齢級	設問	備考
4歳	全問通過	
5歳	三角形の模写（−） 絵の欠所発見　顔（−） 模倣によるひもとおし（−） 数概念（＋）	作業せずにこわばる。困難が予想されるとこわばる。 一つ余分につける。 目で確認してから作業する。慎重。
6歳	理解（−） ひし形模写（−）	消極的に拒否
7歳	全問不通過	後半に集中力が欠けてくる。

（＋）…通過した設問　（−）…不通過だった設問

かかわりの成果や手ごたえを感じてもらう意味も大きいと思う。このときには，田中ビネー知能検査でIQが96で，平均的な知的レベルであった。検査の結果の概要を表2.1に示す。

2) この女児の検査後の所見と対応について　知的には年齢相応の力があるが，まだ文字は習得しておらず，自分の名前は書けなかった。困難な課題に直面すると行動が停滞してしまう様子がみられ，失敗に対する不安の強さが感じられた。結果や大人の評価を期待しすぎてのことではないかと推測する。また，新しい場面や困難が予想される場面で停滞して身を守るという側面もある。はじめは，面接者である児童心理司と関係が取りにくかったが，時間がたつにつれて自由に振る舞えるようになってくる。そうなるともっている能力が発揮できるようになってくる。

検査の後に，施設職員との面接を実施した。職員に対して，A子は知的には問題ないが検査場面で失敗をすることを気にして行動にブレーキがかかっていたことを伝えると，職員から思いあたる普段のエピソードが語られた。A子は，結果や大人の評価を期待しすぎているのではないかという点について話し合った。小学校は子どもにとって新しい環境であるので，不安から行動できなくなりはじめから学校生活につまずくことがないように，意識的にフォローしてもらうようお願いをした。小学校に適応するまでの間に，これまで自分でできたことができなくなるような退行的な面が出たり，夜尿などの症状を一過的に出したりする可能性もあるので，身体症状として出された問題は通常の身体ケアをしてほしいということ，甘えもほどほどに受け入れてもらうようにお願いをした。

その後，A子については，児童期に施設から相談がもちかけられることはなかった。積極性が乏しいA子は，数十人が生活する施設の中で，取り立てて職員の注意を引く子どもではなかったようである。ところが，中1になって様子が変わってくる。同じ施設で生活する中学生らと夜遊び，万引などの問題行動が始まったのである。職員は何とか改めさせようと注意したり，A子の話を聞いたりするが，A子の夜遊びなどは続き，次第に職員への暴力暴言へとエスカレートする。生活の建て直しと内省を目的として中学2年の2学期に一時保護を行った。

なお，一時保護とは，家庭，施設等で生活する子どもを3週間〜1ヵ月をめどに一時保護所に預かることである。そこで集団生活を送る間に生活態度や対人関係などの行動の観察をするとともに，児童福祉司や児童心理司による面接や検査を行う。それらをもとに，その後の援助の方針を立てる。A子の場合も，心理面の見立てのために一時保護中に知能検査，バウム・テスト，ロールシャッハ・テストを実施した。このA子の一時保護については，同意せざるをえずに連れてこられたという反発や被害的な感情はあったものの，施設での行き詰まった生活から離れたことで，どこかほっとするところもあったのだろう。面接場面では素直な一面もみられた。検査に対してはほんのわずかに興味を示して臨んだ。

3) WISC-Ⅲの実施と所見　A子が中学2年のときに一時保護された際，WISC-Ⅲを実施した（14歳1ヵ月）。

見慣れない検査の問題を教示されるたびに，「なにこれ？」を連発しながらも表情は悪くな

表2.2 A子のWISC-Ⅲの検査結果（14歳1ヵ月時）

言語性検査		動作性検査		IQ/群指数		ディスクレパンシー
知識	5(W)	絵画完成	8	言語性	82	
類似	6	符号	13(S)	動作性	89	有意差なし
算数	7	絵画配列	5(W)	全検査	84	
単語	7	積木模様	7	言語理解	83	
理解	11	組合せ	9	知覚統合	82	処理速度＞言語理解，知覚統合
数唱	14(S)	記号探し	10	注意記憶	103	注意記憶＞言語理解，知覚統合
		迷路	10	処理速度	108	

(S)…平均より有意に高い，(W)…平気より有意に低い

く終始取り組み姿勢は維持された。以下，本検査の所見について記しておく。なお結果については表2.2に示した。

　動作性知能が言語性知能より高いが有意差はない。下位検査のばらつきに特徴がある。言語能力が全体的に弱い。その中で他との比較で「理解」は高くて，社会的な文脈のとらえはよくできている。これは，常に周囲の動きをみて生きることが必然的に要求される施設の子どもにときどきみられることである。そういう意味では生きていくために必要な能力を発揮できる力がA子にはあるとも考えられる。また，符号の処理や機械的な数字の処理は優れていて，一定の方法，手順にしたがって行動する力も身につけている。けれどその一方で「知識」も「単語」も低くて，量的にも質的にも自ら考えたり表現したりするような，自分のものとして使える言語能力は低い。さらに抽象的なとらえや概念形成はまだまだである。

　A子は知識量そのものも少ないが，「知識」の問題は，正解が続いた後に不正解が5個続いて終了した。WISC-Ⅲの「知識」問題については，できない問題が出てきてもまだ1～2個は正解が出せる子どもの方が多いものである。その点，一般知識の内容や分野によらず，あるレベル止まりというのはA子の特徴の一つである。「絵画配列」についても似た傾向があり，はじめから数問は正解が続くし，所要時間も短くてすんなりとできる。けれどその先の問題は内容が難しくなってきてまったくわからなくなってしまう。「積木模様」問題は，積木を4個使う問題は速く正解できるが，9個になると3×3の形に組み立てられず不正解となった。A子の場合は，言語においても認知においても，刺激や材料の量が多くなって複雑になっていくある時点から処理することが難しくなり，そこで伸び悩んでいると考えられる。

　「算数」は後半の問題もねばって考える。「数唱」はよくできて（順唱全問正解），聞き取る能力は高いといえる。「迷路」は失敗が少なく，所要時間も短い。「迷路」の最後の問題は苦戦するが，がんばって出口までたどりつく。

　検査中の取り組みをみる限り，集中力も十分あった。

　4）ロールシャッハ・テストの実施と所見　　次に，ロールシャッハ・テスト（名古屋ロールシャッハ研究会，1990）を実施した結果について述べておく（表2.3）。

　図版をしっかり見る集中力と，それを表現するある程度の言語能力がないと，このテストは実施できないが，子どもの外界のとらえ方の特徴を考えるには有効である。子どもの目に映る世界は，大人の感覚とは違うことがよくあり，会話だけからはわかりにくい。日常場面の子どもの言動と照らし合わせると，どんなふうに外界をみているか示唆に富む。また，衝動性に関連することや，どういったことで気持ちが揺さぶられやすいか，そうなったときの建て直しはどうかといった点も重要な資料になる。さらに病的なレベルの確認にも有効な検査である。

　さて，A子についてみていくと，反応数は25個であった。すべてが動物反応で，人間反応がない。人に対する興味が限局化されている。動物も哺乳類が少ない。情緒的にまだ未分化で原始的なレベルといえる。このことは心の発達水準の未熟さを表している。すなわち，落ち

表 2.3 A子のロールシャッハ・テストのプロトコル

Card	Response	Inquiry	Score		
I	こうもり	全部，ここが羽根。	W	F+	A
	蜘蛛	小さいから。	dd	F-	A
	ザリガニ	ここらへん，こういうふうになってるが。	D	F-	A
	カエル	ここが目で，顔。	D	F+	Ad
II	わかんない，何これ？				
	ちょうちょ	羽根でここが触角	D	F+	A
III	カマキリ	手で顔，目がでかいじゃん。	D	F+	Ad
	バッタ	これ，手。手だけ。	D	F-	Ad
	ゴキブリ	ここ。汚いから。	de	F-	A
IV	イボガエル	全体がイボガエル。後ろから見たやつ。	W	F-+	A
	恐竜	なんかでかいから	W	F+	A
	ゴリラ	顔だけ，目でこういうふうになってる。	W	FC'+	A
	龍		D	F+-	Ad
V	ちょうちょ	羽根でここが出てるから	W	F+	A
	鳥？	なんか鳥の足細いじゃん。	W	F+	A
VI	ねずみ	髭で顔。	D	F-	Ad
	蛇	全体的にこういうふうになってる。	W	W-	Ad・Mi
VII	龍？	こういうふうになってる。	W	F+	A
	アヒル	ここが顔，口がでっぱってる。	D	F+	Ad
VIII	たぬき	足があってしっぽでこういうふうになってる。	D	F+	A
	熊？	こういうふうに顔が下がってる。	D	F+	A
IX	にわとり	とさかあるじゃん，だからそう見えた。	de	FC+	Ad
X	熊	これ，こういう色してる。	D	CF-	A
	カブト虫	角あるじゃん。	D	F+	A
	蟻	グシャグシャになってて蟻みたい。	D	F-	A
	幼虫	色と形。	D	FC+	A

着いて外の物を受容するとか吟味するところまで育っておらず，何かを見聞きして感じ取るよりも，自分で身体を動かしたときだけ楽しめるレベルにとどまっているといえる。

反応領域は全体反応よりも部分反応が多い。領域も部分が多いが，全体反応の質が部分反応よりも落ちる。現実知覚の弱さ，論理的飛躍，誤った一般化の傾向が考えられる（たとえば，バッタの足としか認識していないのに，足がそうだからということで反応としては「バッタ」としてしまう）。特にカラーカードになると，全体として統合してみる力が落ちる。全体をとらえることができず部分で対処しようとする。狭い部分だけをみて，全体を判断してしまう被検者の認知様式，世界観の現れである。

さらに，色の刺激を受けて気持ちが揺さぶられる傾向がある。情緒的な刺激を受けたときに守りが弱く，流される危険性を指摘することができる。小さい部分反応を産出して対応しようとするが，揺れの建て直しができず，続くXカードのはじめの反応は形態としてのとらえよりも感覚的な反応になっている。つぶれたり，汚いものとしての反応がある。自己不全感があり，抑うつ的と判断される。

小学校入学前と中学2年のときの，それぞれの検査結果をみると，A子がもっている知的素養としては，年齢相応の力があると思われる。しかしながら，施設の集団生活で決まったやり方で物事に対処していく力は身につけて発揮できているものの，自分を大切にして自ら主体的に考え行動する力や情緒の豊かさは育っていないということだと思われる。現状の知的な能力の伸びは，情緒面の育ちと大きく絡んでいる。

5）結果のフィードバックとその後の経過　A子への検査のフィードバックは，まず検査態度の良さから話を始めた。なぜなら，話のとりかかりとして入りやすいし，施設で周囲の子

どもの動きに流されて自分で自分が何をしているのかわからなくなっているA子にとっては，まず外から見てA子の行動はどうなのかという話を，斜に構えずに聞けるようになってほしいと考えていたし，そこから少しでも自分を客観視する視点につなげていきたいというねらいもあったからである。

　検査は，完全に一対一で行うので，日常の生活をする中では切り離せない他の子との絡みなどの要因が入りにくい状況である。そこでの個人の行動のフィードバックは，反抗的な意識をもっている施設での評価よりも受け入れやすいと考えられる。

　児童心理司が，長時間の検査に最後まで集中して取り組んだこと，さらに作業の手早さについて褒めると，A子はきょとんとした表情をした。児童心理司が言っていることが自分自身の行動の認識とすぐに一致しなくて，話された内容がすぐにつかめないようであった。そこで，個々の問題への取り組みを具体的にたどっていった。たとえば「数唱」で集中していたからよくできたことや，ねばってがんばったことが結果に反映されていた「迷路」など，具体的な内容で振り返っていくと，ちょっと笑顔で「そういえば，こんなにちゃんとやったことってなかったかも」としっかり取り組んだ自分に気づいていく。そこにちょっとした満足感がある様子だった。

　その後の定期的な面接の経過で，中学に入ってから，施設の職員とのやりとりで褒められても，その実感がなかったことも振り返ることができた。大人とのかかわりを一番実感できたのは，悪いことをすると叱ってくれる学校の先生とのやりとりだったことも言葉で表現するようになっていった。言葉にするということは，一旦自分の経験を客観視して言語で再構成することができてはじめて可能になる。学校の先生が真剣にかかわってくれた実感は支えにもなっていた。A子ももてる力を発揮してがんばるということをしてこなかった自分を振り返ることができるようになってきた。結局のところ，自分でも何をどうしてよいかわからず，不全感と持て余したパワーとが，とりあえず楽しく過ごせる夜遊びに向かわせていたのだろう。

　施設の職員には，職員が思っているよりもA子の言語能力のレベルが低いということを具体的にフィードバックした。職員はそれなりに状況の理解ができるところをみているわけだから，言語能力も対人的なニュアンスを汲み取る力も同様にもっているだろうと思っていたわけである。職員との対話の理解も然りである。A子は好き勝手に言いたいことを言っていたようで，実は気持ちの表現がうまくできないし，表現する言葉もあまりもっていないこと，言えないイライラを暴言や問題行動として相手にぶつけるしか術がなかったことを職員と確認した。それでもA子は，幸いなことに他者に自分の気持ちを伝えることをあきらめてはいないので（そこまで人間不信は強くないので），気持ちを表す的確な表現を一緒に探しながら話を聴いてもらいたいということ，自分の行動を言葉で振り返り内省につなげる過程につきあってほしいことを伝えた。また，大人からA子に何かを伝えるときは，短くシンプルな表現で伝えてほしいとお願いした。児童心理司が職員にこういった内容を伝えながら，同時にその背後に意識していることは，大人の働きかけでA子が変わる可能性が十分あるということである。

　実際には，生活の建て直しはけっして容易ではなく，自分の思いを言葉にして伝えられるところが出てくるまでには時間がかかったし，誰にでも素直な態度で接していたわけでもないが，紆余曲折ありながら，中学校を卒業する頃には，がんばった自分を少し肯定することができるようになっていった。卒業式は地元の同級生や支えてくれた先生たちとともに迎えて，高校に進学した。

文　献

保坂　亨（編著）（2007）．日本の子ども虐待　子どもの虹情報研修センター企画　福村出版
河合隼雄・東山紘久（編）（1998）．心理臨床の実際　第1巻　家族と福祉領域の心理臨床　金子書房
川崎二三彦（2006）．児童虐待―現場からの提言　岩波書店
厚生労働省（2007）．平成19年度社会福祉行政業務報告（福祉行政報告例）
厚生省児童家庭局（監修）（1999）．子ども虐待対応の手引き（平成19年改正あり）
村瀬嘉代子（監修）　髙橋利一（編）（2002）．子どもの福祉とこころ―児童擁護施設における心理援助　新曜社
名古屋ロールシャッハ研究会（編）（1990）．ロールシャッハ法解説　名古屋大学式技法（1990年増補版）　名古屋ロールシャッハ研究会
定森恭司（編）（2005）．教師とカウンセラーのための学校心理臨床講座　昭和堂
滝川一廣・小林隆児・杉山登志郎・青木省三（編）（2004）．そだちの科学 no.2 特集 子ども虐待へのケアと支援　日本評論社

3 統合失調症の大人の事例

1. はじめに

(1) 統合失調症とは

　統合失調症はかつて「精神分裂病」という名称で，精神が分裂してばらばらになってしまうイメージを与えていたが，2002年6月に「統合失調症」に改名された。私たちは，あるまとまりをもった一つの統合された人格として思考し，行動し，社会とのかかわりをもちながら日常を過ごしている。日々の仕事や身の回りの事柄を効率よくこなし，予定通りに会議や行事に出席するなど社会的な役割を果たしている。また余暇を楽しむことも当たり前のように行っている。しかし，そのまとまりある人格の統合が著しく低下することはある。たとえば，忙しすぎて疲れやストレスが過度にたまってくると，物理的にも精神的にも余裕をなくし，何から手をつけてよいのかわからなくなり今までのようにスムーズに事が運ばなくなってしまうことがある。第二次性徴の始まる思春期を振り返れば，どうしてあのようなことを自分がしてきたのかと，恥ずかしくまた不思議に思うこともいくつかあるだろう。あるいは，身体的な障害や重い病気，大地震や大きな事故・事件に突如遭遇すると，多くの人は心身ともに尋常な状態ではいられない。このようにある特別な状況下では，自分の意思ではどうにもならない心身のまとまりの悪さを誰でも体験する可能性がある。しかし大方の場合は自分自身でそのことを自覚し，周囲の援助を受けたり十分な休息をとる等して，再び心のゆとりを取り戻すことができるようになる。精神科医として多くの統合失調症の患者を診てきた中井（1984）は，誰にでも起こりうるこのような精神病様状態を山の遭難時にたとえ，統合失調症者を「平地で遭難する人ということができよう」と記している。「平地」すなわち特別な状況ではない日常の些細な事柄の中で，統合失調症の人は遭難する（精神病状態に陥る）という。外からはわかりにくい内因の要素によって彼らは心の統合を失いやすく，それだけに周囲も発病に気づくのが遅れることがある。また本人に病気の自覚がない場合も多く，精神科受診への抵抗がある場合もあり，対応が難しい病気でもある。

(2) 統合失調症の分類

　統合失調症は思春期から青年期を中心に30代前半までに発病することが多く，徐々に進行していく。主に3つのタイプがある。最も早い時期に発病するのは破瓜型で，何事にも意欲が低下し，友人や家族との交流も避けるようになる。不潔でだらしなくなってくる。次第に独り言や空笑が始まり，つじつまの合わない話をし始めるという症状がでてくる。思春期の反抗期と重なり，発病に気づきにくいことも多い。20歳頃に発病しやすいのは緊張型である。これは，わけもなく動き回ったり，大声で支離滅裂なことを叫ぶような激しい興奮と，周囲への反応がなくなり自発的行為が極端に減少する昏迷の2つの極端な精神運動性障害が特徴である。3つ目は妄想型で，発病の時期は他のタイプより遅く，30代になってからのことが多い。根強

い妄想と幻覚などがあるが，それ以外の症状はあまりみられず，人格水準が低下することは少ない。またこれら3つのタイプに明確に分類するのが難しい症例も少なくない。

(3) 統合失調症の治療

治療は症状に応じて，入院または通院で薬物治療中心になされる。一般的には症状の激しい急性期からしだいに落ち着きを取り戻し寛解状態（症状が軽減または消失すること）に向かう。しかし人によっては，再発を繰り返すこともある。短期間で治る場合もあれば，相当の時間がかかる場合もある。慢性化した長期入院者も少なくない。

病気の明確な原因は科学的に解明されていないが，21世紀に入って脳の研究が急速に進歩してきているので，しだいに明らかにされていくことだろう。またその研究にあわせて，より良い薬も開発されるであろう。しかし，薬ですべてが解決するわけではない。発病ということ自体心に大きな傷を負うことであり，それを抱え癒していくうえで，医師や看護師，薬剤師，臨床心理士や作業療法士，ケースワーカ等の医療にかかわるスタッフによるチーム医療が今後も欠かせないことはいうまでもないことである。

2. 病院での心理検査の役割と実施の注意点

(1) 心理検査の役割

人の心の内面は，レントゲン検査のように外から物理的に映し出すことはできない。そこでさまざまな技法を用いて被検者に働きかけ，それによって抽出された結果を，数多くのデータから標準化された基準や検査者の経験をもとに，その人の内面を推し量っていくのが心理検査である。

精神科では，主治医は患者の訴え（主訴），症状，それまでの経緯，さらに患者の行動やかもし出す雰囲気，話し方や内容の整合性の程度などから，患者の病態水準（神経症圏，人格障害圏，精神病圏など）を見極め診断する。それによって治療方針を立てることになるが，この病態水準をみていくうえで，客観的データとして心理検査が多く利用されている。一つの実例を挙げてみよう。ある2人の女性患者は，年齢も職業も同じで，外見や訴えもほとんど違いはなかった。はじめ主治医はどちらも神経症水準と考えていたが，両者のバウム・テストのありようは大きく異なっていた。木の形態の崩れのなかった患者は2年後，元気にもとの生活に戻っていったが，バウム・テストに深い傷つきが読み取れた患者は，後に明らかな統合失調症の症状を呈することになった。このように，初期には同じような症状にみえる患者であっても，心理検査を通して客観的に病態水準の違いを推し量っていくことができる。もちろんその検査結果は，今後の治療方針を考えるうえで大事な資料となる。

このように，来院初期の患者の病態水準をみていくうえで，主治医からの臨床心理士への心理検査依頼は多くなされるが，退院の時期を見定めるために心理検査を実施することも多くある。特に，投映法は各人各様に表現されるので，その人のありようを推し量るのに役立つ。外見は落ち着いてきていても，客観的な資料から推測される内面が平穏でない場合は，退院を控えることも少なくない。退院の時期や退院後のケアを考えるうえで心理検査の結果は大事な資料となる。また，病状が安定せず入院が長期化している患者の，治療効果や内面のありようを客観的にみていくうえでも心理検査は利用される。

(2) 実施の注意点

ここで，心理検査の実施で注意する点をいくつか挙げたい。どのような場面においても共通する点であるが，特に精神病圏の患者も訪れるような精神科では，いくら主治医の検査依頼が

あっても，急性期の統合失調症の患者や不穏状態にある患者に検査を実施するのは困難である。特に検査によっては不安を煽ることもあることから，実施には慎重になる必要がある。いきなり検査をするのではなく，まず適度なラポールをとることから始める。また，どのような状態の患者であっても，何のために検査を実施するのかを伝えることは，患者に安心してもらうために大切なことである。実施中の患者の様子をていねいに観察するのは常に必要なことであるが，観察を通して被検者に無理をさせないように配慮することは不可欠である。そして検査を中断する場合にも，患者にマイナスの自己イメージや検査へのネガティブなイメージを残さないように工夫する必要がある。また上述したように，患者には同様の検査を何度か繰り返すこともある。そのことは，「新奇」な体験であることが大事な意味をもつ投映法にとってはマイナスになり，患者に「またか」といううんざりした思いをもたせることになりかねない。検査の度にその目的をきちんと伝え，患者が検査を受ける意味を理解して前向きに取り組めるよう配慮することは大事なことである。検査によって表出された内的な世界が，検査者によってしっかり受け止められたという体験が，患者にとって癒しにつながるようになれば，患者の検査への態度は前向きになっていく。

　次に心理検査の結果を解釈していくうえで大事なことは，検査結果が患者と検査者との関係の中で表出されるものであることを知っておくことである。特に，質問紙のように構成された検査ではなく自由度の高い投映法は，多くの情報を患者から得ることができるが，如何に検査者が中立的な立場を意識的にとっても，検査者とのかかわりが患者に大きな影響を与えてしまう。患者によっては，男性検査者と女性検査者では，まったく異なった反応が出てしまうというようなこともある。統合失調症の患者は，それほど検査者やその環境によって強く影響を受けてしまうきわめて状況依存的な面をもっている。現在自分のおかれている状況を超えて，一貫した自分自身を表現するだけのものをもちあわせていない。そのため患者自身が不適切であると感じていても，頭に浮かんだことをそのまま表出してしまい，そのことで自分自身が傷ついてしまう場合もある。また検査を拒否するのは精神的な力の要ることで，患者は嫌に思っても検査を断ることができない場合も少なくない。そのことも検査者は考慮して，患者の状況をよく観察して，無理強いしないよう気をつける必要がある。

　このように，心理検査は病院において患者の病態水準や内面の世界のありようをみていくうえで大きく貢献しているが，それらはあくまでもひとつの資料であって，絶対的なものではない。さまざまな情報をもとに医師や他のスタッフと話し合いをもち，総合的に患者をみていくチーム医療が現在の病院医療のあり方である。

3．事例：病院における実際

　次に，統合失調症の患者の事例を通して，病院において心理検査がどのように利用されているかを紹介することにする。

(1) 概　　要

　（ここでは，筆者が実際にお会いしてきた統合失調症の患者さんの特徴を組み合わせて，仮想Aさんを検査対象にしている）

1) **臨床像**　　Aさん　30代　女性　主婦
2) **主　訴**　　入院・薬物療法で症状はほぼ安定し退院をしたものの，不安は強く，自分ひとり浮き上がっている感じ（離人感）があって人とうまく付き合えない。ほとんど外出することもないが，一人でいるととても寂しくなり落ち込んでしまう等の訴えがある。
3) **生い立ち**　　3人きょうだいの第2子として生まれた。父親は，短気でアルコールが入

ると，見境なく暴れることが多く，家庭内は緊張した雰囲気が強かった。子どもの頃は大人しく，目立たない子で問題を起こすこともなかった。しかし本人は周囲に対してどこか違和感をもっていた。いじめられることも多かったが，親に訴えることはなかった。休みながらも何とか高校へは行ったが，その後進学はせずアルバイトなどをして過ごしていた。職場でぼんやりしていることが多く，上司から厳しく叱られて，その後家に引きこもるようになった。ときどき独り言を言い，中空を見て笑ったりするようになり，精神科につれて行かれた。統合失調症と診断され入退院を繰り返すが，病状が落ち着いたところで退院した。発病する以前から付き合っていた相手があり，そのまま結婚に至った。夫はAさんに対して協力的である。夫の転勤に伴いAさんは筆者のいる病院に転院してきた。

　4）**現病歴**　　診断名は統合失調症。症状の中でも離人感が強く，対人関係が円滑にもてない。何とか日常生活はしているものの，無表情で意欲はなく生活に発展性がない。

　5）**検査内容**　　入院・薬物療法が功を奏し，急性期の症状を抜け出したAさんは，家庭の事情で転院をしてきた。そこで，新しい主治医からの依頼で，心理検査が実施された。Aさんの現状を把握し，社会復帰への援助の方法を検討することが目的であった。

　バウム・テスト，ロールシャッハ・テスト，風景構成法の3種の投映法を実地することになった。

(2) バウム・テスト

　バウム・テストはコッホ（Koch, 1949）によって考案され，日本では一般に「実のなる木を描く」ように教示する検査である。比較的短時間で実施できることから，心的エネルギーの低下した精神状態の不安定な状況にある被検者にも適用しやすく，日本でも多くの臨床場面で活用されている。

　1）**検査の様子と結果**　　検査者の指示にしたがって，すぐに鉛筆をもって図3.1のような木を描いた。その時間は2分足らずである。木については，「何の木かわからない」と，ぽつりと答えた。

　2）**解釈**　　バウム・テストは，描かれた木を媒介にして，その人物のありようをみていく検査で，①樹木のかたち（全体の印象，木の根，幹，樹冠，その他付加されたものなど），②鉛筆のうごき（筆圧，線のなめらかさ，つながり等など），③樹木の紙面における配置の3点から意味を読みとっていく。もちろん検査時の被検者の様子，発言なども分析の対象となる。

　多くの場合，人は何の木を描こうかと決めてから描き始める。検査後の「何の木かわからない」と力なく答えたAさんが，いかに定かでない不安な中を漂っているかが想像できる。全

図3.1　バウム（1回目）

体的な印象からすると，よく描かれる木に見えるが，太い幹と樹冠だけの木には生命力や躍動感は感じられない。途切れてはいないが描かれた線には，柔軟さや力強さは感じられず，硬く強張った印象がある。次に各部分を見ていくと，根っこがなく浮かんでいるようで，根元の左右の高さも異なり，よって立つ足元が頼りなげである。全体のバランスに見合わない太すぎる幹は，内面の空虚感さを感じさせる。枝葉のない樹冠は，内面を覆い隠しているが，内面を表現することの困難さもうかがわせる。さらに，閉じていない樹冠は，内なる世界と外界との境界の区切りがあいまいであることを示しており，社会生活の中で不適切な感情を表してしまったり，他者からの影響を強く受け傷ついたり混乱することが考えられる。しかし，樹木は用紙のほぼ中央に描かれており，不安を強くもちながらも自己の存在を内なる世界の中心においてとらえることができていることがうかがえる。さまざまな側面をもちながらも，何とか立っているこの木が，慎重に見守られた中で，より安定した状態になっていくことは期待される。

(3) ロールシャッハ・テスト

ロールシャッハ・テストは，スイスのロールシャッハ（Rorschach, H.）によって考案され，クロッパー（Klopfer, B.）ら（1962）が発展させた技法である。

ロールシャッハ・テストのインクのブロット（染み）は，構造化されていないあいまいな形態をしており，被検者が今まで自動的に行っていた形態への認識が役立たない。そこで被検者は，自分の中にある記憶を手繰り寄せ想像力を駆使して何かを見ようと試みる。その過程に心のさまざまな働きが活性化されるので，その人となりを見ていくことができる（表3.1）。多くの情報を得ることができ，臨床場面での利用は多い。

1) 検査の様子と結果　指示に従い，淡々と答える。IIカードとVIII・IX・Xカードでは，多少時間をとったものの，吟味，熟考する様子はなく，ほぼ1カード1反応である。すべてのカードで反応が出された後，「どの部分にどのようにしてそれが見えているのか」を尋ねていく（質疑）が，Aさんはそれを説明するのが難しく「漠然とそう思った」と表現することが多かった。一見，平凡反応（名大法では，6名中1名以上がその反応をするもの）や一般的によくみられる反応に思われるが，一部分を見て全体をこじつけていく作話反応であることが多かった。また反応に付加される説明が常識的ではなく特殊で，適切さに欠くものもあり，形態水準がマイナスになることが多かった。決定因（どのようにして反応が得られたか）として，人間，動物，無生物の動きを見る反応が多く見られた。特に後半VIIカードからは，受身形の不適切な動きのある反応が続いた。最後に「限界吟味」として，質問を構造化させて尋ねてみたが，II・III・VIII・IX・Xカードの決定因に色彩は関係ないことを言及し，IV・VIカードの濃淡に材質などを感じることはないと答えた。

2) 解　釈

①継起分析　ロールシャッハのあいまいなインクの染みのような図は，あまり馴染みのない不気味さを感じさせる。しかもはじめのカードは黒い染みであることから，被検者の不安を煽りやすい。そのため，この新しいはじめてのカードをどう処理するか，正解のない課題をどうこなしていくかは被検者を見ていくうえで大事な点となる。Aさんは，最初に「蝶々」と反応できていることから，はじめての（しかも不安をかもし出す）場においてオーソドックスに反応することができる力があることがわかる。その後で，不安を「こうもり」という一般的で適切な形で表現している。IIカードはさらに不安を煽る赤が黒に混ざっていて，感情的な負荷がかかるカードであるが，赤を無視することで「こうもり」と反応している。これはIカードの不安を引きずっていることが考えられるが，同じ反応をすることで何とか処理できている。IIIカードでも赤を含めずに，最もポピュラーな「人間」を見ることができている。しかし，その動きは不安定に「足をあげている」である。図柄の濃淡の強いIVカードでは，I・IIと続いた

表3.1 ロールシャッハ・テストのプロトコル

Ｉカード	蝶々が羽を広げている
	こうもりが羽を広げている
Ⅱカード	こうもりが羽を広げている（赤を排除）
Ⅲカード	人が足をあげている（赤は排除）
Ⅳカード	こうもりが羽を広げている
	怪獣が立っている
Ⅴカード	蝶々が羽を広げている
Ⅵカード	2人が足を上げている。
Ⅶカード	万年筆のインクがたれている
Ⅷカード	花が支えきれずに咲いている（色は関係ない）
Ⅸカード	花の葉がしおれている（色は関係ない）
Ⅹカード	何かがばらばらになっている

「こうもり」が繰り返される。さらに不安を表現する「怪獣」となる。図柄が比較的小さく，はっきりしている「休息の図版」であるⅤカードでは，「蝶々」とオーソドックスな反応を出すことができ，Ｉカードの反応と同じくＡさんの中の健康度がうかがえる。これらはＡさんの健康度をみるうえで大事な指標である。Ⅳカードより色は薄くなるが，やはり濃淡の強調されたⅥカードでも，濃淡には言及せず「人」と反応を出している。そしてその「人」は，Ⅲカード同様「足を上げて」，不安定な格好である。Ⅶカードでは，「インクが漏れ出し」てしまうという，特殊な反応が出てくる。疲れが出てきて，コントロールが悪くなってきている。Ⅷカードでは，「花」とポピュラーな反応ではあるが，「支えきれずに咲いてしまった」とこれもかなり珍しい表現がなされる。Ⅸカードは「葉っぱがしおれてしまった花」という反応で，これらのことから，色彩が入ると混乱が起こってくることがうかがえる。Ⅹカードでは「ばらばらになっていく」と述べ，反応としてまとめあげることが困難であったようだ。

②**運動反応について** はじめは一般的な反応を頑張って出すことができるが，継続していくと次第に統制が崩れてきてしまう傾向がＡさんには見られる。また一つの特徴は動きのない図版に，常に動きを見ていることである。そのこと自体（Ⅲ・Ⅵカードの人間反応）はＡさんの人への共感性が内在化されていることを感じさせるが，それらの人の動きはいずれも不安定である。このことから，Ａさんが対人関係に敏感でありながらも，安定して継続していくには難しさを感じていることがうかがえる。さらに後半のⅦからⅩカードに関しては，常識や適切性を欠いているといわざるをえない反応が産出されている。しかもそれらの反応は花やインクであって，意識から遠くコントロールの難しい部分と考えられる。Ａさんの心の中で，このような統制の難しい部分がうごめいている危険を感じさせる。形態水準がマイナスである運動反応は，恣意的で現実検討力が欠けていると見なされる。このような過剰に主観的な想像力は，本人に内面生活に没頭せざるをえない状況を作りださせる。はじめの応対は良くても，Ａさんがこのような統制の悪い部分を内面にもっていることを周囲はよく考慮しておく必要がある。幻覚・妄想などの陽性反応の治まった総合失調症の患者には，このような統制の悪いものが内包されていることは少なくなく，それらが容易に動き出してしまうことも多々見られる。外見の様子だけで判断をして，再発を誘引してはならないことが，本検査からうかがい知ることができる。

③**色彩反応・陰影反応について** 10枚のカードすべて白黒も色彩も決定因に用いていない。しかし，「こうもり」や「花」の反応には，背景に色彩が反映されていると考えられる。色彩は意思と関係なく目に入ってくることから，感情に関係があるとされているが，Ａさんは感情（色彩）をどこかで感じながらも意識化できておらず，言及することが困難なようである。心動かす外からの刺激を感じ取っているが，意識に上らせず一切シャットアウトすることで，何

とか平静を保っている様子がうかがえる。Aさんの平板で抑揚のない話し方，無表情の一端がそのままロールシャッハ・テストでは表されているようである。もう一点Aさんの特徴として，黒のカードの濃淡（主にⅣ・Ⅵカード）に材質などをまったく感じることができないことである。これのことから極度に乏しい愛着体験がAさんのベースにあることが考えられる。

(4) 風景構成法

　風景構成法は，精神科医の中井（1970, 1971）が，統合失調症の患者を対象に行っていたスクイグルを発展させ考案したものである。10のアイテムを順に描くことで風景が構成でき，統合失調症者の表現がより楽になるよう工夫されている。さらに用いる用紙の縁に沿って枠取りすることで統合失調症者への侵襲的刺激を減らし，そのことで彼らの自閉的防衛や抵抗を軽減させている。これらの配慮により，臨床場面で多く用いられるようになった。

　1）検査の様子と結果　Aさんは検査者が言うままに（筆の運びから戸惑う様子がみられたものの，それを表情には出すことなく），淡々と描いていった。色も十分塗ることができなかった。描画後は，「うまく描けなかった」と不全感を表した。また，絵の説明はあいまいで，首を傾げることが多かった。

　風景は遠景，中景，近景が同列で描かれており，奥行きのないのが特徴的である。空白が有効に用いられておらず，白い部分が目だっている。また異常に高い山が前面に出て，違和感がある。色彩は淡く，部分的に塗られているだけだが，家や花など一部分ではまとまったものが描かれており，色もしっかりと塗られている。

　2）解　釈　全体の印象をみてみると，風景をうまく構成することができていないことが一番の特徴である。世界を構成すること，統合することの困難さが如実に表されている。ロールシャッハのⅩカードの反応そのままのような作品である。また，全体に組み込まれていない余白も統合失調症者の特徴でもある。

　アイテムを順にみていくと，「川」はよりエネルギーの大きい海として描かれている。エネルギーの大きいことは，豊かさと同時にコントロールを失うとすべてを飲み込んでしまう恐ろしさも含んでいる。荒い波から直立的に伸びる前面の大きな「山」は，病者にありがちな「垂直上昇志向」を表している。病者の中には自身のありようを，穴の中深くにすとんと落ち込んでしまった状態との感覚をもっていることが多いが，その分高みを幻想的にまで思い描きがちである。水平的で実物大の大きさで物事をみていくことは難しい。高みを求めすぎるため焦ってしまい，かえって悪くなることも少なくない。このあたりをゆっくり見守っていくことが大切である。その大きな「山」によって，世界は二分されているようにも見える。また行き先のわからない分断された「道」は，つながることの難しさを想像させる。「田」は線でしか描

図3.2　風景構成法

かれておらず，Aさんが何をどう作り上げていけばよいのかわからない状況を表しているようである。しかし，左側にかかれた「家」は，こじんまりとまとまり，ドアも窓もあって，Aさんにとっては憩いの場であることが想像される。周囲には石がいくつも並べられ，必死で守っているように思われる。「人物」は，棒状で描かれており，身体をもった人としてのありようの難しさをうかがうことができる。しかし，その「人物」には笑顔が記号のように描かれている。Aさんの精一杯のお愛想のようにも見える。対人関係をうまくもっていくことの困難さを感じながらも，人とのかかわりを希求しているようである。動物は小さく黒く縛られていて，プリミティブなエネルギーは抑えられている印象がある。「花」も風景に馴染まず浮き上がっていて，ばらばらの感じはあるものの，地面が描かれた上に咲いており，葉っぱと花が適切な色で塗られている。Aさんの中の情緒的な面を垣間見る思いである。これらの小さくまとまっている部分が適切に構成され，立体感を増し生き生きと描かれるようになることが，今後の治療的な目標とつながっていくだろう。

(5) 総合解釈

　バウム・テストやロールシャッハ・テストのⅠカードの第1反応のように，Aさんははじめての場面で一見オーソドックスな対応ができている。そのため周囲はAさんに，「もっとできるはず」等と期待し，プレッシャーをかけてしまいがちな面があると考えられる。本人もそれに応えようと焦りがちであった。

　しかし，検査の受け方そのものからみても，自分の中のイメージを膨らませたり，熟慮する様子もなく，言われるがまま何とかこなしている状態で，積極的に取り組んでいくだけの余裕やゆとりが感じられない。また検査を通してみる内なる世界は，足元の安定していないバウム・テストやロールシャッハ・テストの強い不安反応など，容易に崩れやすいことが推測できる。風景構成法からは，まとまりのない内界がはっきりとうかがえる。自分の世界が崩れてしまわないように，外界の物や人，出来事などにはできるだけ関心を向けず，内界に起こる情緒的・感情的なことは強く抑圧することで，何とかバランスを保っている状態である。そのためAさんは，表情を出すこともなく，単調な話し方しかせず，人とかかわることも最小限にして，まるで世間に関心がないような様子をみせている。しかし，検査の結果からも明らかなように，Aさんは外界のいろいろな刺激を十分感じとっており，対人関係を希求している。Aさんの現在のありようは，何もせずこもっているようで歯がゆくさえ思われるが，Aさん自身が崩れないためには，彼女が外界，内界に対してとっている距離は必要な距離だと思われる。そのことを考慮し，内界が徐々に構成されていき，ゆとりのもてる精神状態で外界への働きかけもスムーズになっていけるよう，ゆっくりと時間をかけていくことが必要と思われる。性急な自助グループなどへの参加は負荷がかかりすぎると考えられる。そこで対人面でのストレスが少ないうえ，基本的な生活技能を習得できる「社会生活技能訓練」（皿田，2003）の最も基本的なコースへの参加が望まれる。もしそれにも不安があるようであれば，まずは個人心理療法で基本的な信頼関係を構築していくことが好ましいと考えられる。

(6) その後の経過

　負担の少ない療法であっても，集団に入るには不安の強かったAさんには，薬物療法のほか，本人の希望もあって1対1の心理面接が行われた。言語による表現が十分ではなかったので，描画を媒介とし，日常生活面のことに重きをおいた個人面接であった。徐々に話ができるようになったAさんは，自分で文章を書いてくるようになった。次第にまとまりある言語による自己表現がなされるようになってくると，平板だった表情もやや柔らかくなり，ぎこちないながらも，笑顔もみられるようになってきた。そのときになされたバウム・テストは，図3.3

図 3.3　バウム（2 回目）

のようであった。

　変化の様子をみるために，ほかの検査も実施してみたいと検査者は思ったが，本人が「あまりしたくない」と，弱いながらも拒否の意思を表した。「ノー」と言うこと自体が患者の主体性の回復の意味を含んでいることから，その意思を尊重し他の検査は実施しなかった。

　1）**検査結果**　はじめに描かれた木の絵と大きくは変わらないが，地面が描かれ，実ができ始めている。そして，この木を「りんごの木」と言った。

　2）**解　　釈**　精神内界がまとまりをもつようになるには時間はかかるが，木のよって立つ足元が明確になったことは，Aさんの内界が徐々にではあるがまとまり成長をとげていることを示唆しており，自己の存在，まとまりある人格の存在を確認しつつあるように思われる。

　3）**アセスメント**　ひとつの検査結果ではあるが，Aさんの内界がゆっくりとではあるが，しだいに地に足をつけた形になりつつあり，実らしきものも育ち始めて活力を見せるようになってきていることがうかがえる。Aさんのこれまでの経過もあわせて，これならば集団への参加も可能な状態と考えられる。本人も患者グループへの参加を希望するようになってきた。未来や未知の世界への不安よりも，そこに期待がもてるようになってきているということであろう。ただし，統合失調症の内面のありようは，無意識という海の中に浮かぶ小島の如くである。諸所の事柄が重なって大波がきた場合に，せっかく根付いてきたものがなぎ倒される危険が常にある。今後も温かな見守りが欠かせないと考えられる。

文　献

Klopfer, B., & Davidson, H.　（1962）．*The Rorschach technique: An intriductory manual*. Harcourt Brace & World.（河合隼雄（訳）（1964）．ロールシャッハ・テクニック入門　ダイヤモンド社）

Koch, C.　（1949）．*Der Baumtest*. Bern: Hans Huber.（林　勝造・国吉政一・一谷　彊（訳）（1970）．バウムテスト　日本文化科学社）

中井久夫　（1970）．精神分裂病者の精神療法における描画の使用　日本芸術療法学会誌，**2**，79-89．

中井久夫　（1971）．描画を通してみた精神障害者とくに精神分裂病者における心理的空間の構造　日本芸術療法学会誌，**3**，39-51．

中井久夫　（1984）．中井久夫著作集 1　岩崎学術出版社

名古屋ロールシャッハ研究会（編）（1990）．ロールシャッハ法解説　名古屋大学式技法（1990 年増補版）

皿田洋子　（2003）．社会生活技能訓練からのアプローチ　横田正夫・丹野義彦・石垣　磨（編）　総合失調症の臨床心理学　東京大学出版会　pp.17-40．

4 神経症圏の大人の事例

　本章では、神経症（神経症水準）の事例を扱うため、まず「神経症」「水準」とは何かをはじめに整理しておきたい。

1. 神経症とは

　「神経症」とは何だろうか。日常の中で精神的な問題について話すとき、「神経症」という用語の他に、「精神病」や「うつ病」、「パニック障害」などの用語を耳にすることがあるだろう。これらの言葉はそれぞれどのような精神的問題を指しているのだろうか。

　実は、「神経症」というのは、一つの疾患を表す名称ではなく、心理的原因によって発症する比較的軽度な種々の疾患を総称する概念である。したがって、一口に「神経症」といってもそこにはさまざまな疾患が含まれている。たとえば、突然ドキドキして強い不安感に襲われるパニック発作を起こす「パニック障害」、人目が気になったり人前で恥をかくことなどを強く恐れたりする「社会不安障害」、何回も手を洗わずにはいられないとか、ガスの元栓や電気の確認を何度もせずにはいられないといった症状を示す「強迫性障害」などがある。

　ここで、「神経症」という概念についてもう少し詳しく定義してみよう。神経症の定義にはさまざまなものがあるが、おおよそのポイントをまとめると以下のようになる。

　①発症する原因は心理的要因である
　②脳に器質的な障害はみられない
　③比較的軽度な精神疾患である
　④症状は常識的心理から理解可能である
　⑤症状は原則として可逆性である

　以上のポイントについてそれぞれ解説すると、まず①と②について、発症する原因が、脳のどこかに実際に異変が起きているわけではなく、ストレスなどの心理的要因によって起こるということである。「神経」という言葉が使われているため、実際に脳や神経に病変があるような印象があるが、現在の神経症の定義では基本的には純粋に心理的要因によって発症する疾患を指している。ストレスの内容としては、受験の失敗や失恋といったわかりやすいストレスの場合もあれば、たとえば何となくいろんなことがうまくいかない気がするといった、本人にも漠然としてあまりはっきり自覚できない原因である場合もある。③については、後述する「境界例」や「精神病」といったより重度の精神疾患と比べると軽度であるということである。④については、神経症では主観的に「不安」などで苦しむことが多いが、病気ではない一般の人からもその苦しみが理解しやすいということである。一方で、たとえば精神病水準の一例である統合失調症などでは、妄想や幻聴といった症状が出現することがあり、これは一般の人からはなかなか理解しにくい症状である。⑤については、原則的には治る疾患であるということである。ただし、慢性化する事例もあるため、慎重な理解が必要である。

2. 病態水準とは：神経症をどのように位置づけるか

　精神疾患をもつ方への援助を考えるとき，その人がどんな種類の病気であるかを診断することはもちろん必要なことだが，病名という情報だけでは適切な援助はできない。なぜなら，適切な援助をするためには，問題の深刻度がどの程度なのか，治療の際に何に気をつけるべきか（どのような治療法が適応でき，どのような治療法は危険であるのかなど）や経過や予後について検討する必要があるからである。そして，その判断材料を提供してくれる概念が「病態水準」という考え方である。

　病態水準とは特定の精神疾患を表す概念ではなく，その人の精神的問題の重症度がどの程度であるのか，自我や人間関係を形成する力，現実を正しくとらえる力などがどの程度発達しているのかの「水準（レベル）」を表す概念である。より軽度の方から，「神経症水準」「境界例水準」「精神病水準」に分類され，先に定義した神経症は，この分類では最も軽度の水準にあると考えることができる。

　では，この病態水準は，どのような基準によって判断されるのだろうか。これもさまざまな視点があるが，重要なものをまとめると以下のようになる。

①自己コントロールの力
②現実検討力
③防衛機制のあり方

　まず①については，ストレスにさらされたときに，自分自身をどの程度コントロールできるかを表している。一般に人は強いストレスにさらされると，普段はできている仕事や勉強，人とのつきあいなどがうまくできなくなることがある。神経症水準では，ストレス状況でもこれらの機能がそれほど低下しないのに対し，境界例水準や精神病水準では機能がかなり阻害される場合が多い。また，ストレス事態に限らず，自己の内側からわいてくる感情や衝動をどの程度コントロールできるかも重要である。たとえば「怒り」について考えてみると，神経症水準では，人とのつきあいの中で怒りを感じても，それを爆発させずに抑えることができるが，境界例水準では，怒りをうまくコントロールできずに不適切な形で相手にぶつけてしまいトラブルになることが多い。

　②の現実検討力とは，現実を正しく受け止めて判断する能力である。神経症水準では，この力は比較的保たれている。しかし，境界例水準ではときどき現実を歪めてとらえてしまうことが生じ，たとえば客観的事実ではないにもかかわらず「私はあの人に嫌われている」と思いこんでしまうことがある。さらに，精神病水準になるとこの力がかなり阻害され，「自分はスパイにつけ狙われている」といった妄想をもつこともある。

　③の防衛機制とは，不安などの不快な感情が生じたときに，それを弱めたり避けたりすることによって自己の安定を保つ心の機能である。神経症水準では，たとえばある人物のことが嫌いだと感じても，それを認めてしまうと苦しいため，わざと親しげな態度をとるといった防衛機制を用いる。この方法だとそれほどトラブルにはなりにくいが，境界例水準になると，嫌っているのは相手だと思いこんでしまい，その結果相手とトラブルが起きたりする。このように，自分の心の安定を保つ方法が成熟しているか，原始的で未熟であるかによっても病態水準を判断することができる。

　以上のような病態水準を見極めることは，問題を抱える人に対し適切な見通しを立てて治療を進め，治療の効果を予測するうえで非常に重要である。したがって，心理検査によってその人のパーソナリティ構造を明らかにするとともに，この病態水準を見立てていくことが求められる。

3. DSMにおける神経症概念

ところで，精神疾患を診断する際に，従来それなりの診断基準はあったものの，国によってその基準が異なったり，専門家の主観が影響したりする部分もあった。つまり同じ症状や状態像を示していても，専門家によって診断が異なることがあったのである。しかしこのような状態では，精神医学的な研究を行い，精神疾患についての議論を進めて行くうえで問題が生じる。そこで，より統一的で客観的な診断基準の必要性が叫ばれ，その一つとして，アメリカ精神医学会によって「精神疾患の分類と診断の手引き」（DSM：Diagnostic and Statistical Manual of Mental Disorder）が作成された（最新版は，DSM-Ⅳ-TR）。

DSMでは，診断の妥当性と正確性を高めるために，客観的な症状を記述的に分類し，あいまいで多義的な精神医学的概念や用語をできるだけ排除し，理論的に中立であることを目指している。現在では，この診断基準は調査研究のみならず，一般的な臨床現場でも幅広く用いられている。

ところで，このDSMによる診断基準は，従来の基準とは異なる考え方を基盤にしているため，従来とは一部異なる疾患分類や病名が用いられている。神経症概念についても同様であるため，表4.1にその対応を示す。

表4.1　従来の神経症概念とDSM-Ⅳ-TRとの関係

従来の神経症分類	DSMの小カテゴリー	DSMの大カテゴリー
不安神経症	全般性不安障害	
	パニック障害	
恐怖症	広場恐怖	不安障害
	特定の恐怖症	
	社会恐怖（社会不安障害）	
強迫神経症	強迫性障害	
—	心的外傷後ストレス障害（PTSD）	
	急性ストレス障害	
心気神経症	心気症	身体表現性障害
転換ヒステリー	転換性障害	
解離ヒステリー	解離性障害	
	解離性とん走	解離性障害
	解離性同一性障害	
離人神経症	離人症性障害	
抑うつ神経症	気分変調性障害	気分障害

このDSMは利用のしやすさもあって広く用いられているが，精神的な問題を抱える人に援助をする場合，このような診断基準を用いて病名をつけるだけでは不十分である。前述したように，適切な援助をするためには，病名の他に，発症にいたるメカニズムや病態水準といった情報も必要だからである。臨床現場で精神的問題を抱える方にかかわる臨床家は，DSMのような客観的で操作的な診断という視点をもつとともに，従来からの自我や病態水準という視点から全人的に目の前の人を理解することも忘れてはならない。

4. 事　例

以下の概要は，本質を損ねない程度に事実からは改変している。

(1) 概　　要

1) **クライエント**　　女性。23歳。理系学部の大学院1年生。
2) **主　　訴**　　自分の声（低いこと）が気になってうまくしゃべれない。人の目を気にしすぎる。
3) **家族構成**　　父，母，姉，本人，妹の5人家族。
4) **生育歴**　　幼稚園のときは，人見知り，引っ込み思案であった。友だちと遊んでいるときも遠慮していた。母親と遊ぶことはあまりなく，姉妹と遊んでいた。姉妹と比べておとなしかった。小学校の最初の1・2ヵ月は，友だちができなかった。その後徐々に友だちもできてきたが，自分からは近づいていかない方だった。3年生のとき，人に向かってアホと言うなど口が悪かったことが原因で仲間外れにされた。以来，言葉づかいに気をつけて友だちを怒らせないように意識するようになったが，慣れてくると言いたいことを言っていた。小学校6年生のときにはじめていじめにあった。中学校時代，はじめは気が強いタイプのグループにいたが，逆らってはいけないなどのストレスが強くなっていづらくなり，もう少し穏やかなグループに移った。そのときに人を傷つけるようなことは言わない，おとなしくした方がいいと思った。この時期，父親に声の低さを指摘されて傷ついたことがあった。高校のときに，男子に声についてからかわれた。このとき仲がいい子は気が強いタイプだった。一緒にいて楽しかったが，みんながおもしろいから自分もおもしろくしなければというプレッシャーを感じていた。大学は家を出て理系の学部に進学。仲のよい友だちもいて，恋人もいた。学部を卒業後，大学院は別の大学へ進学。
5) **現病歴**　　大学院進学後，研究室の先生に声が低いことを指摘されてショックを受けた。研究室では男性が多くて同性の友だちがいないこと，自分から話題を提供したりおもしろいことを言ったりできず，話しかけられたときに答えるだけという関係も気になっている。それらについて考えて寝つけないこともときどきあるが，睡眠，食欲などに特に問題はない。
6) **検査の目的**　　カウンセリングでの様子からは神経症水準と思われたが，声などへのこだわりが強いこと，対人的に過敏であること，ときどき死にたい気持ちになるなどから，病態水準を確認することが一つの目的であった。もう一つは，治療方針を立てるために，言語によるやりとりを中心としたカウンセリングからだけではわからないパーソナリティのあり方を理解することであった。

使用した検査はロールシャッハ・テスト（名大法）で，補足的にバウム・テスト（ロールシャッハ・テストの前後で実施）とSCT（文章完成法テスト）も実施した。

(2) 検査時の様子

バウム・テストでは，検査者が教示をすると，躊躇せずにすぐに描きはじめる。幹から根，枝，樹冠，最後に実と平均的な順序で描く。ロールシャッハ・テスト終了後のバウム・テストでもすぐに描きはじめ，最後に実を描き足しているのが印象的。ロールシャッハ・テストでは，カードを渡すと「うーん」と考え込む様子だが，比較的すぐに反応を出した。質疑段階での説明は，論理的でていねいに説明しようと心がけている印象を受ける。

最後に感想を聞くと，「自由に言っていいと言われると，逆に難しい。これで何がわかるのだろうと思った」と述べている。

(3) バウム・テストの結果と解釈

まず，ロールシャッハ・テスト実施後の木（図4.2）は実施前の木（図4.1）に比べて若干大きくなっているものの，どちらの木も平均的な大きさと比べるとかなり小さい。ここから，周囲の環境に圧倒されるような感覚をもっており，自己が委縮している状態がみてとれる。

図 4.1 ロールシャッハ・テスト実施前 　　　図 4.2 ロールシャッハ・テスト実施後

　また，どちらの木も描かれた位置が用紙の上部であることも特徴的である。ボランダー（Bolander, 1977　高橋訳　1999）によると，用紙の上の領域は知性，想像力，自己開発などにかかわる精神領域であり，真ん中の領域は情緒（感情）の領域，下の領域は本能の領域である。したがって，この被検者は，自分の感情的・本能的な部分よりも，知性や目標を達成することなどに関心が向いていると考えられる。また木の位置について別の視点でみると，地面が描かれておらずいわば宙に浮いたような格好になっており，自信がなく，周囲の環境に根づいていない不安定な状態を示しているとも考えられる。
　以上のような大きさと位置の特徴を除けば，描かれた木のスタイルとしては，20代の女性にきわめて多くみられる，いわばステレオタイプ的な木である。生き生きしたこの人らしさというものがあまりなく，そつのない感じである。つまり，あまり自分を表現しない抑制的な傾向があり，期待される女性像に自分をあわせようとする傾向があると推測できる。
　実に着目すると，実が樹冠にぎっしり描かれている。また本来は枝にくっついているべき実が枝から離れて存在しており，根や幹からの心的エネルギーが実に届いていない。したがって，達成したい目標や理想はたくさんあるのだが，エネルギーの向けどころがわからない，つまり達成するためにどのようにがんばればいいかがわからない状態であると推測できる。

(4) ロールシャッハ・テストの結果と解釈

　表 4.2 に，ロールシャッハ・テストのプロトコルを示した。

表 4.2　ロールシャッハ・テストのプロトコル

カード No.	カードの位置	初発反応時間	反応終了時間	反応	反応領域	決定要因	反応内容	平凡反応	感情カテゴリー
I	∧	16"	57"	天使が二人並んでる	W	Mi+	H/・Cg・Rel		Drel
II	∧	6"	26"	二人が戦っている・火	W	Ma+・CF	H・War・Fi		HH・Hh
III	∧	19"	50"	女の人が二人蝶々を助けている	D_{1+1+4}	Mi+	A・H・Cg	P	Mi
IV ①	∧	11"		森の奥にたったお城	W	FV−・FC'	Bot・Arch・Lbs		Aev・Adif
②	∧			大きい男の人	W	Mi・FV+	H		Athr
③	∧		41"	怪獣	W	F+	A/		Athr
V ①	∧	8"		鳥	W	F+	A		N
②	∧		25"	蝶々	W	F+	A	P	N
VI ①	∧	7"		葉っぱ	W	F+	Bot		N
②	∧		32"	誰か立っている	D_1	Mi+	H・Cg		Pnar
VII	∧	10"	27"	女の子が二人向き合っている	W	Mp+	H		N
VIII ①	∧	10"		犬二匹が歩いている	D_{1+1}	FM+	A	P	N
②	∧		37"	花	D_2	FC+	Flo		Pnat
IX ①	∧	6"		昆虫の顔	W	F−	Ad		Hor
②	∧		28"	人が怒っている顔	Dd (dr)	Ma−	Hd		HH
X	∧	5"	23"	川の中でいっぱい生物がいる	W	F+	A・Nat		N

1) 量的分析
①反応数など
R（反応数）＝ 16，T/1R（初発反応時間・秒）＝ 9.8″，Tur（カードの回転）＝ 0％，Card of reject（反応拒否）＝ 0
②反応領域
W（全体反応）＝ 69％，D（部分反応）＝ 25％，Dd（異常部分反応）＝ 6％
③決　定　因
F（形態反応）＝ 6（38％），M（人間運動反応）＝ 7，FM（動物運動反応）＝ 1，FV（通景反応）＝ 2，FC'（黒白反応）＝ 1，FC（色彩反応）＝ 1，CF（色彩反応）＝ 1
④反応内容
A（動物反応）％ ＝ 44％，H（人間反応）％ ＝ 44％，Content Range（反応内容の幅）＝ 10
⑤そ の 他
F＋ ＝ 83％，R＋ ＝ 81％，P（平凡反応）＝ 3，W:M ＝ 11:7（要求水準），M:FM（内的統制）＝ 7:1，M:ΣC（体験型）＝ 7:1.5，FC:CF＋C（外的統制）＝ 1:1
⑥イメージカード
・FIC（父親イメージのカード）：Ⅳ　「お父さんはよく怒ってあんまり好きじゃなくて。態度でかそうな絵を選びました」
・MIC（母親）：Ⅲ　「女の人っていうことと，蝶々が好きっていうわけじゃないけど，お母さんなら蝶々を助けてあげるかなーと思いました」

2) 形式分析
①知的側面の特徴
　知的側面の特徴としては，まず R ＝ 16 であり一般成人と比べると反応数がやや少ない。しかし，他の指標を検討すると知的な高さは十分であり，カードを返すときの「これくらいにしておきます」等の発言などの態度を考慮すると，知的な要因よりも，自己表現をすることへの不安やためらいがあったために反応数が少なめになったと推測できる。現実検討力と常識性に関しては，F ＋ ％ ＝ 83％，R ＋ ％ ＝ 81％と両者とも健全なレベルを保っている。おおよそどのような場面でも，物事の見方・とらえ方が歪むことなく客観的に物事に対応でき，適切に自己コントロールもできる人であると考えられる。P 反応は 3 つであり，やや少なめではあるものの，全体の反応数も少なめであること，上記の F ＋ ％ や R ＋ ％ が良好であることを総合すると，常識的なものの見方はできる人であると考えられる。このように，現実検討力や常識的な見方は十分であることを踏まえて，この被検者の特徴は W が非常に多いことである。現実や常識から大きく外れることは決してないものの，自分の物事の見方やとらえ方にこだわる若干自己中心的な面があることもうかがわれる。要求水準に関しては，全体の中で W 反応の占める割合が多く，頑張り屋である傾向がみてとれる。また，カードの回転がまったくみられず，与えられた事態に服従的で，物事を柔軟にみることは少し苦手な方であると考えられる。
②情意的側面の特徴
　情意的側面の特徴としては，まずΣ C が 1.5 と低い値である。これはこの被検者の大きな特徴であり，自己表現を抑える傾向があることや，何らかの感情を抑え込んでいたり，人格的な固さがあったりすることが推測される。FC：CF ＋ C の比率は 1：1 であり，外的統制は崩れていない。むしろ，前述したように C 反応全般が少ないということが特徴であり，外的にはあまり感情を表さない人であることが推測される。内的統制についても，M：FM ＝ 7：1 であり，内側からの情動的衝動を安易に行動として表出せず，適切にコントロールしていると考えられる。体験型については，M：Σ C ＝ 7：1.5 と完全に内向型で，内側からの刺激により動かされやすい人であることがわかる。M 反応が非常に多いことが，この被検者のもう一つ

の大きな特徴であり，かなり意識が自分自身に向いており，いわばやや自意識過剰の状態であることが推測される。M反応は質の良い反応であれば，知性や成熟を示すが，これが過剰であるということは，自分に意識が向いて自分自身のことが気になりすぎてしまい，逆に現実に適応することが難しくなると考えられる。

　③対人関係の側面の特徴

　対人関係の側面に関しては，まずH％が44％であり，かなり対人的に過敏な人であるといえる。さらに，この被検者はカードⅨにおいて人間の目を見ており，この反応の形態水準が悪くなっている。これは，他人の目に敏感な人であり，他人の目が気になると現実検討力が下がる傾向があることを示している。M反応を検討すると，形態水準は概ね問題ないが，比較的ポジティブ，あるいはニュートラルな人間像に加えて，「戦っている」「怒っている」などのやや攻撃的な反応もみられる。つまり，大体において共感性に問題はないが，強い刺激やストレスにさらされた場合は，想像が飛躍して共感性が危うくなる場面もある人，と考えることができる。家族関係については，父親カードはⅣであるが，このカードでは不安感情が出現し，見下ろされているような脅威的な印象が述べられている。Ⅳカードはそのような反応が出やすいカードではあるが，「怒る」「態度がでかい」父親に対して何らかの否定的な思いがあり，良い関係が築けていない可能性もある。一方で，母親カードはⅢで，一転して「助けてあげている」という肯定的なイメージになっている。このような父母へのイメージの違いは，後述のSCTにも表れている。

3）継列分析

　以下，特徴的な部分を取り上げて述べる。

　カードⅠの「天使」という反応や，カードⅡの「火の近くで戦っている」という反応からは，はじめての課題場面で緊張や不安が高まったり，赤色で攻撃性が刺激されたりしたときに，そのような不快な感情を抑圧し，論理的・客観的に「考える」ことで対処するという知性化の防衛機制を用いていることが推測される。

　そして次のカードⅢではポジティブな人間像をみることができ，このような防衛機制によって，心理的に不安定にならずにがんばれる人であることがわかる。

　カードⅣやその他のカードでは，一度W反応を出すものの，その後にカットした部分を統合するような反応を出している。ここから，自分らしい反応をしたいけれども，同時に一般的に「正しい」反応もしなければ，と葛藤的になる人であることが推測される。また，前のカードでテスターが＜一つではなくてもいいですよ＞と伝えたことに明らかに反応して反応数が増えている。人の要求に応えなければ，従わなければという思いが強い人と考えられる。

　カードⅨでは，色と不気味な形態に刺激されてかなり形態水準が落ちている。最初の反応で「目」が強調されており，対人的な過敏さが露呈している。次の反応でも立ち直れず，さらに「人が怒っている」と過剰な意味づけがなされている。対人場面でのストレスが強いと，現実検討が少し危うくなり，実際に相手がどう感じているかという客観性が失われて，思い込みが強くなりやすい人であると考えられる。ここまでほとんど安定した形態水準であったが，この難しいカードで崩れており，神経症水準らしさが表れている。

　カードⅩでは，カードⅨでのダメージが少し残ってやや漠然とした反応であるが，何とか全体をまとめて形態水準も戻り，立ち直ることができたといえる。

4）病態水準の見立て

　現実検討が適切であること，認知（物事のとらえ方）の歪みもないこと，全体的に感情や衝動のコントロールができており，それが崩れても立ち直ることができることなどの特徴から，神経症水準であると考えられる。また，神経症水準であることとC反応が少ないという特徴を合わせると，自分の安定を揺るがすような感情を生じさせる考えやイメージが湧いたときに

は，無意識的に見ないようにする，目をそらすという抑圧のパターンを用いる人であるという仮説を立てることができる。

(5) SCTの結果と解釈

表4.3に，SCTの結果を示した。

表4.3 SCT結果

設問No	スキーム	刺激文と回答
Ⅰ-1	社会	子どもの頃，私は 口と態度が悪くて父に怒られました。
Ⅰ-2	気質	私はよく人から がんばっているねと言われます。
Ⅰ-3	家庭	家の暮し は恵まれている方だと思いますが，ストレスを感じることが多いです。
Ⅰ-4	力動	私の失敗 で人に迷惑をかけることが一番怖いです。
Ⅰ-5	家庭	家の人は私を 扱いにくいと思っていると思います。
Ⅰ-6	力動	私が得意になるのは 色々なバイト経験があることと，ピアスホールがたくさんあるなど，人があまりやらないことをやったことです。
Ⅰ-7	力動	争い 事が嫌いで，そうならないようにいつも気をつけています。
Ⅰ-8	指向	私が知りたいことは 人との会話で相手を楽しませるような話し方，人の視線を気にしない方法，自分に自信を持つ方法です。
Ⅰ-9	家庭	私の父 は理不尽なことでよく怒ります。何かを行うときは確認をとったり許可をもらわないと行動できず，勝手に行うとしかられることがあります。
Ⅰ-10	指向	私がきらいなのは 自分です。好きになりたいです。
Ⅰ-11	指向	私の服 はたくさんあり，コーディネートを考えるのが毎日の楽しみです。
Ⅰ-12	指向	死 にたくなる気分になることがよくあります。思いっきり泣いている時にそうなる傾向があります。
Ⅰ-13	社会	人々 からの視線をいつも気にしていて，どうかっこよく見えるか，変な話し方をしていないか考えながら行動しています。
Ⅰ-14	知能	私のできないことは 言いたいことを上手く伝えられないことです。
Ⅰ-15	身体	運動 が苦手で，人に誘われても断るか見ているだけです。
Ⅰ-16	指向	将来 もし結婚したら，仕事をしていても辞めて家庭に入りたいです。
Ⅰ-17	家庭	もし私の母が 優しくなかったら，今実家で暮らしていないと思います。
Ⅰ-18	社会	仕事 をするようになったら，自分で考えてやり遂げられるか不安です。
Ⅰ-19	指向	私がひそかに 通っているのは相談です。
Ⅰ-20	社会	世の中 悪いことばっかりじゃない。
Ⅰ-21	家庭	夫 になる人はどんな人なんだろう…。
Ⅰ-22	気質	時々私は 「もし私があんな子だったら…」とイメージして普段しない行動をする姿を妄想しています。
Ⅰ-23	指向	私が心をひかれるのは 頭の回転が早い人，話が上手な人です。
Ⅰ-24	力動	私の不平は 友達と会ったときに話すか，そのままがまんして忘れようとします。
Ⅰ-25	家庭	私の兄弟（姉妹） はみんな私よりも大人です。
Ⅰ-26	社会	職場では うまくやっていけるようにしたいです。
Ⅰ-27	身体	私の顔 気持ち悪いなーって思うときがあります。
Ⅰ-28	指向	今までは 男の子と会話するのが苦手でしたが，最近平気になってきました。
Ⅰ-29	社会	女 と話すとき，自分の声の低さが気になります。
Ⅰ-30	力動	私が思い出すのは おじいちゃんが生きていたときの顔と死んでしまった時の顔です。
Ⅱ-1	家庭	家では よく1人でマンガや雑誌を見ています。
Ⅱ-2	力動	私を不安にするのは 大学院の課題，講義，研究です。
Ⅱ-3	社会	友だち はいい子ばかりで，尊敬出来て，私を大事に想ってくれる子ばかりです。
Ⅱ-4	気質	私はよく 悔しいとき，ストレスがたまったときに大泣きします。
Ⅱ-5	指向	もし私が 自分を好きだったら悩みは少なかったと思います。
Ⅱ-6	家庭	私の母 は優しくて，どんなに疲れていても毎朝お弁当を作ってくれます。
Ⅱ-7	指向	もう一度やり直せるなら 小学校からやり直したいです。
Ⅱ-8	社会	男 として生まれたかった。
Ⅱ-9	身体	私の眠り は浅い方です。
Ⅱ-10	社会	学校では 色々なことを考えすぎてしまうのですぐ疲れます。
Ⅱ-11	社会	恋愛 は栄養で，のめりこみすぎると病気になると思います。

Ⅱ-12	家庭	もし私の父が	仕事をしなかったら，大学，大学院に通えていません。
Ⅱ-13	指向	自殺	するのはダメだけど，する人は勇気あるなって少し思います。
Ⅱ-14	指向	私が好きなのは	食べること，自分の外見をみがくこと，友達とのおしゃべり，マンガや雑誌を見ること，ラジオを聞くことです。
Ⅱ-15	知能	私の頭脳	悪いなーって落ち込みます。
Ⅱ-16	社会	金	を使うのがこわいです。
Ⅱ-17	指向	私の野心	はあまり考えたことがなく，目の前や少し先の願いを叶えることを目標にする傾向があります。
Ⅱ-18	家庭	妻	に早くなりたいです。
Ⅱ-19	力動	私の気持ち	を分かってくれる人は少ないです。
Ⅱ-20	身体	私の健康	状態は今は良いですが，年をとったら病気になるような気がします。
Ⅱ-21	力動	私が残念なのは	自分の中途半端なところです。
Ⅱ-22	気質	大部分の時間を	学校で過ごしています。
Ⅱ-23	家庭	結婚	している人がうらやましいです。
Ⅱ-24	力動	調子のよい時	自分や周りを気にしないで人と話せます。
Ⅱ-25	力動	どうしても私は	自分に自信が持てず，周りの目が気になります。
Ⅱ-26	家庭	家の人は	私以外みんな精神的に強いです。
Ⅱ-27	指向	私が羨ましいのは	自分の意志をもった人，話がおもしろい人です。
Ⅱ-28	指向	年をとった時	孤独なおばあちゃんになっていそう。
Ⅱ-29	指向	私が努力しているのは	スキンケア，服装など外見に関してです。
Ⅱ-30	力動	私が忘れられないのは	高校受験のとき，プレッシャーで辛くて泣いていた私に当時寮に住んでいた姉が手紙を送ってくれたことです。

注）ひとことで「パーソナリティ」といっても，そこには「知能」や「気質」といったさまざまな側面が含まれている。SCTにおける「スキーム」とは，そのような人間のパーソナリティを把握しやすいように作られた枠組みのことである。

　まず最初に，全体的に自己評価が非常に低いことが印象的である。また，他者からどのように見られるかにとても敏感であるという内容が繰り返し出現する。この自己評価の低さと対人的過敏さがこの被検者にとって2つの中心的テーマであると考えられる。このように自己の内的な側面の記述と，他者との関係の中での自己における記述が多いということは，この被検者の関心が自己の内側に向きがちであると考えられる。
　家庭スキームの項目に着目すると，父親へのネガティブな評価およびネガティブな評価をすることへの罪悪感，その一方で母親への肯定的な評価，家族成員の中での劣等感などが述べられている。また社会スキームの項目やその他の項目からは，自分の女性性に対して葛藤的である様子がわかる。父母への異なる評価と女性性への葛藤については何らか関係がありそうであるが，それがどのような関連であるかはSCTだけではわからない。ただ，このような家族関係と女性性の問題が，自己評価の低さおよび対人的過敏さに何らかの関係がありそうだという仮説は立てられよう。
　この被検者はこのような内的状態を抱えているため，行動面では，他者から否定的に評価されないために必死で自己コントロールをし，他者との摩擦を避ける努力をしている様子がみてとれる。その努力の中には，先の女性性の問題と関連して，女性らしくあろうと外見に気を配る努力も含まれている。しかしそれでも他者に気持ちをわかってもらえない思いがあり，自己について考えすぎてしまうこともあり，ときとして死にたい気持ちにつながることもあるようだ。
　このようにこの被検者の努力の動機となっているのは，一つには前述のように他者から否定的に見られないためであるが，もう一つ特徴的なのは，目標を達成したい気もちが比較的強く，人と違う存在でありたいという思いもあることである。これは，先のロールシャッハ・テストやバウム・テストでも表れている傾向である。

(6) 総合的解釈
　今回の検査の目的の一つは病態の重さの程度（病態水準）を確認することであったが，ロー

ルシャッハ・テストの節でも述べたように，軽度，つまり神経症水準であると考えられた。声などへのこだわりがある場合，もう少し重いケースもあるが，このケースではあくまで神経症水準のこだわりであるととらえることができる。

もう一つの目的は，治療方針を立てるためにパーソナリティのあり方を理解することであった。これについては，以下に，3つの検査から明らかとなったこの被検者のパーソナリティの特徴について述べる。

まず，外側からこの人を描写するとどうであろうか。知的には高く，物事の見方やとらえ方にも目立った歪みはなく，柔軟性にはやや欠けるものの，常識的に物事をみたり考えたりできる人である。対人的には，控えめでおとなしく，あまり自分の考えを主張することはない。自分をいつもコントロールして衝動的な行動をすることもなく，感情もあまり表に出さない。人に対しては比較的従順で，相手の要求や期待に応えようとがんばる人であり，努力家の印象を与える。人と衝突することはなく，表面的には問題なく人とつきあってその場に適応していると考えられるが，人とうち解けるには時間がかかるタイプである。身なりにも気を配って，女性らしくあろうとしている。

一方で，この人を内側からみてみると，かなり違った印象がある。この外側からみた面と内側からとらえた特徴のギャップが，この被検者の苦しさにつながっていると考えられる。まず，表面的にはうまくやっているものの，内心では人からどうみられているかが非常に気になっており，自分自身が適切で人から認められる言動をしているかどうか常にチェックしている，つまり自分自身に強く意識が向いている人である。自分に自信がなく，不安も強い。対人場面で不安が高まると，少し客観性を失ってしまうところがあり，たとえば「あの人は怒っているかもしれない」と思いこんで動揺してしまうところがある。不安が高まるなど動揺する場面では，何とか知的・合理的にその場を理解することで，動揺をおさめて切り抜けようとする傾向がある。自分の感情とうまくつきあうというよりは，必死に「考えて」事態を解決しようとする。また，自分の安定を揺るがすような感情を生じさせる考えやイメージについては，無意識的に見ないようにする，目をそらすという抑圧の対処方法を多く用いていると考えられる。

このように自信がない一方で，物事をきちんと達成したいという思いもあり，それが大学院への進学につながっているのかもしれない。実は自分なりの物事の見方や考えももっているが，それが適切ではないかもしれない，人に受け入れられないかもしれないとおそれているため，外に表現することはあまりない。

自信のなさ，自分自身を受け入れられない感じは，女性性の側面にも表れており，自分が女性であることに何らかの葛藤があるようだが，表面的には外見に気を配って女性らしくあろうと努力しているようである。

SCTの解釈で述べたように，このような内的特徴は，この被検者の家族関係や生育歴と何らかの関係がありそうである。父親に対しては否定的な，母親に対しては肯定的な評価をしているところは，特に女性性の問題と関連がある可能性がある。また，この人が抱いている劣等感は，家族の中でも，自分が一番弱いといった表現で表れている。次の節で述べるが，このような家族関係や生育歴に注目しながらかかわっていくことが重要と考えられる。

(7) アセスメントをその後の治療にどう生かすか

この事例のクライエントにとっての目標は，SCTでも述べられているように，対人的な不安を緩和し，人目を気にせずに自分らしい自己表現ができること，感情も適度に表出できるようになることであると考えられる。そのためには，現在のような極度の自己否定から脱却し，もう少し自分を受け容れられること，また自分の女性性も受容し女性としてのイメージを確立する必要があるだろう。では，これらの目標を達成するために，カウンセリングにおいてどの

ようなかかわりや働きかけが必要なのだろうか。

　アセスメントの結果から，このクライエントは，人との関係の中で生じた不安や寂しさなどを，みないようにして抑え込んだり，知的・合理的に理解したりすることで，自分自身の安定を崩さないように対処してきたことがみえてきた。小学校時代から，人とかかわる際に自分の気もちを抑え込み，人に気を遣って，つまり自分自身をかなりコントロールして対処してきたことが語られている。しかし，そのような対処方法では処理しきれない感情が残り，それが現在の「人の目が気になる」という症状として表れている。人とのかかわりの中で自分を過度にコントロールすると，人との生き生きした交流が妨げられ，自分と対するときに相手がどのように考えたり感じたりしているかがわからなくなる。それが，人が自分をどのようにみているか不安という症状につながり，ときとして「怒っているかもしれない」「嫌われているかもしれない」という思い込みにつながっていくと考えられる。

　これらの症状に対する治療上の目標としては，このクライエントが押し殺してきた思いを少しずつ自覚し，自分のこのようなパターンに気づいていくことが必要となる。アセスメントの結果から，このクライエントは神経症水準であり，そのように意識化していく治療に対応できる自我の力があると考えられる（もう少し病態水準が低い場合，このような治療には耐えられない場合もある）。

　では，そのためにはどのような働きかけが有効であろうか。重要なのは，カウンセラーとの関係の中で，今まで使ってきた対人パターンを再現しないことである。つまり，カウンセラーに対して感じた感情を抑え込むのではなく，それを表現していくことである。具体的には，カウンセラーが，それらの感情を言葉にすることを励ましたり，クライエントがこの人には安心して話せると感じられる関係性をつくったりしていくことである。そして，そのように表現された感情について，たとえばどんなふうに不安なのか，なぜそのように思ったのか，などの問いかけをしていくことで，クライエントが気づいていなかった自分の対人パターンに気づくように働きかけていく。そのような話しあいの中で，パターンができあがった起源がクライエントの生育歴や家族関係の中に見いだされることもあるだろう。

　しかし，自分のパターンに直面し，みないようにしてきた思いに気づくことはクライエントにとって苦しいことであり，一時的に症状が悪化することもある。ここで重要なのは，カウンセラーがクライエントのその辛さをしっかり受け止めることであり，そのプロセスを経て，クライエント自身が自分の本当の思いや自分自身を肯定できるようになっていくと考えられる。

　そのようなやりとりの題材として用いられるのは，上述したクライエントがカウンセラー自身に対して感じる気持ちであり，クライエントが日常で経験する人間関係である。また，アセスメントの結果からは，家族関係がクライエントの現在の問題に何らか関係していることが推測されるため，それらの話題は特にていねいに扱っていく必要がある。その際，カウンセラーは生育歴や家族関係の中でクライエントがどのような感情を抑え込んできており，なぜそれらを抑え込む必要があったかということに，カウンセラーなりの仮説をもって聞いていくことが重要であると考えられる。

文　献

American Psychiatric Association　(2000). *Diagnostic and statistical manual of mental disorders: DSM-IV-TR* (4th ed.) Washington D. C. (高橋三郎・染矢俊幸・大野　裕（訳）(2003). DSM-IV-TR　精神疾患の診断・統計マニュアル　医学書院)

Bolander, K.　(1977). *Assessing personality through tree drawing*. Basic Books. (高橋依子（訳）(1999). 樹木画によるパーソナリティの理解　ナカニシヤ出版)

池田豊應（編）(1995). 臨床投映法入門　ナカニシヤ出版

笠原　嘉　（1984）．精神病と神経症 2　みすず書房
片口安史　（1987）．改訂　新・心理診断法　金子書房
槇田　仁・小林ポオル・岩熊史朗　（1997）．文章完成法（SCT）によるパーソナリティの診断　手引　金子書房
名古屋ロールシャッハ研究会（編）　（1999）．ロールシャッハ法解説―名古屋大学式技法― 1999 改訂版
大原健士郎（監修）　（1996）．精神科ハンドブック（3）　神経症と近接領域　星和書店
小此木啓吾・深津千賀子・大野　裕（編）　（2004）．改訂心の臨床家のための精神医学ハンドブック　創元社
氏原　寛・亀口憲治・成田善弘・東山紘久・山中康裕（共編）　（2004）．心理臨床大事典［改訂版］　培風館

コラム8　認知機能検査

　認知機能とは，知覚，記憶，学習，思考といった，人間が物事を認識し理解するために用いている精神的な働きのことを指し，これら認知機能の水準を査定するためのツールが認知機能検査である。使用される用途は，査定する認知機能の種類や用途によってさまざまであるが，顕在化している問題の背景要因の識別や，精神障害や器質的な疾患のスクリーニング，そして具体的な支援方法の策定のために用いられることが多い。これまで多くの認知機能検査が開発されており，そのうちの一部を以下に紹介する。

　改訂長谷川式簡易知能評価スケール（HDS-R）は，主に高齢者を対象とした認知症のスクリーニングや，認知症による知能低下の査定のために使用される個別式の検査である。ウェクスラー式知能検査と比較し，15分から20分程度の短時間で行えるため，疲労しやすい高齢者にとってHDS-Rは負荷の少ない検査ツールである。質問項目は全9項目からなり，「年齢」「日時の見当識」「場所の見当識」「言葉の記銘」「計算」「数字の逆唱」「言葉の遅滞再生」「物品記銘」「言葉の流暢性」を尋ねる項目からなる。満点は30点であり，20点以下は認知症の疑いが高いとされる。HDS-Rと同じ目的で使用される検査に，Mini-Mental State Examination（MMSE）があるが，動作性検査（「図形模写」や「命令された動作」）が検査項目に付加されている点が大きな特徴である。実際の臨床現場では，HDS-RとMMSEを相互補完的に使用している場合が多い。

　ベントン視覚記銘検査（BVRT）は，視覚性の注意，認知，記銘，そして構成力を査定するツールである。検査は，幾何学模様が描かれた10枚の刺激図版から構成され，被検者は，1枚ずつ提示された図版を正しく描くよう指示される。代表的な施行法では，図版の提示時間は10秒間であり，その後図版を見ることなしに描画することが求められる。採点法は，正確数と誤謬数の二種類がある。正確数は，誤りなく描けた場合に図版1枚につき1点を与えるもので，全般的な水準を評価するために用いられる。一方，誤謬数は，省略，歪み，保続（前に提示された図版を描く），回転，置き違い（空間配置の誤り），大きさの誤りの6種類について評価するもので，詳細な質的分析のために用いられる。BVRTは，主に脳疾患患者に対して用いられることが多く，損傷の程度や疾患部位の査定，そして精神障害との鑑別のために使用される。また非言語性の検査であるため，言語でのやりとりが難しい知的障害者や統合失調症患者に対して，知的水準および視知覚特性の査定に用いられることもある。

　ベンダーゲシュタルト検査（BGT）は，9枚の刺激図版を模写するという簡易な検査である。BGTが基礎を置くゲシュタルト心理学では，刺激の知覚は，その構成要素の寄せ集めとしてではなく，部分に還元されない全体として経験されると考える。したがって，BGTでは，単に模写の正確性が評価されるのではなく，形状のまとめ方や描かれる過程が重要視され，図形の形，相互の関係，空間的な背景，そして一時的な形づけが評価されることとなる。用途としては，器質的な脳疾患の有無やゲシュタルト機能の成熟度を査定する場合に用いられることが多い。その一方で，ゲシュタルトの形成とその歪みには人格特性が表れるとして，投映法としての位置づけもなされている。

　以上3つの認知機能検査を紹介したが，認知機能は大脳をはじめとした中枢神経系の働きと密接に関連しており，神経心理学的な所見を得るためにも用いられる。近年の断層撮影や核磁気共鳴画像法等の画像技術の進歩によって，これまで検出できなかった脳疾患や脳の損傷部位を明らかにできるようになってきている。それに伴い，認知機能検査の使用用途は拡大することが予想され，その重要性はより高まっていくと考えられる。

（吉住隆弘）

事項索引

あ
愛想の悪さ　106
アイテムの象徴的意味　83
亜型　110
アグレッション　125
　　──の型　125
　　──の向けられる方向　125
アスペルガー症候群　159
安定積極型　112
安定適応消極型　112
E型　112
E系統値　110
イーゼル　44
一般的活動性　106
インクブロット　57
インフォームド・コンセント
　　（informed consent）　8
WISC-Ⅲ　36, 162
ヴィトゲンシュタイン指標　74
ウェクスラー式知能検査　34
内田クレペリン精神検査　145
A型　112
A系統値　109
エゴグラム　119
　　──・パターン　120
SCT　192, 196
M-CHAT　162

か
回帰性傾向　106
解釈　90, 95
学習障害　159
家族画　89
家族内力動　95
活動性因子　107
寛解状態　181
患者と治療者のかかわり　79
鑑賞段階　82
管理者型　112
記憶　27
疑問尺度（Q）　119
客観性の欠如　106
休憩効果　150
90度の位置（90度法）　81
境界例　189
協調性の欠如　106
強迫性障害　189, 191
ギルフォード・マーチン人格目録　105
近景群　84
緊張型　180
空間象徴　71
グッドイナフ人物画知能検査　162
区分化　93
群指数　37, 41
K-ABC　44, 162
形式分析　58
継次処理尺度　45
形態水準　63, 64
結晶性知能　17, 27
決定因　61
言語性IQ　4, 20, 40
言語性検査　36
言語理解　37
現実検討力　190
交差交流　116
広汎性発達障害　159
交流の3原則　117
交流分析　115
個別検査　19

さ
再質問　28
彩色段階　82
作業検査法　4
　　──形式　145
C型　112
C系統値　110
GCR　→　集団一致度
自我状態　115
　　──の機能モデル　118
刺激文　135
思考的外向　107
自己像　68
自己防御　125
自責　125
質問紙法　4
児童虐待　170
児童心理司　169
児童相談所　169
児童福祉施設　169
児童福祉司　169
児童福祉法　169
支配性　107
自閉症スペクトラム　159

社会生活技能訓練　187
社会適応性因子　107
社会的外向　107
社会不安障害　189, 191
集団一致度　128
集団検査　19
習得度尺度　45
主導性因子　107
樹木画　68
循環気質（Z）　138
準型　110
障害優位　125
情緒安定性因子　107
象徴　90
衝動性因子　107
初頭努力　150
処理速度　37
人格水準　181
神経質　106
神経質（N）　138
神経症　189, 191
新版K式発達検査　162
人物画　89
シンボル　94
信頼性　3
心理アセスメント　6
心理・教育アセスメント・バッテリー　44
心理的援助　95-96
心理的治療　96
垂直上昇志向　186
スタンフォード・ビネー式　26
生活年齢（CA：Chronological Age）　21, 29
精神年齢（MA：Mental Age）　4, 18, 29
精神病　189
精神分析的　90
全検査IQ　40
相補交流　116
素描段階　81

た
大景群　84
体験型　64
多因子説　17
他責　125
妥当性　3

妥当性尺度（L） 119
田中ビネー知能検査 V 162
知覚統合 37
知能指数（IQ：Intelligence Quotient） 4, 15, 26, 30, 35
知能の定義 17
注意記憶 37
注意欠如／多動性障害 159
中景群 84
DSM 191
D 型 112
D 系統値 110
ティーチングアイテム 47
定型曲線 146
ディスクレパンシー 41
テスト・バッテリー 8, 69, 162
典型 110
投映水準 125
投映法 4, 68, 89, 181-183
Twenty Statement Test 136
動作性 IQ 4, 20, 40
動作性検査 36
同時処理尺度 45
動態分析 72
動的家族画 90
特性論 138
特別支援教育 160

な
内的整合性 105
2 因子説 17
認知処理過程尺度 45
粘着気質（E） 138
のんきさ 107

は
パーソナリティ 190

――検査 68
バウム・テスト 68, 162, 183, 192
破瓜型 180
箱庭療法 79
発達検査 18
発達障害 159
――者支援法 159
パニック障害 189, 191
反応転移 129
反応内容 62
反応領域 61
比 IQ 35
B 型 112
Picture-Frustration Study（P-F スタディ） 124
B 系統値 109
非言語尺度 45
ヒステリー気質（H） 138
左下がり型 112
左寄り型 112
非内省性因子 107
ビネー式 26
描画 89
標準化 3
病態水準 181, 190
不安定不適応消極型 112
不安定不適応積極型 112
フィードバック 167
風景構成法 183-186
風景の中の自己像 84
プロフィール分析 50
文章完成法 136
分裂気質（S） 138
平均型 112
平凡反応 63, 64
偏差知能指数（DIQ） 4, 20, 27, 35

包囲 93
防衛機制 190

ま
右下がり型 112
右寄り型 112
無意識 68
向性検査 105
無責 125
妄想型 180
物語 85

や
矢田部ギルフォード性格検査 → YG 性格検査
要求固執 125
抑うつ性 106

ら
ラポール（信頼関係） 7, 182
離人感 182, 183
流動的知能 17, 27
類型論 138
ルリア・ダス・モデル 45
劣等感 106
連続加算法 145
ロールシャッハ・テスト 57, 183, 184, 192, 193
論理推理 27

わ
YG 性格検査（YGPI） 105
YG 性格検査プロフィール 109
枠づけ 80

人名索引

あ
青山真二 161
赤塚大樹 10
生澤雅夫 17
イタール（Itard, J.） 21
一谷 彊 68
稲田尚子 162
ヴィトゲンシュタイン（Wittgenstein, L.） 74

ウェクスラー（Wechsler, D.） 4, 17, 19, 34, 35
上野一彦 41, 159, 160, 168
内田勇三郎 5, 145, 146, 151
エビングハウス（Ebbinghaus, H.） 36
エリクソン（Erikson, E. H.） 115
遠城寺宗徳 21

小笠原昭彦 3
小野寺基史 168

か
カーク（Kirk, S. A.） 20
皆藤 章 80, 84, 87, 126
カウフマン（Kaufman, A. S.） 17, 20, 44, 168
カウフマン（Kaufman, L. N.）

17, 20, 21, 44
カウフマン（Kaufman, S. H.）
　　90, 93, 94, 99
加我牧子　159
加藤孝正　90, 93, 94, 97, 98
角野善宏　83, 88
神尾陽子　162
河合隼雄　79
願興寺礼子　8
キャッテル（Cattell, J. M.）　4
キャッテル（Cattell, R. B.）　17
ギルフォード（Guilford, J. P.）
　　17, 105
クーン（Kuhn, M. H.）　136
グッドイナフ（Goodenough, F. L.）
　　20, 90
国吉政一　68
熊野宏明　132
グリュンワルド（Grünwald, E.）
　　71
クレッチマー（Kretschmer, E.）
　　138
クレペリン（Kraepelin, E.）
　　145, 146
黒田聖一　132
クロッパー（Klopfer, B.）　184
Korchin, S.　6
ゴールトン（Galton, F.）　4
コッホ（Koch, C.）　76, 99, 183
コッホ（Koch, K.）　68-72
小林重雄　90

さ
サーストン（Thurstone, L. L.）
　　17
サーストン（Thurstone, T. G.）
　　17
佐野勝男　136, 139, 142
皿田洋子　187
シモン（Simon, T.）　4, 18, 26
杉原一昭　19
鈴木慶子　76

スピアマン（Spearman, C. E.）
　　17
ソーンダイク（Thorndike, E. L.）
　　4
園原太郎　105

た
ターマン（Terman, L. M.）　4,
　　26
高石浩一　7
高橋雅春　82
高橋依子　82, 193
ダス（Das, J. P.）　45
橘　玲子　10
田中寛一　19, 26
玉井邦夫　161, 162
ダラード（Dollard, J.）　125
辻岡美延　105, 106, 108, 112
津守　真　21
Temoshok, L.　132
デュセイ（Dusay, J. M.）　118,
　　119
外岡豊彦　146, 152
Dreher, H.　132

な
中井久夫　79, 83, 180, 186
中桐万里子　87
中田洋二郎　162
中村俊哉　76
鍋田恭孝　76

は
バーン（Berne, E.）　115, 118
バーンズ（Burns, R. C.）　90, 93,
　　94, 99
秦　一士　126
馬場禮子　6-9
林　勝造　68, 72, 128
ビネー（Binet, A.）　4, 18, 26, 35
日比裕泰　99, 100
福島　章　76

ヘップ（Hebb, D. O.）　17
ホーン（Horn, J. L.）　17
ボランダー（Bolander, K.）　193

ま
マーチン（Martin, H. G.）　105
マーレー（Murray, H. A.）　101
前川久男　45, 49, 50
横田　仁　136, 139, 142
松井律子　84
松尾久枝　15, 24
マッコーバ（Machover, K.）
　　90
松永一郎　132
松原達哉　44
宮本ゆり子　88
宮本信也　162
ミラー（Millar, N. E.）　125
村松知子　81, 87

や
八木俊夫　106, 108
矢田部達郎　105, 106
山口登代子　76
山崎勝之　132, 133
山中康裕　84
ユッカー（Jucker, E.）　68
ユング（Jung, C. G.）　5
横田象一郎　151
横山恭子　76
吉田昇代　85

ら，わ
ラパポート（Rapaport, D.）　11
ルリア（Luria, A. R.）　45
ローゼンツァイク（Rosenzweig,
　　S.）　124-126, 128, 131
ロールシャッハ（Rorschach, H.）
　　57, 184
渡部未沙　85

[著者一覧]（五十音順，＊は編者）

安藤史高（あんどう・ふみたか）
現職：岐阜聖徳学園大学教育学部教授
担当：第2部第2章，コラム7

石田幸子（いしだ・さちこ）
現職：メンタルクリニック月下香庵臨床心理士
担当：第3部第1章，コラム1

梅村祐子（うめむら・ゆうこ）
現職：名古屋市東保健所（非常勤）
担当：第5部第4章

大場実保子（おおば・みほこ）
現職：臨床心理士
担当：第5部第1章

小塩真司（おしお・あつし）
現職：早稲田大学文化構想学部教授
担当：第4部第1章

願興寺礼子（がんこうじ・れいこ）＊
現職：中部大学人文学部教授
担当：はじめに，第1部，コラム4，第4部第5章

鈴木真之（すずき・しんじ）
現職：中部大学他非常勤講師
担当：第4部第2章・第4章

永井小百合（ながい・さゆり）
現職：臨床心理士
担当：第2部第4章，第3部第2章

橋本　崇（はしもと・たかし）
現職：医療法人養生園田岡東病院心理士
担当：コラム6

原口友和（はらぐち・ともかず）
現職：医療法人医誠会東春病院臨床心理士
担当：第3部第3章

藤田晶子（ふじた・あきこ）
現職：スクールカウンセラー
担当：第5部第3章

松浦泰子（まつうら・やすこ）
現職：名古屋市中央児童相談所
担当：第5部第2章

武藤（松尾）久枝（むとう〔まつお〕・ひさえ）
現職：中部大学名誉教授
担当：第2部第1章，第3部第4章

吉住隆弘（よしずみ・たかひろ）＊
現職：中京大学心理学部教授
担当：第2部第3章，第4部第3章，コラム2，コラム3，コラム5，コラム8

心理学基礎演習 Vol.5
心理検査の実施の初歩

2011 年 5 月 10 日　初版第 1 刷発行
2025 年 6 月 30 日　初版第 12 刷発行

定価はカヴァーに表示してあります。

編　者　願興寺礼子
　　　　吉住　隆弘
発行者　中西　良
発行所　株式会社ナカニシヤ出版
〒 606-8161 京都市左京区一乗寺木ノ本町 15 番地
　　　　　　　　　　　　Telephone 075-723-0111
　　　　　　　　　　　　Facsimile 075-723-0095
　　　　　　Website http://www.nakanishiya.co.jp/
　　　　　　E-mail 　iihon-ippai@nakanishiya.co.jp
　　　　　　　　　　　　郵便振替 01030-0-13128

装丁＝白沢　正／印刷・製本＝ファインワークス
Printed in Japan
Copyright © 2011 by R. Gankouji & T. Yoshizumi
ISBN978-4-7795-0387-0

◎本書のコピー，スキャン，デジタル化等の無断複製は著作権法上での例外を除き禁じられています．本書を代行業者等の第三者に依頼してスキャンやデジタル化することは，たとえ個人や家庭内での利用であっても著作権法上認められておりません．

心理学基礎演習シリーズ 好評既刊書

Vol.1 心理学実験法・レポートの書き方

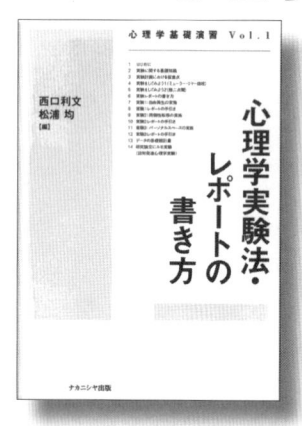

西口利文・松浦 均［編］

● **基本手続きや心得を体験して身につけよう！**

8名程度を1グループとして心理学の実験法を体験的に学ぶための実習用テキスト。基本的な手続きや心得、レポートを書く際の留意点などを具体的に解説。ミューラー・リヤー、触二点閾、自由再生ほか、可能な限り仲間を募って実際にやってみよう！

編者紹介

西口利文（にしぐち・としふみ）大阪産業大学教養部准教授
松浦 均（まつうら・ひとし）三重大学教育学部教授

ISBN978-4-7795-0237-8　B5判・130頁・並製 ● 本体 2,200 円

Vol.2 質問紙調査の手順

小塩真司・西口利文［編］

● **読んで試してしっかり学ぶ、質問紙法のコツ。**

質問紙を作成して、調査を実施し、その結果を分析をして、研究をまとめるまで――。質問紙法の基本的な考え方をふまえ、尺度項目の作成法、調査の依頼・実施における注意点、データの入力、分析・考察の仕方から研究者倫理まで、具体的にすべての手順を解説！

編者紹介

小塩真司（おしお・あつし）早稲田大学文化構想学部准教授
西口利文（にしぐち・としふみ）大阪産業大学教養部准教授

ISBN978-4-7795-0200-2　B5判・140頁・並製 ● 本体 2,200 円

Vol.3 観察法・調査的面接法の進め方

松浦 均・西口利文［編］

● **よく見るよく聞く基本姿勢を実践から学ぼう！**

テーマ設定、手法の選択、準備と実施、結果のまとめまで、基礎的事項に徹底的にこだわって解説する実習用テキスト。対象をよく見ることで新たな事実を発見し、人に尋ねてみることで個々人の内面を引っ張り出す、この素朴な研究方法を楽しみながら身につけよう。

編者紹介

松浦 均（まつうら・ひとし）三重大学教育学部教授
西口利文（にしぐち・としふみ）大阪産業大学教養部准教授

ISBN978-4-7795-0290-3　B5判・112頁・並製 ● 本体 2,200 円